개화기의
외국어교육

개화기의 외국어교육

펴낸곳 서울대학교출판문화원
펴낸이 성낙인
지은이 이광숙

초판 1쇄 발행 2014년 6월 5일
초판 2쇄 발행 2015년 9월 5일

출판등록 제15-3호
주소 서울 관악구 관악로 1 우편번호 08826
대표전화 02-880-5252 **팩스** 02-888-4148
마케팅팀(주문상담) 02-889-4424, 02-880-7995
이메일 snubook@snu.ac.kr
홈페이지 www.snupress.com
영문홈페이지 eng.snupress.com

ISBN 978-89-521-1593-5 93370

이 책은 2010년 정부(교육부)의 재원으로 한국연구재단의 지원을 받아 수행된 연구임
(NRF-2010-812-B00058)

1883-1911

개화기의 외국어교육

Education of Foreign Languages in Late Chosun Dynasty

이광숙 지음

서울대학교출판문화원

저자 서언

저자가 외국어를 처음 접하게 된 것은 중학교에서 영어를 배우면서이다. 영어와 정규 한문 과목 외에도 아침 수업시간 전에 사자성구四字成句를 익혔다. 고등학교에서 또 하나의 서양어 독일어를 배우게 되었는데 독일어 체계의 일관성이 마음에 들었고 문장의 분석과 해석이 명쾌하게 풀리는 즐거움을 느꼈다.

서울대학교에서 독일어 전공으로 학사학위를 받은 후 독일정부장학생DAAD으로 선발되어 하이델베르크 대학에서 석사, 박사과정을 마치게 되었다. 이 과정에서 부전공으로 중국어를 택하였으며 일본어도 선택 과목으로 수강하였다. 여러 외국어를 공부하면서 단어 하나하나가 가진 새로운 형태와 의미로부터 즐거움을 얻었다. 외국을 여행할 때에도 각 나라의 언어는 내게 독특하고 유일한 것으로 느껴졌고 그 나라에 있을 동안만이라도 거리의 간판 등에 쓰인 현지어들을 해독하며 즐거워하곤 하였다. 공자의 學以時習之不亦悅乎(배우고 또 익히면 즐겁지 아니한가)라는 문구가 실감이 났다.

유학 후 모교 독어교육과 교수로 재직한 지 30여 년이 지나 정년퇴임을 하게 되었다. 독일어 언어습득과 교수법을 전공 분야로 가르치면서 우리나라에서 외국어교육은 언제 시작되었으며 어떻게 진행되어 왔는지가 궁금하였다. 2001년에 「한국에서 외국어교육의 역사」 논문을 썼고 2003년에는 같은 내용의 논문을 독일어로 발표하게 되었다. 이 작업 중에 저자에게 감명을 준 시기가 개화기였다. 이 시기는 정치, 역사, 사회, 문화 영역에서 근대화가 시작되는 중요한 시점으로 많은 논란과 연구의 대상이다.

1894년부터 실시된 교육개혁은 사서오경 등 유교 경전을 중심으로 하던 전통적인 서당식 교육에 엄청난 변화를 가져왔다. 소학교, 사범학교,

외국어학교 등 근대식 학교가 설립되면서 새로운 형태와 내용의 교육이 실시되었다. 바로 이 시기에 시행된 교육제도와 내용의 근간이 일 세기 이상을 지나면서 지속적으로 수정, 발전되어 오늘날의 교육형태로 정착하게 된 것이다. 현재 외국어교육의 근원도 이 시기에 시작되며, 특히 당대의 외국어교육의 목표, 수업연한, 교육내용, 교육방법 등이 현재의 교육에 시사하는 바가 크다.

이제까지 개화기의 외국어교육에 관한 연구에서는 관제나 규정이 많이 논의되었고 실제로 시행된 교육내용에 관한 연구는 미흡한 편이다. 외국어교육의 주요 내용에 대해 본격적으로 연구하고자 마음먹은 터에 다행히 한국연구재단의 인문저술 프로젝트(2010.5~2013.4)에 선정되어 이 작업에 착수할 수 있었다.

그러나 관계 자료를 정리하는 작업이 간단하지 않았다. 당시 시행된 여섯 외국어(영어, 일어, 중국어, 프랑스어, 독일어, 러시아어)교육에 관한 사료는 100여 년 전의 것으로 미비한 점이 많았다. 우선 사료에서는 공적인 정치나 외교 사안에 집중하여 이 책에 필요한 교육내용이 거의 언급되지 않고, 내용이 있어도 단편적인 것에 지나지 않았다. 그리고 해당 내용이 기재되었어도 철자, 숫자 등이 정확하지 않아 내용 파악이 어려운 경우가 많았다. 이러한 경우 관련 논문 등을 추가로 조사하여 정확성을 기하고자 최대한 노력하였으나 미진한 경우가 없지 않을 것이다. 그나마 위로가 되었던 것은 국학관계 자료가 다수 번역되고 디지털화되어 연구가 수월해졌다는 점이다.

여섯 외국어 중에서 영어와 일어에 관한 자료는 많은 편이다. 그러나 중국어, 프랑스어, 독일어, 러시아어에 대한 자료는 양적으로나 질적으로나 아주 부족했다. 이들 네 언어 중에서도 특히 러시아어를 가르쳤던 아어학교는 중도(1904년, 다른 어학교는 1911년)에 폐지되어 관련 자료가 현저하게 적은 관계로 저술에 어려움이 있었다.

본문에 앞서 다음 몇 가지 사항을 밝혀둔다.

일정한 제도의 연도, 날짜 등(예를 들어, 외국어학교관제 반포일)이 여러 문헌에서 일치하지 않았고, 같은 인명(예를 들어, 볼얀)임에도 여러 가지 다른 표기법이 사용되었으며, 무엇보다도 통계 수치(예를 들어, 외국어학교 입학생, 졸업생, 재학생 수)가 문헌마다, 어떤 때는 동일 문헌에서도 일치하지 않았다. 통계에서는 관계 자료와 논문, 저자의 조사를 바탕으로 최대한 객관적인 근사치를 제공하고자 노력하였으나 연도 및 날짜, 숫자 등에 오차의 여지가 있음을 미리 알려둔다.

인명 표기에서 서양 인명인 경우 그 나라 발음을 한글로 표기하고 처음 나오는 경우에만 가능하면 원어로 병기하는 것을 원칙으로 하였다. 성과 이름을 전부 표기하는 것을 원칙으로 하였으나 경우에 따라 이름이나 성이 약자로만 표기되거나 정확한 철자를 전혀 확인할 수 없는 것도 있었다. 한문으로 표기된 서양인의 인명은 당대 표기가 너무 여러 가지여서 이 책에서는 참고하지 않았다. 중국 인명인 경우 신해혁명(1911) 이전에는 인명을 우리말 음으로 표기하는 관례를 따랐다. 일본 인명인 경우 되도록 일본어 발음을 한글로 표기하고 처음에만 한자를 표기하였다. 한국 인명인 경우 대부분 한글로 표기하였으나 오해의 여지가 있을 경우 한자를 병기하였다. 기타 인명, 지명 등 고유명사의 원음을 확인할 수 없는 경우 한글 또는 한문으로 표기하였다.

나름대로 저술 작업에 최선을 다하였으나 여러 가지 미비한 점이 있을 것이다. 이는 많은 경우 부족한 사료에 의거한 것이니 독자께서 널리 이해해주시기 바란다. 잘못된 점을 지적해주시면 부족한 글을 보완하는 데 더할 나위 없는 도움이 될 것이다. 아무쪼록 이 책이 정치·사회적으로 혼란하고 불안한 시기에 실시되었던 우리나라 외국어교육의 근원을 밝혀 현재의 외국어교육을 재고하고 개선할 수 있는 계기가 되기를 바란다.

끝으로 관계 자료를 찾는 데 도움을 준 류지아를 비롯한 학생들과 여러 면에서 충고와 조언을 아끼지 않은 지인들에게 고마움을 전한다. 이 인문저술 작업을 가능하게 한 한국연구재단, 그리고 출판을 맡아주신 서울대학교출판문화원에도 감사드린다.

2014년, 관악 캠퍼스 연구실에서

이광숙

차례

표 차례

그림 차례

1장

들어가는 글

한국에서 외국어교육의 역사는 삼국시대[1]부터 시작한다고 볼 수 있으며 외국어교육은 학교나 기관을 중심으로 행해졌다. 삼국시대에는 태학, 국학 등 상급학교에서 외국어교육이 이루어졌고 중국의 한자와 경서 등 문어를 배우는 것에 교육의 내용이 집중되었다. 교수 방법이나 학교 형태는 서당식으로 암기를 위주로 하였으며 일반 대중을 위한 교육이 아니라 지배 계층을 위한 것이었다. 그러나 이 시대에도 실제 의사소통을 위한 외국어교육이 필요했으며 이러한 목적으로 당나라(618~907) 유학이 성행하였다. 삼국은 일본과의 교류도 빈번하여 일어를 가르치는 기관도 있었다. 당시 외국어를 구어로 가르친 기관으로는 신라의 왜전倭典과 태봉(901~918)의 사대史臺를 들 수 있다.

고려(918~1392)와 조선(1392~1910)시대에도 국자감, 성균관 등 상급 교육기관에서 중국 고전을 중심으로 문어교육 전통이 이어졌으며 역시 일반 대중보다는 지도층을 위하여 교육이 행해졌다. 이 시대에는 중국과 일본과의 교류뿐 아니라 전쟁 등 여러 가지 정치적인 갈등

1 삼국시대는 고구려(BC 37~668), 신라(BC 57~935), 백제(BC 18~660)시대를 말한다.

으로 인해 이들 언어로의 의사소통이 절실히 필요하였다. 고려시대인 1275년 통문관이 설립되어 외국어를 가르치고 통역, 번역 전문인들을 양성하였다. 이 기관이 고려 말기에는 사역원으로 명칭이 바뀌어 조선시대 500년 동안 계속 유지되다가 1894년에 폐지되었다. 외국어 교육에는 주로 중인 계급에 속하는 역관이 참여하였다. 당시 사용된 외국어는 인접국의 언어인 한어, 일어, 몽고어, 만주어 등이었다.

근대식 학교 수업형태의 외국어교육은 19세기 말 개혁정치에서 비롯되었으며 계층과 남녀 구별 없이 시행되었다. 조선이 일본, 중국, 러시아뿐 아니라 미국, 영국, 독일, 프랑스 등과 정치적인 협약 체결 및 상업 교류를 함으로써 해당 외국어를 할 수 있는 번역인과 통역인이 필요하였다. 이들을 양성할 목적으로 1883년에 동문학교가 설립되어 영어를 가르쳤으며 이곳에서 배운 학생들은 제중원, 해관, 우편, 철도 등 정부 기관에서 활동하였다. 1886년에 조선 정부는 육영공원을 설립하여 관리와 양반 자제에게 영어를 가르쳤다. 그러나 이 학교는 큰 성과를 거두지 못하고 1894년에 영어학교로 개편되었다. 육영공원의 실패 원인은 정부의 재정난, 좌원 학생이었던 관리들의 잦은 결석, 과거제의 존속이었다.

1894년 갑오개혁으로 인해 교육계에도 개혁이 일어나 1895년 통역관과 번역관 양성을 교육목표로 하는 관립외국어학교가 서울에 설립되었다. 이 외국어학교는 초기에는 영어학교, 일어학교, 한어(중국어)학교, 법어(프랑스어)[2]학교, 아어(러시아어)학교, 덕어(독일어)학교로 나뉘어 독자적으로 운영되었다. 이후 이 학교들은 1908년에 모두 관립한성외국어학교로 통합되었다가 한일합병이 있던 다음 해인 1911년에 일반 고등학교(경성고등보통학교)로 흡수 통합되었다. 이들 외국어학교

2 프랑스어의 경우 현재 불어 또는 프랑스어로 표기하고 있다. 이 책에서도 문맥에 따라 두 용어를 다 사용함을 밝혀둔다.

에서는 각 언어를 원어민이 가르쳤으며 원칙적으로 신분과 계층에 관계없이 누구나 이 학교에 입학할 수 있었다.

일제 강점기(1910~1945)에는 일반적으로 고등보통학교, 전문학교, 대학에서 외국어를 배울 수 있었으며 독해 중심이었다. 고등보통학교에서는 영어, 독어, 불어, 중국어 중 택일하여 가르쳤으나 주로 영어를 가르쳤다. 연희전문학교 등 전문대학과 경성제국대학에서 영어교육이 실시되었고 1938년 이후 특히 경성제국대학 법과와 의과에서 독어를 필수로 가르친 적도 있었다. 일본 강점기 말에는 영어가 적국어敵國語로 간주되었고 일어, 독어를 제외한 외국어교육은 무시되었다. 일어교육은 필수였고 한국어와 한문도 교과목으로 있었으나 후에는 이들 과목도 폐지되었다. 이 시기에는 외국어교육의 비중이 그다지 크지 않았으며 일본어가 가장 중요한 학습어이자 소통어였다.

일제 치하에서 해방된 1945년에 현재의 학제가 제정되었으며 1950년 이후 중·고등학교와 대학을 중심으로 외국어교육이 시행되었다. 1963년에 중학교에서 영어가 제1외국어로 필수 과목이 되었고 고등학교에서는 영어와 제2외국어를 가르쳤다. 1970년대까지 고등학교에서 가르치던 제2외국어는 대부분 독어와 불어 또는 중국어였다. 일본어는 1973년, 스페인어와 러시아어는 각각 1969년과 1995년, 그리고 아랍어는 2002년에 추가되었다. 세계화에 따라 영어 조기교육이 강조되고 있으며 이 추세에 맞추어 국내에서도 1997년 이후 초등학교 3학년부터 영어교육을 실시하고 있다.

현재 한국 대학에서 배울 수 있는 외국어 종류는 실로 다양하여 유럽의 언어와 더불어 인도네시아어, 몽골어, 산스크리트어 등 아시아어, 아프리카어, 그리고 라틴어, 그리스어와 같은 서양 고전 언어까지도 배울 수 있다. 주로 영어에 한정되었던 외국어라는 개념이 확대되어 국내에서 여러 외국어를 배울 수 있는 가능성이 무한하다고까지 말할 수 있게 되었다. 20세기 후반 이후로는 고등학교와 대학교를 중심으로 문법, 독해 위주의 외국어교육에서 탈피하고자 애쓰고 있다. 또한 현재는 학교 교육뿐 아니라 사설학원, TV, 라디오 등 대중매체, 문화센터, 인터넷 등을 통한 외국어교육도 중요한 위치를 차지하고 있다.

외국어교육의 이러한 역사적인 변천 과정에서 19세기 말 개화기는 여러모로 중요한 계기를 마련해주었다. 우선 조선이 1876년 일본과 수호조약을 맺어 문호를 개방하면서 서양과의 정치, 외교 관계가 공식적으로 시작되어 오늘날까지 이어오고 있다는 점이다. 사상적인 면에서는 사대부의 특권이 없어지면서 어느 누구나 노력하면 목표를 성취할 수 있다는 의지가 파급되었다. 교육영역에서는 근대 교육제도의 도입, 교육의 기회균등화, 새로운 문물과 제도의 학습, 공식용어로서 한글의 위상 강화, 직업 선택 범위의 확대 등과 같은 커다란 변화가 일어났다. 이러한 사회적인 변화를 당대 외국어학교도 함께 겪었으며 개화기의 외국어교육은 교육목표, 내용, 방법 면에서 현재 외국어교육의 근원이 되었다. 이러한 점을 감안하여 이 책은 개화기의 외국어교육을 공교육 중심으로 살펴보고자 한다. 개화기는 조선이 문호를 개방한 시기인 1876년부터 한일합병이 되는 시기인 1910년까지를 일컬으며, 공교육은 이 시기 정부에서 설립한 관립학교를 중심으로 행해진 교육을 말한다. 관립학교가 학제 및 교육내용 면에서 사립학교의 모델을 제시하였기 때문에 사교육에 관해서는 해당되는 영어, 일어, 한어 영역에서 교육을 시행한 사립학교만을 간단히 거론한다. 그리고 현존 외국어교육의 현황과 실태 또는 앞으로의 전망에 관해서는 해당 언어나 언어교육과 연관된 대학 등의 기관에서 많이 다루고 있으므로 이 책의 연구 대상에서 제외하였다.

이제까지 개화기의 외국어교육에 관한 연구는 관제를 위주로 이루어졌으나 이 책에서는 교육내용(교과과정, 교재, 교사와 학생)을 중심으로 다음을 구체적으로 다룬다.

- 개화기의 외국어교육을 보다 잘 이해하기 위해 먼저 당대 일반 교육의 학교 제도를 간략하게 다룬다. 이에 초등교육과 중등교육만을 설명하는데, 이 시기 고등교육은 정부의 재정난 등 여러 사정으로 이루어지지 않았기 때문이다. 초등교육에서는 소학교와 보통학교만을, 중등교육에서는 중학교와 고등학교만을 다루며 기타 사범학교, 농상공학교와 의학교는 다루지 않는다. 이 학교들은 당시 외국어학교의 교육과 직접 연계가 되지 않았으며 외국어학교는 중등교육에 속하는 학교였다.
- 내용의 중복을 피하기 위해 여섯 학교에 공통으로 적용된 설립 경위와 학칙의 변천, 교사와 학생 현황, 교재 편찬, 학교 행사, 그리고 교과과정을 각 외국어학교에서 다루기 전에 먼저 정리하였다(3장). 각 학교에서는 이 부분을 자세히 다루게 되므로(4~9장) 간혹 중복이 되는 사실이 있음을 먼저 밝혀둔다.
- 외국어학교를 설립 순서에 따라 영어학교(1883), 일어학교(1891), 한어학교(1891), 법어학교(1895), 아어학교(1896), 덕어학교(1898) 순서로 다룬다.[3] 이 책에서는 영어학교의 기원을 1883년에 설립된 동문학교로 보기 때문에 일어학교보다 먼저 서술한다. 각 학교의 명칭은 당대의 고유 명칭(한어학교, 법어학교, 덕어학교, 아어학교)을 그대로 사용한다. 영어학교, 일어학교와 한어학교 부분에서는 사립학교에 대해서도 간략하게 언급한다.
- 각 외국어학교는 시대적 배경, 발전 과정, 교육내용(교과과정, 교재, 교사와 학생) 순서로 정리하였다. 시대적 배경은 해당 언어 국가와의 관계 중에서도 언어와 교육을 집중적으로 고찰하였으며 당대 정치와 사회 상황을 이해하는 데 도움이 될 것이다.
- 각 학교의 서술에서 영어와 일어 부분이 다른 언어보다 양적으로 많음을 미리 밝혀둔다. 영어학교는 제일 먼저 1883년 동문학교에서 시작하여 역사가 길고, 교사와 학생 등 학교 규모가 다른 외국어학교와 비교할 수 없을 정도로

3 이 책에서는 외국어학교의 명칭을 경우에 따라서 포괄적으로 사용하였다. 예를 들어 영어학교는 동문학교, 육영공원, 영어학교, 관립영어학교, 관립한성영어학교, 관립외국어학교 영어부를 일괄적으로 칭한다. 이는 다른 외국어학교에도 해당된다.

컸다. 일어학교는 영어보다는 늦게(1891) 시작하였으나 서울 이외에 인천과 평양에도 학교가 있어서 역시 학교 규모가 다른 외국어학교보다 훨씬 컸다. 또 이 두 학교는 사립학교도 많았다. 이에 비해 기타 학교(법어학교, 아어학교, 덕어학교)는 1895년 이후에야 시작되며 역사가 짧고 학생 수도 적으며 사립학교도 없었다. 한어학교는 일어학교와 마찬가지로 1891년 시작되었으나 1894년에서 1897년까지 중단되었다. 그리고 아어학교는 1896년에 시작하여 1904년에 폐교되어 자료가 가장 적었음을 미리 알려둔다.

마지막으로 이 책은 구한국관보, 한국역사정보통합시스템, 국가지식포털사이트, 관립한성외국어학교일람(1909) 등을 근거로 한 일차 자료와 이차 문헌을 토대로 하여 작성되었다. 개화기의 외국어교육 분야가 앞으로도 지속적으로 연구 대상이 되기를 바라는 마음에서 교육 실태를 보다 객관적으로 제시하는 것에 중점을 두었으며 저자의 주관적인 해석이나 관점은 자제하였음을 밝혀둔다.

2장

개화기의 학교제도

조선 사회는 19세기 말 전통적인 유교사상에서 벗어나 근대화가 진행되기 시작하였다. 이 시기를 개화기라고 하며 일반적으로 1876년 조선이 일본과 조일수호조규 체결로 외국에 문호를 개방한 시기부터 1910년 한일합병으로 일본의 식민지가 되었던 시기까지를 말한다. 이 시기에 외교 업무와 부국강병책을 통괄하는 기구로 통리기무아문이 설치되고(1880) 갑신정변(1884)과 갑오개혁(1894) 등 개혁 운동이 진행되었다. 다른 한편으로는 동학혁명(1894) 등 일본과 러시아에 대항하는 민족적인 저항운동과 독립협회 조직(1896) 등 자주독립을 주창하는 운동이 일어났다.

1894년 7월 조선 정부는 갑오개혁(갑오경장)에 착수하였다. 이 일환으로 발족한 군국기무처는 정치, 경제, 사회 분야에서 개혁안을 내놓았는데 그중 교육과 연관되어 의미가 있는 것은 과거제 폐지와 신분제 타파였다. 이에 따라 교육의 기회가 대중에게 열리면서 학교제도가 대대적으로 정비되었다. 교육행정을 담당하는 전문 기관으로 학무아문이 설치되었으며 이 기구에는 총무국, 성균관, 상교서원사무국, 학무국, 편집국, 회계국 등이 있었다. 학무국에 전문학무국과 보통학무국이 있었으며 이들 학무국과 편집국에서 다음과 같은 업무를 담당하였다.

- 전문학무국–중학교, 대학교, 기예학교, 외국어학교 및 전문학교에 관한 사무
- 보통학무국–소학교, 사범학교에 관한 사무
- 편집국–국문철자 사용, 외국어 번역 및 교과서 편집

언어 면에서 주목할 만한 사실은 편집국이 국문철자를 사용한 점이며 이로써 한글이 이 시기에 국문으로서의 위상을 갖추게 되었다. 1894년 12월 17일 반포된 칙령은 국문을 기본으로 하고 한문부기, 국한문을 혼용하였다. 이제까지 한문으로 간행되던 관보(국가의 공고기관지)[1]는 1895년 2월 이후 국한문 혼용체를 사용하였다.

1895년에 개혁안이 보다 구체적으로 논의되었으며 고종은 같은 해 1월 국정개혁안으로 홍범14조를 선포하였다. 고종이 선포한 이 14개 조항은 조선이 자주독립국임을 밝히는 헌법의 성격을 가졌으며 목표는 자주독립과 아울러 내정개혁으로서 봉건제도를 타파하고 근대 사회제도를 수립하는 것이었다. 홍범14조는 그 내용을 널리 알리고자 순 한글, 순 한문, 국한문 혼용체 세 가지로 작성되었다. 이 가운데 교육에 관한 것은 제11조와 제14조였다. 제11조에서는 훌륭한 인재를 외국에 파견하여 학술과 기예를 받아들이고 익힐 것을, 그리고 제14조에서는 문벌과 학벌에 구애받지 않고 유능한 인재를 폭넓게 등용할 것을 시사하였다.

1895년 2월 교육입국조서가 한문 및 국한문 혼용체로 발표되었다. 교육입국조서에서는 교육의 중요성을 강조하였으며 그 내용은 다

1 1894년 7월 23일부터 1910년 8월 24일에 이르기까지 대한제국 정부에서 발행한 기관지가 남아 있다. 이 관보에 당시 정부의 교육법령이 수록되어 있다.

음과 같다.

> 교육은 국가를 보존하는 데 근본이 되는 것이며 국가를 강하게 하는 것이다.
> 학교를 설치하고 인재를 양성하는 것이 국가를 중흥하는 일이다.
> 백성들은 지, 덕, 체의 교육을 받아야 한다. 왕실의 안전과 국가의 부강은 백성들의 교육에 달렸다.

1895년 4월에는 교육을 담당하는 학무아문이 학부로 개칭되었다. 학부는 1895년 각종 학교법령을 제정하였으니 4월에 한성사범학교관제, 5월에 외국어학교관제, 7월에 성균관관제와 소학교령이었다. 같은 해 한성사범학교, 소학교와 외국어학교를 설립하고 성균관이 폐지되었다. 정부는 1899년 의학교와 상공학교를 세우고 1900년에 중학교를 설치하였다. 1906년 2월 통감부가 설치된 이후 정부의 각 부에 일본인이 고문으로 임명되고 위의 학제들이 수정, 개편되었다. 이 계획에 따라 시데하라 타이라幣原坦(1870~1953)[2]가 학부참사관으로 취임하였고 소학교는 보통학교로, 중학교는 고등학교로, 그리고 상공학교는 농상공학교로 개편되었다.

1906년에서 1910년까지 설치된 관립학교와 공립학교의 수는 표 1과 같다〔홍준기(역) 2006, 53〕. 1906년에서 1910년까지 아홉 종류의 학교가 126개교 설치되었다.[3] 그중에서 초등교육에 속하는 보통학교의 수가 가장 많고 1910년에는 101개교에 달하였다. 정부에서 보통학교를 널리 보급하여 근대 교육의 대중화를 꾀하고자 노력한 사실을 알 수 있다. 중등교육에는 실업학교(15개교), 실업보습학교(4개교)가 있고 고등

---

2 시데하라 타이라는 원래 역사학 전공이었으나 관립중학교에서 물리와 화학을 가르쳤다.

3 표 1의 통계에서 1908년, 1909년, 1910년의 "계"에 오류가 있다. 실제 수는 66(1908), 101(1909), 126(1910)개이다.

표 1. 관공립학교 수(1906~1910)

구분	1906	1907	1908	1909	1910
성균관	1	1	1	1	1
법학교	1	1	1	1	1
사범학교	1	1	1	1	1
고등학교	1	1	1	1	1
외국어학교	7	7	3	1	1
고등여학교	–	–	–	1	1
실업학교	–	–	–	4	15
실업보습학교	–	–	–	–	4
보통학교	22	50	59	91	101
계	33	61	67	102	127

학교는 고등여학교를 포함하여 2개교였다. 외국어학교(영어학교, 일어학교, 한어학교, 법어학교, 덕어학교)[4]는 1908년 통합되기 전까지 인천일어학교와 평양일어학교를 포함하여 7개교였다. 서울에서 각각 독자적으로 운영되던 이 다섯 어학교들이 관립한성외국어학교로 통합됨으로써 외국어학교의 수가 1908년에 3개교로 줄어들었다. 1909년 이후에는 서울의 관립한성외국어학교만 남게 되었다. 관공립 보통학교의 수가 1910년에 100여 교인 반면, 인가된 사립보통학교는 16개교밖에 안 되었다(표 7 인가된 사립학교 수 참조). 관공립학교가 초등교육의 제도, 형태, 내용 면에서 시기적으로 보아 사립학교의 모범이나 모델을 제시한 것으로 추정할 수 있다. 외국어학교를 본격적으로 논하기 전에 초등교육에 해당하는 소학교 및 보통학교와 중등교육에 해당하는 중학교, 고등학교에 관해 다음 절에서 간략하게 설명한다. 이들 학교가 외국어학교와 입학 연령 등 학제상 연계가 되기 때문이다.

4 아어학교는 1904년 이후 다시 개교하지 못하여 통계에 포함되지 않는다.

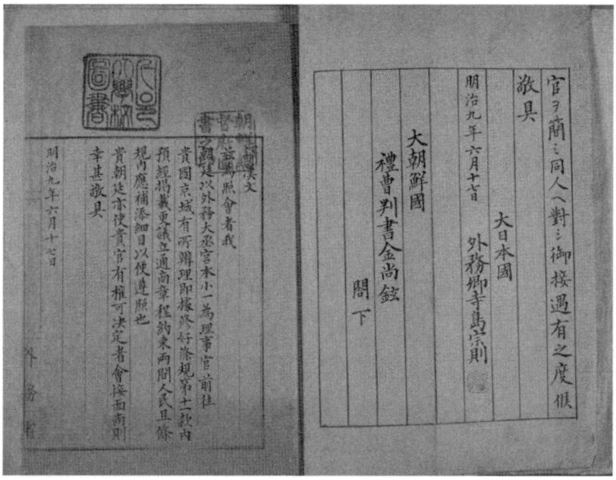

官ヨ商ミ同人ヘ對ミ御接遇有之度候

敬具

明治九年六月十七日 大日本國 外務卿寺島宗則

大朝鮮國 禮曹判書金尚鉉 閣下

그림 1. 조일수호조규(1876)

일명 강화도조약이라 하며 1876년 조선과 일본 사이에 체결된 통상조약으로 근대 국제법을 토대로 맺어진 최초의 조약이다.

1. 초등교육

초등교육은 1894년 소학교에서 출발하였고, 처음에는 심상과 3년과 고등과 2년으로 나누어 실시되었다. 이 소학교제도는 1906년 4년제 보통학교로 개편되었다. 소학교에 대해 보다 자세히 설명하기로 한다.

1) 소학교

1894년 10월 서울 교동에서 소학교와 사범학교 수업이 시작되었다. 1895년 7월 학부는 서울의 장동, 정동, 계동, 묘동에 관립소학교를 설립하였다. 학생 수는 장동소학교 23명, 정동소학교 76명, 계동소학교 40명, 묘동소학교 48명이었다. 1899년에는 서울의 제동, 안동, 양사동, 양현동, 매동, 정동, 수하동, 주동의 8개 심상소학교, 또 교동의 고등소학교까지 합쳐 소학교가 9개 있었다. 서울의 소학교 학생 수는

1897년 400~500명이던 것이 1898년 838명으로 늘어났다. 1896년 정부는 인천, 부산, 원산, 경흥, 개성, 강화 등 지방에 공립소학교를 38개교 개설하였다. 1899년 말 전국에 공립소학교는 51개 있었고 1901년에는 53개교로 늘어났다.

소학교는 심상과(3년)와 고등과(2년), 즉 저학년과 고학년으로 구분하여 운영되었으나 1906년 9월 이후 4년제 보통학교로 개편되었다. 등하교 시간은 1902년 이후 오전 10시에 등교하여 오후 5시에 하교하는 것으로 확정되었다. 1900년 7월 관립소학교에서는 심상과 55명과 고등과 15명의 졸업생이 배출되었다〔이성옥(역) 2006, 183〕. 관립소학교에는 일본인 교사가 한 명씩 배치되었다.

소학교의 목표, 종류, 입학자격, 교과목은 다음과 같다.

- 목표－학생의 신체 발달, 국민교육의 기초와 생활에 필요한 보통지식과 기능의 습득
- 종류－관립, 공립, 사립
- 수업연한－심상과 3년, 고등과 2년 또는 3년
- 입학자격－만 7세에서 15세까지
- 교과목

  심상과－수신, 독서, 작문, 습자, 산술, 체조, 재봉(여학생), 선택 과목(지리, 역사, 도화, 외국어 중에서 선택)

  고등과－수신, 독서, 작문, 습자, 산술, 한국지리, 한국역사, 외국지리, 이과, 도화, 체조, 재봉(여학생), 외국어

위 교과목들의 명칭이 다르긴 하지만 현재 초등학교에서 배우는 교과목을 떠올릴 수 있다. 수신은 현재 도덕 과목, 독서는 읽기 과목, 작문과 습자는 쓰기 과목, 산술은 산수 과목, 도화는 미술 과목, 지리, 역사는 사회 과목에 속하며 당대의 교과목이 현존 교과목의 기원이

표 2. 소학교(심상과) 교과과정표

(단위: 시간)

교과	1년	2년	3년	계
수신	3	3	3	9
독서	6	6	6	18
작문	3	3	3	9
습자	5	5	3	13
산술	6	6	6	18
지리역사			3	3
체조	5	5	4	14
계	28	28	28	84

되었음을 알 수 있다.

심상과는 저학년 3년을 의미하며 소학교(심상과)의 교과과정표는 표 2와 같다〔이성옥(역) 2006, 50〕. 표 2에서 보여주듯이 1~3학년까지 외국어는 제공되지 않았다. 각 학년당 수업시간은 1주일에 28시간이고 독서, 습자, 산술, 체조에 시간이 많이 배당되었다. 학생들은 3년동안 수신과 작문을 매주 3시간, 독서와 산술은 매주 6시간 배웠다. 그리고 습자(글쓰기)는 1, 2학년은 5시간, 3학년은 3시간 배웠다. 지리역사는 3학년에서만 3시간 배웠다. 체조는 1, 2학년은 5시간, 3학년은 4시간 배웠다.

고등과는 고학년 3년을 의미하며 소학교(고등과) 교과과정표는 표 3과 같다〔이성옥(역) 2006, 50〕. 고등과에서는 심상과에는 없던 이과, 도화와 외국어(일어) 과목이 추가되었다. 이때 일어는 한 학년에 주당 3~4시간씩 3년동안 총 수업시간(90시간)의 11%에 해당한다. 고등과 수업시간은 심상과보다 2시간 늘어난 주당 30시간 수업이었다. 도화는 현재 미술 과목에 해당한다. 독서, 산술, 지리역사, 일어에 시간이 많이 배당되었으며 독서는 주당 4시간, 산술은 5시간, 지리역사는 3~4시간, 일어는 3~4시간이었다.

표 3. 소학교(고등과) 교과과정표

(단위: 시간)

교과	1년	2년	3년	계
수신	3	3	2	8
독서	4	4	4	12
작문	2	2	2	6
습자	2	2	2	6
산술	5	5	5	15
지리역사	4	3	4	11
이과	3	3	4	10
도화	2	2	2	6
체조	2	2	2	6
일어	3	4	3	10
계	30	30	30	90

*지리역사는 본국지리, 본국역사, 외국지리

교재

학부는 1895년 최초의 국어 교과서인 『국민소학독본』을, 1896년에는 『심상소학』을 편찬하였다. 이 두 책은 한국 최초로 편집된 근대식 교과서이나 초기 교과서는 서양식 제책 방식이 일반화되지 않아 재래식 판형을 따랐다.

국어, 한국역사와 한국지리에 관련된 대표적인 교과서만을 간략하게 설명하면 다음과 같다.

『국민소학독본』은 전체 41과이며 국한문 혼용으로 총 72쪽[5](144면)으로 구성되어 있다. 이 교과서의 문장들은 초보자에게 긴 편이며 한자의 수준이 높고 내용도 단순하지 않은 점을 미루어 보아 소학교 고등과 또는 중등학교 이상의 학생을 대상으로 한 것이다. 이 책의 내용은 대조선국大朝鮮國에서 시작하여 수도 한양을 설명하고 일상생활에

5 당대 교과서의 크기가 지금과 달랐으며 2면이 현재의 한 쪽(페이지)에 해당된다.

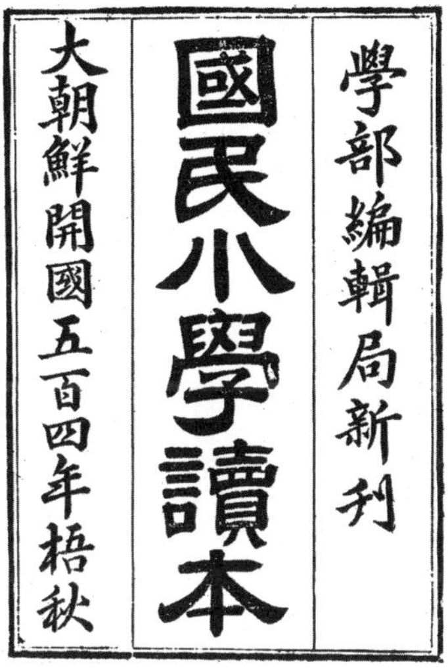

學部編輯局新刊
國民小學讀本
大朝鮮開國五百四年梧秋

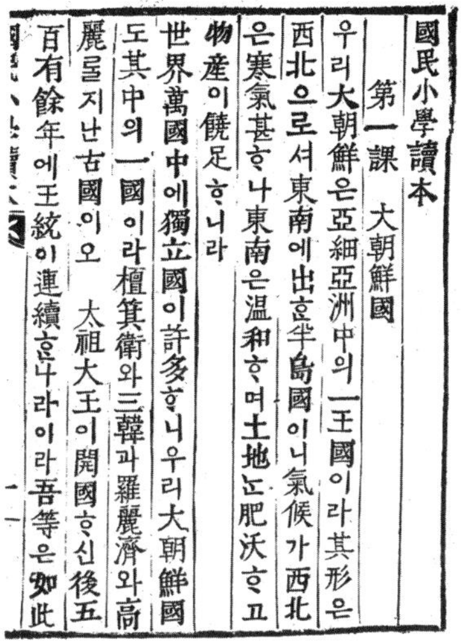

國民小學讀本
第一課 大朝鮮國
우리大朝鮮은亞細亞洲中의一王國이라其形은西北으로셔東南에出ᄒᆞᆫ半島國이니氣候가西北은寒氣甚ᄒᆞ나東南은温和ᄒᆞ며土地도肥沃ᄒᆞ고物産이饒足ᄒᆞ니라
世界萬國中에獨立國이許多ᄒᆞ니우리大朝鮮國도其中의一國이라檀箕衛와三韓과羅麗濟와高麗를지난古國이오 太祖大王이開國ᄒᆞ신後五百有餘年에王統이連續ᄒᆞᆫ나라이라吾等은如此

그림 2a (왼쪽). 학부 (편), 『국민소학독본』 (1895)의 속표지
이 책은 1895년 학부에서 편찬한 소학교용 교과서로 최초의 근대식 국정교과서(국어 과목)에 해당한다.
그림 2b (오른쪽). 학부 (편), 『국민소학독본』 (1895)의 1과

관한 소재로 서적, 시계, 동물, 식물, 농업 등을 다룬다. 조선의 역사적 인물로 세종대왕과 을지문덕을 소개하고, 그밖에 징키스칸成吉思汗에 대한 내용도 있으며 중국과 아메리카에 대해 상당히 자세하게 설명하고 있다.

『심상소학』은 총 3권[6]으로 각 권은 30여 과로 구성되어 있으며 삽화가 들어가 있다. 1권의 내용에는 학교, 시간, 동서남북 등, 2권에는 운동, 친구, 동물 등 일상생활에 관한 내용이 많다. 3권에는 만수성절, 경찰, 일본 거류지, 군사 등의 내용이 담겨 있으며 일본 군인, 일본 복색 등의 삽화가 들어 있다. 이 교과서는 『국민소학독본』에 비해 문장이 평이하고 한자의 사용도 적으며 삽화가 들어간 것으로 소학교 심

6 당대는 각 권을 권1, 권2, 권3으로 표시하였다. 이 책 본문에서는 1권, 2권, 3권으로 표시하고 그림 출처에서는 당대의 표시대로 권1 등으로 표시하였다.

新訂 尋常小學

新訂 尋常小學卷一

第一課 學校

學校ᄂᆞᆫ 사ᄅᆞᆷ을 敎育ᄒᆞ야 成就ᄒᆞᄂᆞᆫ 데니 譬컨ᄃᆡ 各樣 모종을 기르ᄂᆞᆫ 모판이오 ᄯᅩ 學校ᄂᆞᆫ 사ᄅᆞᆷ의 마음을 아름답게 ᄒᆞᄂᆞᆫ 데니

그림 3a(왼쪽). 학부(편), 『심상소학』(1896)의 속표지
그림 3b(오른쪽). 학부(편), 『심상소학』(1896)
『심상소학』 권1, 1과이며 『국민소학독본』보다 훨씬 쉬운 언어로 집필되어 있고 삽화가 들어간 것이 주목할 만하다.

상과의 학생을 상대로 하였다. 소학교 저학년에 일본 거류지, 일본 군인, 일본 복색 등 일본에 관한 내용을 소개하고 이에 대한 삽화까지 있는 것이 의도적으로 일본을 각인시키려 한다는 인상을 준다. 뿐만 아니라 관립소학교에 일본인 교사 한 사람이 배치되고 소학교 고학년에서 일어 수업을 일주일에 3~4시간 제공한 사실은 당대 소학교 수업이 일본의 통제를 많이 받은 것을 확인할 수 있다.

학부에서 1895년 편찬한 『소학독본』은 총 60면이고, 맹자, 이율곡 등 역사적인 인물을 중심으로 인, 의, 효를 다루는 내용으로 일종의 수신 교과서 성격을 지녔다. 국한문 혼용으로 어려운 한자도 많이 포함되어 있다.

2) 보통학교

정부는 초등교육을 널리 보급하고자 1906년 예산을 확보하였다. 이제까지의 소학교(6~7년제)를 보통학교(4년제)로 개편하여 서울에 관립보통학교와 각 도에 공립보통학교(수원, 공주, 충주, 진주, 대구, 광주, 전주, 춘천, 해주, 평양, 영변, 함흥, 경성)를 세워 1907년에 보통학교의 수가 관립 10개교, 공립 13개교였다. 또한 정부는 보통학교 입학지원자가 늘어나자 1909년에 사립학교 보조규정을 제정하여 사립보통학교를 설립하는 것을 허용하였다. 1910년 4월 서울의 관립보통학교를 공립으로 변경하여 관립으로는 한성사범학교부속보통학교 1개교만 남게 되었다. 1910년에는 전국에 관립보통학교 1개교, 공립보통학교 59개교, 보조지정학교가 41개교가 있었다. 보통학교 학생 수는 1906년에 1,924명(22개 학교)이던 것이 1909년에는 13,246명(91개 학교)으로 증가하고, 1910년에는 관공립보통학교 학생이 모두 합쳐 16,946명(101개 학교)에 이르렀다〔이성옥(역) 2006, 125〕.

보통학교의 목표, 종류, 입학자격, 교과목을 알아본다.

- 목표 – 학생의 심신 발달에 맞는 도덕교육과 신체교육을 하며 일상생활에 필요한 보통 지식과 기예를 습득
- 종류 – 관립, 공립, 사립
- 수업연한 – 4년
- 입학자격 – 만 8세에서 12세까지이나 당분간 만 14세까지 취학 기회를 늘림
- 교과목 – 수신, 국어, 한문, 일어, 산술, 지리역사, 이과, 도화, 체조(여학생을 위해 수예를 교과목에 넣고 경우에 따라 창가, 수공, 상업, 농업 중 한 과목을 추가 할 수 있다)

보통학교 한 학급의 학생 수는 50명 이하로 하고 교원 1명이 배치

표 4. 보통학교 교과과정표(1909)

(단위: 시간)

과목	제1학년	제2학년	제3학년	제4학년
수신	1	1	1	1
국어	6	6	6	6
한문	4	4	4	4
일어	6	6	6	6
산수	6	6	6	6
지리역사	–	–	–	–
이과	–	–	2	2
도화	2	2	2	2
체조	3	3	3	3
계	28	28	30	30

되었다. 1909년 4월에 보통학교령이 일부 개정되어 학생정원이 60명으로 되고 2년제 보습과를 설치할 수 있었다.

1895년 7월에 공포된 소학교령에서 남녀공학의 기회가 주어졌다. 1908년까지 관립이나 공립의 여자학교나 여자학급이 따로 설치되지 않았다. 학부는 1908년 4월에 대구, 함흥, 군산, 여주의 공립보통학교에 여자학급을 1학급씩 신설하였다. 1910년 말 보통학교 여학생 수는 공립학교 23개교에 936명, 사립학교에 45명이었고 기타 보조학교 등에 293명이었다〔이성옥(역) 2006, 85〕. 보통학교 교과과정은 표 4와 같다(오천석 1964, 135).

표 4에서 보통학교의 교과목은 앞서 다룬 소학교 고등과 교과목과 일치하나 수학 연도가 소학교(고등과 3년)보다 일 년 늘었다. 주당 시간은 1, 2학년에서 28시간이고 3, 4학년에서 30시간이다. 보통학교에서는 언어교육이 중시되어 국어와 일어가 매 학년 각각 6시간, 한문은 4시간씩 배당되었다. 일어 과목이 외국어로 간주되지 않았고 국어와 마찬가지로 시간이 배당된 것은 일어의 위상이 높아졌음을 의미

한다. 지리역사는 제공되지 않고 이과는 3, 4학년에서 주당 2시간씩 제공되었다. 국어, 일어, 한문이 전체 교과목에서 차지하는 비율은 1, 2학년에서 57%, 그리고 3, 4학년에서 53%이다. 산수가 중요한 과목으로 간주되어 매주 6시간씩 배당되었다.

(1) 교재

1905년 학부의 교과서 편찬 사업은 보통학교용 교과서부터 착수하였고, 1907년에 『수신서』, 『국어독본』, 『한문독본』, 『일어독본』, 『도화임본』이, 그리고 1909년에 『산술서』(교사용)과 『습자첩』이, 1910년에는 『창가집』이 완성되었다. 1909년에는 교사용 『보통교육학』, 교사용 『체조교수서』, 『보통교육창가집』이 편찬되었다. 교과서는 관공립보통학교에는 무상으로 지급되었으나 사립학교에서는 별도로 구입하였다.

교과서로 사용된 『국어독본』에 대해 간략하게 설명한다. 그림 4a, 4b로 제시된 『보통학교 학도용 국어독본』은 1907년 학부에서 편찬한 것이며 모두 8권으로 각 학년에서 2권씩 사용되었다. 1권에서 한글의 모음과 자음을 소개한 후 '무', '나무', '벼', '벼루' 등의 명사 어휘가 삽화와 함께 등장하는 1과가 시작된다. 이어서 '바른 팔', '작은 신' 등 형용사가 들어간 짧은 구문이 나온 후 '하늘이 높다' 등 간단한 문장이 제시된다. 권수가 올라가면 단계적으로 문장이 길어지고 내용의 수준도 높아진다.

1~3권에서는 일상생활에서의 소재를 다룬다. 4권에서는 한국의 지리, 해안, 국경 등, 5권에서는 고대 조선, 삼한시대를 다루고 평안도, 함경도의 위치, 특산물에 관한 내용이 지도와 함께 나온다. 6권에서는 삼국과 일본, 수나라와 당나라의 침략, 백제와 고구려의 패망 원인과 함께 강원도, 황해도, 경기도, 충청도를 소개한다. 7권은 결권이 되어서 내용을 확인할 수 없고, 8권에서는 청국, 만주의 소개 외에 지구상의 인종, 세계의 강국 등을 소개하고 이와는 전혀 다른 소재인 해

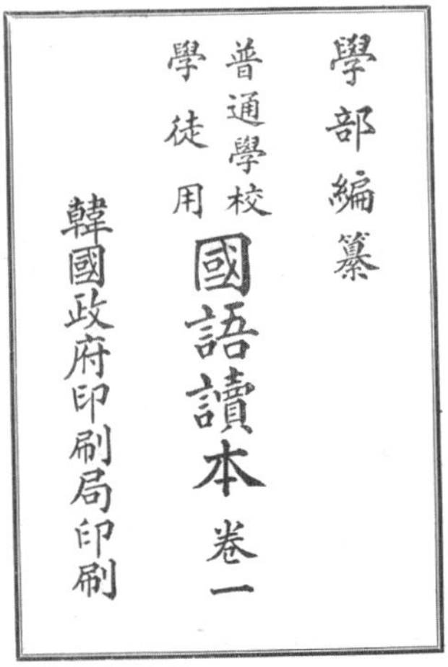
學部編纂
普通學校學徒用
國語讀本 卷一
韓國政府印刷局印刷

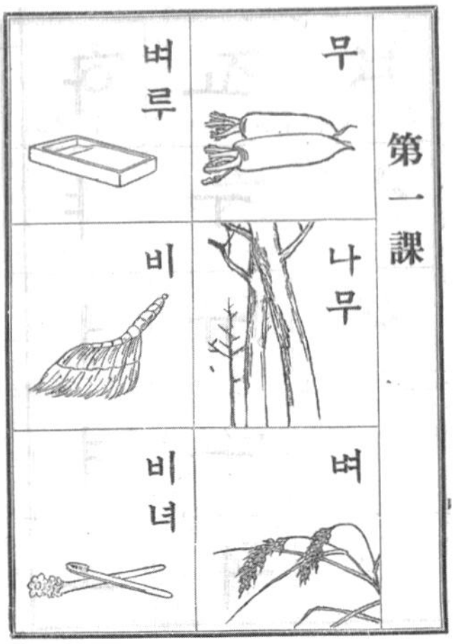

그림 4a (왼쪽). 학부 (편), 『보통학교 학도용 국어독본』 권1 (1907)
1907년 학부에서 보통학교 학생을 위해 편찬한 국어 교과서 1권 속표지이다.
그림 4b (오른쪽). 학부 (편), 『보통학교 학도용 국어독본』 권1 (1907)의 1과

충, 박테리아 등을 설명한다.

이 교과서의 내용은 초등학생이 우선 한글을 익힌 다음에 한국의 지리와 역사를 배우고, 그러고 나서 세계사 지식 외에 위생에 관한 지식도 익히는 순서로 구성되어 있다. 따라서 이 『국어독본』은 순수한 한국어의 언어에 관한 내용뿐 아니라 역사, 지리에 관한 문화적인 내용, 나아가서는 당시 시급한 문제였던 위생과 청결에 관한 내용을 총괄적으로 다룬 교과서라 평가할 수 있다. 이러한 내용은 당대 일반 대중의 개화와 근대화에 필요불가결한 주제였을 것이다.

(2) 학생활동

학생들의 신체 발육이 중요시되어 1895년 체조가 정식 소학교 교과로 채택되었다. 여러 학교가 연합한 운동회가 성행하여 1896년 5월 31일에 관립학교 연합운동회가 훈련원에서 열렸고 소학교 학생들이 참가하였다. 1897년 4월 홍화문 밖 산 위에서 열린 경성학당 창립 1주

년 기념 운동회에서는 300보, 600보 경주, 투포환, 멀리뛰기, 높이뛰기 등의 경주가 벌어졌다. 1905년 5월에는 관·공·사립 소학교 연합대운동회가 각 부 대신, 협판, 각국 공사, 학교장 등이 참석한 가운데 훈련원에서 개최되었다. 1907년 운동회에는 체조, 기마전 등 신종목이 포함되었고, 1908년에는 평양, 황해도에서도 연합대운동회가 열렸다. 1909년 4월에는 서울에서 관립과 사립학교가 연합한 대운동회가 개최되었다.

이 시기에 소학교뿐 아니라 외국어학교 등 다른 관공립 학교와 사립학교에서도 연합운동회가 열렸으며 여기에 각 부 대신 등이 참석한 것으로 보아 운동회는 학교의 중요한 행사에 속했다. 운동회는 학교 및 정부의 위상에 대한 홍보뿐 아니라 교육, 특히 체육에 관한 민중의 인식과 단체 행동과 협력에 관한 계몽을 목표로 하였다. 또한 경기에서 체조, 기마전 이외에 투포환, 멀리뛰기, 높이뛰기, 구보 등 올림픽 경기의 주요 종목인 육상경기가 실시된 것은 오늘날까지 의미가 있는 사실이다.

2. 중등교육

정부는 1899년 4월 칙령 제11호로 중학교 관제를 공포하고 처음에는 실업계 학생들에게 중등교육을 보급하고자 하였다. 그러나 같은 해 9월 학부령 제12호 중학교 규칙을 제정하여 (일반)학생들에게 중등교육을 실시하는 것으로 결정하였다. 중학교의 수업연한은 원래 심상과 4년과 고등과 3년으로 7년이었으나 고등과는 설치되지 않았다. 1906년 8월 고등학교령이 공포되고 관립중학교가 관립한성고등학교로 개편되었으며 기간이 4년으로 축소되었다.

1) 중학교

중학교 수업연한은 7년(심상과 4년, 고등과 3년)으로 정하였다. 교과서는 학부가 편찬한 것 또는 학부대신이 검정한 것으로 학생들에게 대여되고 지필묵이 지급되었다. 수업시간은 체조와 실습시간을 제외하고 매일 5시간이었다. 입학시기는 봄학기와 가을학기 초로 하고 외국어학교 졸업생과 문장과 계산에 뛰어난 학생은 특별입학이 허용되었다.

중학교의 목표, 종류, 입학자격, 교과목은 다음과 같다.

- 목표–실업을 원하는 국민에게 중등 보통교육을 실시
- 종류–관립, 공립, 사립
- 수업연한–심상과 4년, 고등과 3년
- 입학자격–고등소학교를 졸업한 만 17세 이상 25세 이하
- 입학시험–국문, 한문, 산술, 역사, 지리.
- 교과목

  심상과–윤리, 독서, 작문, 역사, 지지(지리), 산술, 박물(생물, 광물), 물리, 화학, 도화, 외국어, 체조

  고등과–수신, 독서, 산술, 경제, 박물, 물리, 화학, 외국어, 법률, 정치, 공업, 농업, 상업, 의학, 측량, 체조

1900년 10월 관립중학교가 개교하였으며 이 학교로 관립소학교를 졸업한 학생들이 진학할 수 있었다. 1904년 7월 관립중학교 심상과 제1회 졸업생이 20명, 그리고 1905년 6월에 심상과 제2회 졸업생이 7명 배출되었다. 관립중학교에는 고등과가 개설되지 않았다. 중학교는 사범학교나 외국어학교와 달리 직업교육이 목표가 아니었으므

그림 5a. 관립중학교 물리 수업과 시데하라 타이라

일본인 교사 시데하라 타이라가 관립중학교에서 물리 수업을 하는 장면으로, 한국인 부교관이 옆에서 설명을 하고 있다.

그림 5b. 관립중학교 영어 수업과 호머 헐버트

헐버트가 1901년경 관립중학교에서 수업을 하고 있다.

그림 5c. 관립중학교 한국인 교관들과 시데하라 타이라와 헐버트
시데하라 타이라와 헐버트가 관립중학교에서 한국인 부교관들과 찍은 사진이다.

로 실용 가치가 적다고 생각하여 지원자가 많지 않았고 교사의 태만, 학생들의 학습의욕 저하 등으로 학교가 활성화되지 못하였다. 외국어 학교, 의학교 및 중학교 졸업생을 출신 학교의 교관으로 임용하는 방법도 중학교는 적극적으로 활용하지 못하였다.

중학교 교과목의 외국어 과목으로는 일어와 영어가 있었으며 영어는 미국인 헐버트Homer Bezaleel Hulbert(1863~1949)가 1900년 9월부터 담당하였다.[7] 일어는 1906년 이후에 보통학교, 사범학교, 실업학교 등 관공립 교육기관에서 필수 과목이 되었다.

7 1902년에 학부에서 작성된 헐버트의 연장 계약서에 의하면 계약 기간은 1902년 5월 1일부터 5년으로 급여는 매월 300원씩이었고 주택을 학부에서 주선해주지 못하는 경우 임대비를 매월 30원씩 지불한다는 내용이 있다. 또한 학과과정과 교수 시간에 관한 사무는 학부대신이나 교장의 지시를 따른다고 되어 있다. 계약서에는 그 외에 기간 엄수, 해고 시 규정, 병가 시 규정들이 제시되어 있다.

2) 고등학교

고등학교는 수업연한이 4년이었으며 학습 대상자를 남녀로 분리하여 고등학교와 고등여학교로 구분되었다.

고등학교의 목표, 종류, 입학자격, 교과목은 다음과 같다.

- 목표 – 남학생에게 필요한 고등 보통교육 실시
- 종류 – 관립, 공립, 사립
- 편제 – 본과, 예과, 보습과
- 수업연한 – 본과 4년, 예과와 보습과 1년 이내
- 입학자격

  12세 이상의 남자로 보통학교 졸업자, 또는 동등한 학력을 가진 자
- 교과목

  예과 – 수신, 국어한문, 일어, 역사, 산술, 이화(理化: 물리, 화학), 박물, 도화, 음악, 체조

  본과 – 수신, 한문, 국어, 일어, 역사, 지리, 수학, 이화, 박물, 도화, 법제경제, 음악, 체조(법제경제, 음악은 선택 가능)

  보습과 – 수신, 한문, 국어, 일어, 역사, 지리, 수학, 이화, 박물, 도화, 체조

고등학교 입학자격이 17세에서 12세로 낮아진 것은 소학교의 6년 교육연한이 보통학교 4년으로 줄었기 때문이다. 고등학교 수업연한은 1909년 개정령에 따라 본과 4년을 사정에 따라 1년 단축할 수 있었고 예과는 폐지되었다.

1906년 보통학교 학생 수(1,924명)가 1910년에(16,946명) 크게 늘어났다. 이들 보통학교 졸업자의 80%가 상급학교로 진학하기를 희망하였다. 1909년경 서울의 경우 보통학교 졸업자들은 고등학교(약 35%), 상업학교(약 25%), 공업전문소(약 16%), 외국어학교(약 15%)로 진학하

였고 사범학교(5.5%)와 농업학교(3.6%), 의학교(0.7%)로의 진학은 저조하였다〔이성옥(역) 2006, 125~126〕.

1909년 10월 발표된 관립한성고등학교학칙에서 수업연한을 4년, 학생정원을 500명으로 하였으며 재학생은 176명이었다. 같은 해 4월 관립평양일어학교가 관립평양고등학교로 개편되어 수업연한을 3년, 학생정원을 200명으로 하였으며 재학생 수는 117명이었다.

고등학교 교과목에서 1909년 7월 선택 과목으로 외국어와 실업 과목이 추가되었다. 외국어 과목은 학교가 영어, 불어, 독어, 한어 중에서 하나를 선택하고 실업 과목은 농업, 상업, 공업 중에서 하나를 선택하는 것이었다. 이에 따라 관립한성고등학교는 실업 과목으로 상업을, 외국어 과목으로는 영어를 채택하였으며, 관립평양고등학교에서는 실업 과목으로 농업을, 외국어 과목으로는 영어를 채택하였다. 1909년 교과목 명칭이 변경되어 국어와 한문은 국어 및 한문, 물리와 화학은 물리 및 화학, 법제경제는 법제 및 경제, 음악은 창가로 바뀌었다. 언어 과목으로 국어, 일어, 한문과 영어가 있었고 영어는 선택 과목이었다.

1909년 개정된 고등학교 교과과정은 표 5와 같다(오천석 1964, 141). 표 5에 제시된 고등학교 교과과정표에서 교과목의 용어가 변경(국어 및 한문, 창가 등)되었고, 실업 과목과 외국어 과목이 들어 있는 것으로 보아 1909년도 교과과정임을 확인할 수 있다. 개정된 교과과정에서 국어와 일어가 매 학년 6시간씩 배당되었다. 외국어 과목은 1학년에서는 독해, 받아쓰기(서취)와 쓰기연습(습자)이 매주 2시간씩 배당되었고, 2학년에서는 쓰기연습 대신에 회화가 들어갔으며, 3학년에서는 문법이, 4학년에서는 작문이 추가되었다. 외국어를 배우는 과정이 처음에는 읽기, 쓰기를 중심으로, 그러고 나서 회화, 문법, 작문이 나름대로 단계적으로 이루어졌음을 알 수 있다.

이 시기에 시행된 고등학교의 교과목이 현존 고등학교의 교과목의 근간을 이룬다고 볼 수 있다. 국어, 한문, 수학, 역사, 지리, 물리, 화학, 경제 등 과목의 명칭은 변경이 없이 현재까지 지속되고 있다. 창가는 음악으로, 도화는 미술로, 박물은 생물, 동물, 지학으로 명칭이 바뀌었다. 당시 선택 과목이었던 영어가 현재는 고등학교에서 중요한

표 5. 고등학교 교과과정표(1909)

교과목 \ 학년	1학년		2학년		3학년		4학년	
수신	시수	과목	시수	과목	시수	과목	시수	과목
	1	실천도덕	1	실천도덕	1	실천도덕	1	실천도덕
국어 및 한문	6	강독, 작문 문법, 습자	6	강독, 작문 문법, 습자	6	강독, 작문 문법	6	강독, 작문 문법
일어	6	독법, 해석 회화, 서취	6	독법, 해석 회화, 서취 문법, 작문	6	강독, 작문 문법	6	강독, 작문 문법
역사	3	본국역사	3	외국역사	3	외국역사		
지리	3	본국지리	3	외국지리	3	외국지리	1	지문(地文)
수학	6	산술, 대수	5	대수, 기하	4	대수, 기하 부기	4	기하, 부기
박물	4	광물, 식물	2	동물, 생리	2	생리, 위생		
물리 및 화학					3	화학	4	화학, 물리
실업	1	실업개설	3	농업, 상업 공업 중 1	3	농업, 상업 공업 중 1	5	농업, 상업, 공업 중 1
도화	2	자재화 (自在畵)	1	자재화	1	자재화 및 용기화	1	용기화 (用器畵)
체조	3	학교체조	3	학교체조	2	학교체조	2	학교체조
법제 및 경제							(2)	현행법제 및 경제대요
창가	(1)	단음창가	(1)	단음창가				
외국어	(2)	독법, 해석 서취, 습자	(3)	독법, 해석 회화, 서취	(3)	독법, 해석 회화, 서취 문법	(3)	독법, 해석 회화, 서취 문법, 작문
계	31 (3)		30 (4)		31 (3)		30 (5)	

*괄호 안에 있는 숫자는 선택 과목으로서의 시간 수를 가리킨다.

필수 과목이 되었고 일어 과목은 제2외국어의 선택 과목이 되었다.

3) 고등여학교

1896년 『독립신문』을 위시하여 1897년에는 부인단체 등에서 정부에 여학교 설립을 요구하였다. 1900년에 여학교 설치안이 제출되었으나 학부대신 신기선의 반대로 성사되지 않았고 1908년 4월에 와서야 고등여학교령이 반포되어 고등여학교가 설치됨으로써 여성에게 중등교육을 제공하였다〔이성옥(역) 2006, 317~318〕. 그러나 기독교 계통의 사립학교에서는 1908년 이전에 여학생교육이 이미 실시되고 있었다. 배화학당은 1899년에 중등예비과 2년제를, 이화학당은 1904년에 중등과 4년제를 인가받아 여학교를 설립하였다. 지방에서는 1902년에 대구에 신명여자소학교가 설립되었고, 이 학교가 1907년 중등예비과로 인가받아 대구신명여학교가 되었다〔이성옥(역) 2006, 81~82〕.

고등여학교의 목표, 종류, 입학자격, 교과목은 다음과 같다.

- 목표 – 여학생에게 필요한 고등 보통교육과 기예를 가르침
- 종류 – 관립, 공립, 사립
- 편제 – 예과, 본과, 기예전수과
- 수업연한 – 본과(3년), 예과(2년), 기예전수과(2년)
- 입학자격

  본과 – 12세 이상의 보통학교 졸업생 또는 이와 동등한 학력을 가진 학생

  예과 – 10세 이상의 보통학교 2년 수료 이상인 학생

  기예전수과 – 15세 이상인 학생
- 교과목

  예과 – 수신, 국어, 일어, 산술, 이과, 도화, 음악, 수예, 체조

  본과 – 수신, 한문, 국어, 일어, 역사, 지리, 산술, 이과, 도화, 가사, 수예, 음악,

체조, 외국어, 교육대요

기예전수과－수신, 국어, 일어, 산술, 재봉, 자수, 편물, 조사(組絲: 매듭), 조화(造花), 가사

고등여학교의 교과목은 재봉, 자수, 편물, 조사, 조화, 가사 등을 제외하고는 고등학교와 큰 차이가 없었다. 본과 교과목에 일어 외에 외국어가 들어 있으며 외국어가 어떤 과목인지는 명시되어 있지 않다.

정부는 1908년 5월 서울에 관립한성고등여학교를 세우고 총 300명을 정원으로 하였다. 1909년 5월 입학생(본과 50명, 예과 50명)을 모집했는데 시험 과목은 국문으로 독법과 받아쓰기였다. 입학자격 연령은 본과는 12세 이상, 예과는 만 8세 이상이었다. 그러나 지원자가 많지 않아 7월에야 본과 36명, 예과 14명으로 개교하게 되었다. 1910년 말 관립한성고등여학교 학생 수는 총 175명이었다(본과 1, 2년 각 32명, 3년 31명, 그리고 예과 1년 42명, 2년 38명).

관립한성고등여학교는 1909년 5월 12일 춘계운동회를 열었고 이 운동회에 순종과 황후가 참석하였다. 그리고 1910년 5월 13일에 용산 방면으로 소풍을 갔는데 두 행사 모두 여자의 외출을 금지하였던 이전 사회의 분위기에 견주어 보면 획기적인 사실이었다.

1909년 10월 정부는 관립한성고등여학교학칙을 개정하여 교육과정과 매주 수업시수를 표 6과 같이 정하였다〔이성옥(역) 2006, 328〕. 표 6에서 본과에서의 여학생에 대한 수업내용을 간략하게 살펴보면 국어 및 한문과 일어의 수업시수가 같았다(두 과목 각각 3년 동안 13시간). 표 밑에 부기된 설명과 같이 교사는 언어(국어, 한문, 일어) 과목을 수업할 때 역사, 지리 내용도 함께 지도하였다. 본과에서 이과 과목은 가사 과목과 함께 매주 4시간 배당되었고 재봉수업 시수는 1학년에서 5시간이었던 것이 2, 3학년에서 2시간 늘어났다. 외국어 과목이 없고 수예는 선택 과목으로 받아들여지면서 3년간 17시간으로 많은 시간

표 6. 관립한성고등여학교 교과과정표(1909)

(단위: 시간)

과목	본과			예과		기예전수과	
	1년	2년	3년	1년	2년	1년	2년
수신	1	1	1	1	1	1	1
국어 및 한문	5	4	4	5	5	2	2
일어	5	4	4	5	5	(2)	(2)
산술	2	2	2	3	3	2	2
이과					2		
가사	4	4	4			(2)	(2)
도화	1	1	1	1	1		
재봉	5	7	7	5	5	12	14
음악	2	2	2	2	2		
체조	2	2		3	2		
수예	(5)	(6)	(6)	(5)	(5)	12	12
교육			(1)2				
계	27 (5)	27 (6)	27 (7)	25 (5)	26 (5)	29 (4)	31 (4)

*괄호 안에 있는 숫자는 선택 과목으로서의 시간 수를 가리킨다.
*본과: 수예와 교육은 선택 과목, 역사와 지리는 국어 및 한문, 일어 시간 중에 교수하고 별도로 시간을 정하지 않았다.
예과: 수예는 선택 과목
기예전수과: 일어와 가사는 선택 과목

이 배당되었다.

3. 사립학교

19세기 말 관공립학교 설립과 더불어 기독교 계통과 민간 단체가 세운 사립학교가 대두되었다. 1908년 사립학교령이 공포되기 이전까지 사립학교의 설립은 자유로웠고 설비, 시설 유지, 재단, 교사 자격에 관한 별다른 규제가 없었다. 기독교는 1880년대 이후 조선에 급속히 전파되었으며 기독교 단체는 포교 수단으로 학교와 병원을 설립하였다. 이들 학교는 교육내용이 충실하고 재정이 튼튼했기 때문에 빠른 속도로 발전하였다. 기독교 계통 사립학교의 수준은 중등학교 이상이었고, 성직자 양성과 교회 산하 초등학교 교원 양성을 목표로 하였으며 특히 외국어, 영어교육이 중시되었다. 기독교 계통의 학교에 토론이라는 새로운 형태가 도입되어 학생의 토론 문화가 형성되었다. 학생을 중심으로 협성회 같은 회보 발간이나 기독교 관계 도서의 번역과 출판으로 한글이 정비됨과 동시에 널리 보급되었다.

이 시기에 민간인 사립학교가 많이 설립되었으며 중등교육에 해당하는 학교로는 1896년 3월에 개교한 부산개성학교를 위시하여 1898년에는 흥화학교, 광흥학교, 한성의숙(후에 낙영학교), 1899년에는 시무학교, 우산학교, 세천야학교(후에 한양의숙), 배영의숙, 광성학교, 낙연의숙 등이 설립되었다. 이들 학교에서는 일어, 영어, 지리, 역사, 물리, 화학, 법률학, 경제론, 국제법 등 근대 학문을 다루는 교과목을 가르쳤다〔이성옥(역) 2006, 179~181〕. 이들 사립학교 중에서 흥화의숙(1895년 설립), 을미의숙(1895년 설립, 후에 낙영의숙으로 바뀜), 중교의숙(1896년 설립), 낙연의숙 등은 특히 일어교육을 중시하였다.

1908년 사립학교령의 공포 이후 사립학교는 변화를 겪게 된다. 학부는 사립학교령과 함께 교과용도서검정규정령으로 사립학교에 규제를 가하였다. 사립학교 설립은 학부의 인가를 받아야 하고, 교과서도 학부가 편찬한, 혹은 학부의 검정 또는 인가를 받은 것을 사용하도록 하여 교육내용이 제한받게 되었다. 무엇보다도 사립학교 경영에 필요한 재원이 통제되었다. 1910년 학부의 인가를 받은 전국의 사립학교 수를 표 7에 제시한다〔홍준기(역) 2006, 57〕. 표 7에서 보면 1910년 5월 학부의 인가를 받은 사립학교 수는 전국에 걸쳐 2,250개교였으며[8] 이 숫자

8 이 시기 인가된 사립학교의 수는 정확하지 않다. 김영우(1983b, 83)에 의하면 1900년대 후반 사립학

표 7. 인가된 사립학교 수(1910.5)

구분	보통학교	고등학교	실업학교	각종학교	종교학교	계
한성부	1	1	2	66	24	94
경기도	–	–	–	136	64	200
충청남도	2	–	–	73	16	91
충청북도	–	–	–	41	7	48
경상남도	3	–	1	82	18	104
경상북도	4	–	–	72	74	150
전라남도	1	–	–	31	4	36
전라북도	4	–	–	42	31	77
강원도	–	–	–	37	6	43
황해도	–	–	–	104	182	286
평안남도	–	–	–	189	254	443
평안북도	–	–	1	279	121	401
함경남도	1	1	–	194	21	218
함경북도	–	–	3	56	–	59
계	16	2	7	1,402	823	2,250

는 당시 적은 숫자가 아니었다. 이들 중 종교학교(823개교)와 각종학교(1,402개교)가 대다수이고 보통학교는 16개교, 고등학교는 2개교, 실업학교가 7개교에 지나지 않았다. 여기에서 각종학교는 학교 종류가 특정되지 않은 것으로 사료된다.

이 표의 사립학교 형태 중에서 종교학교가 많은데 이들 종교학교의 대부분은 기독교 계통이었다. 이들 종교학교가 평안남·북도와 황해도에 집중되어 있는 현상은 기독교가 중국을 거쳐 주로 한반도 서북쪽으로 들어온 사실과 무관하지 않다.

사립학교에서는 토론회, 변론대회, 운동회 등이 성행하였으며 이

교 수는 5,000여 개에 달하였으나 1909년 7월 대략 2,020개 학교가 설립인가를 신청하였고 이 중 학부의 인가를 받은 학교는 908개교였다. 인용된 표 7의 통계에 오류가 있음을 참고로 밝혀둔다(종교학교의 전체 합계는 822개교, 함경남도의 총 학교 수는 217개교이다).

러한 분위기가 다른 학교에도 영향을 미쳤다. 또한 사립학교에서는 한글교육이 활발하게 이루어졌다. 이는 배우는 데 시간이 많이 걸리고 어려운 한문보다는 쉽고 간단한 한글을 이용하여 새로운 지식과 의식을 널리 보급하려는 목적 외에 일반 대중들의 배우려는 의지와 출세 의욕, 애국심과도 연관이 있었다. 1910년에 인가된 사립학교 수(2,250개교)가 같은 해 관공립학교 수(127개교, 표 1 참조)보다 약 20배 정도 많은 것을 보면 당대 사립학교에 대한 수요가 상당히 높았음을 알 수 있다. 이는 사립학교의 교육내용이 실용적이고 충실하여 일반 대중에게 많은 호응을 받은 것으로 평가할 수 있다. 이 시기 사립학교가 모든 이에게 평등하게 교육의 기회를 열어주고 근대 지식을 전달·보급함으로써 조선 사회의 개화에 선도적인 역할을 하였다고 볼 수 있다.

3장

관립외국어학교

1. 설립 경위

한국은 외국과의 교류 면에서 오랜 전통을 지니고 있다. 신라, 고구려, 백제가 중국과 긴밀한 관계를 유지하였고 특히 신라에서는 당나라로 유학생을 많이 보냈다. 고려와 조선 시대에는 중국, 일본 등과의 관계로 역관이 필요하였으며 이 역관교육을 위해 사역원이라는 국가 기구가 19세기 말까지 존재하였다. 그때까지의 외국어교육은 동양어에 한정되었다.

폐쇄정치를 고수하던 조선은 1876년 문호를 개방하면서 미국, 영국, 독일 등과도 1882년 수호통상조약을 맺게 되었다. 이어서 1884년에 이탈리아, 러시아와, 1886년에 프랑스와 통상조약을 체결하였다. 서양 여러 국가와 외교관계가 성립됨에 따라 서양어를 할 줄 아는 관리가 필요하였다. 청나라는 조선 정부에 독일인 묄렌도르프Paul Georg von Möllendorff(1847~1901)를 외교통상 및 해관 고문으로 추천하였다. 묄렌도르프는 1882년 12월 조선에 들어와 궁중에서 활동하면서 외국어교육을 할 수 있는 학교 설립을 건의하였다. 1883년 정부 기구 외

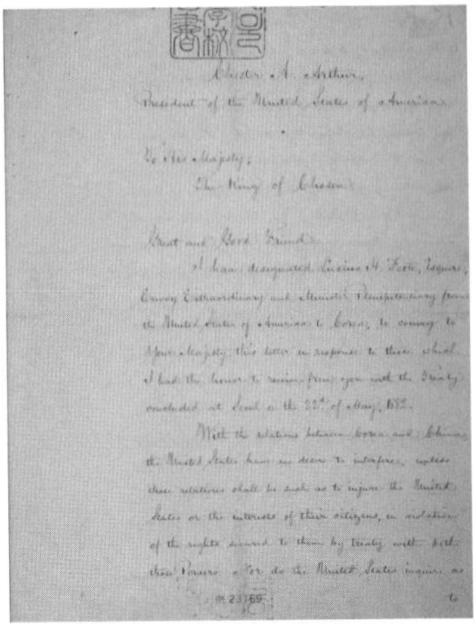
Chester A. Arthur,
President of the United States of America.

To His Majesty,
The King of Chosen.

Great and Good Friend:

I have designated Lucius H. Foote, Esquire, Envoy Extraordinary and Minister Plenipotentiary from the United States of America to Corea, to convey to Your Majesty this letter in response to those which I had the honor to receive from you with the Treaty concluded at Seoul on the 22nd of May, 1882.

With the relations between Corea and China the United States have no desire to interfere, unless those relations shall be such as to injure the United States or the interests of their citizens, in violation of the rights secured to them by treaty with both those Powers. Nor do the United States inquire as to

그림 6a. 조미수호통상조약에 대한 미국 측 비준서(1883)
조선과 미국이 1882년 맺은 조미수호통상조약을 1883년 미국 측에서 비준한 서류이다.

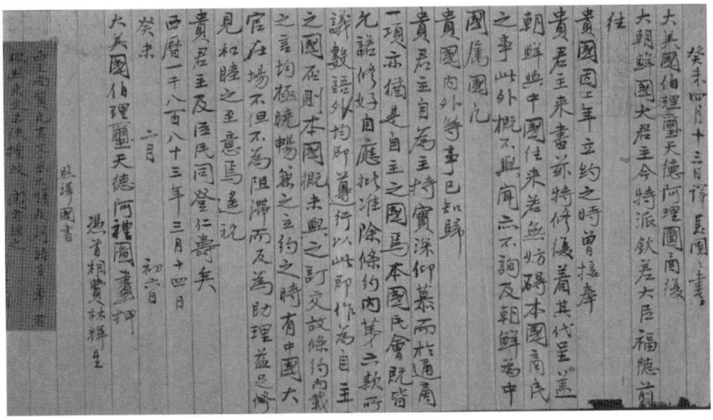

그림 6b. 조미수호통상조약에 대한 비준서 한문본(1883)
조선과 미국이 1882년 맺은 조미수호통상조약을 1883년 비준한 서류의 한문 번역본이다.

아문[1](현재 외교부)에 동문학이 설치되어 이 기구에서 서적을 간행하고 신문을 발행하는 것 외에 양어를 가르치는 업무를 맡았다. 양어는 서양 언어를 뜻하나 실제로는 영어만을 가르쳤다. 40명 정도의 학생으

1 1880년 정부에 외교, 통상 사무를 맡은 통리기무아문이 설치되었으며 이 기구가 외아문이라는 명칭으로 바뀌었다가 1882년 통리교섭통상사무아문으로 칭해졌다. 일반적으로 통리아문이라고도 부른다.

로 시작한 이 학교(동문학교)[2]가 한국 최초의 근대식 교육기관이자 영어학교인 셈이다. 동문학교는 1886년에 본격적으로 영어를 가르치는 정식학교 육영공원이 설립되자 자연히 문을 닫게 되었다.

육영공원은 정부에서 세운 근대식 학교로 좌원과 우원이 있었으며, 좌원에는 현직 관리들이, 그리고 우원에는 젊은 선비들이 선발되었다. 교과 내용으로는 독서, 작문을 위시하여 수학, 자연과학, 지리, 역사, 정치와 언어가 있었다. 언어는 동문학교에서처럼 영어만 가르쳤다. 육영공원에서는 미국인 헐버트, 벙커Dalzell Adelbert Bunker(1853~1932), 길모어George William Gilmore(1858~1933)가 모든 과목을 영어로 가르치고 교과서도 영어로 된 것을 사용하였다. 육영공원은 1894년 영어학교로 개편되었다.

한편, 1891년 매동에 개설된 일어학당을 개편하여 1894년 교사 나가시마 간지로長島嵓次郞가 수업을 시작하였으며, 1895년에는 인천에, 1907년에는 평양에도 일어학교가 설치되었다. 한어(중국어)학교도 1891년에 설립되어 사이고査以藁라는 교사가 수업을 맡았으나 청일전쟁(1894~1895)으로 1894년에 폐교되었다가 1897년 5월 다시 수업을 재개하였다.

1895년 5월 10일 전문 11조로 된 외국어학교관제(칙령 제88호)가 반포되어 외국어교육에 관한 법적인 근거가 마련되었다. 이 규정에 따라 위에 언급한 학교들 외에 1895년 10월에 법어(프랑스어)학교, 1896년 5월에 아어(러시아어)학교, 1898년 9월에 덕어(독일어)학교가 각각 설치되었다. 이들 여섯 외국어학교를 공식적으로 관립학교라 부르고 1인의 외국어학교장 아래에 두었다. 각 학교에서는 외국인 교사가 수업을 담당하였다. 영어학교, 일어학교, 한어학교의 외국인 교사는 앞서 언급되었으며 이들은 후에 다른 교사로 교체된

2 이 책에서는 이 학교를 동문학교로 칭하여 정부 기구 동문학과 구분하고자 한다.

다. 법어학교에서는 마르텔Emile Martel(1874~1949)이, 아어학교에서는 비루코프Nikolay Birukov(1861~1916)가, 덕어학교에서는 볼얀Johann Bolljahn(1862~1928)이 교사로 활동하였다. 외국인 교사에 대한 내용은 이 책 4~9장에서 자세히 다루게 된다.

각 외국어학교는 1906년에 지명 한성이 들어간 관립한성영어학교, 관립한성일어학교, 관립한성한어학교, 관립한성법어학교, 관립한성덕어학교로 불렸다. 아어학교는 1904년 러일전쟁 시 폐쇄되어 여기 포함되지 않는다. 처음에는 각자 독자적으로 운영된 이 학교들은 1908년에 관립한성외국어학교로 통합되었다. 한일합병(1910년 8월) 이후 1911년 9월 조선교육령이 공포되었으며 이 교육령에는 외국어교육에 관한 규정이 포함되지 않았다. 이 규정의 경과조치에 따라 외국어학교의 3학년 학생들에게는 계속 교육을 실시하여 졸업하게 하고 1, 2학년 학생들은 경성고등보통학교에 편입시켰다. 1911년 11월 1일 일본 칙령 제257조에 의해 관립한성외국어학교를 비롯한 법학교, 성균관, 관립한성사범학교가 정식으로 폐교되었다.

2. 학칙 변천[3]

1883년 동문학교에서 1895년 외국어학교가 설립된 시기까지는 외국어교육의 준비기라 할 수 있으며 영어교육만이 실시되었다. 조선에서 프랑스어, 독일어, 러시아어 등 다른 언어도 포함된 본격적인 외국어교육은 1895년에 시작되었다. 이 해 5월에 반포된 외국어학교관제에 교육목표, 기간, 내용 등에 관한 규정이 새로이 제시된다. 이 규

3 이 절의 내용은 2009년 발표한 「개화기의 독일어교육」(『독어교육』 제46집) 중 일부(외국어교육의 변천과정)를 수정·보완한 것이다.

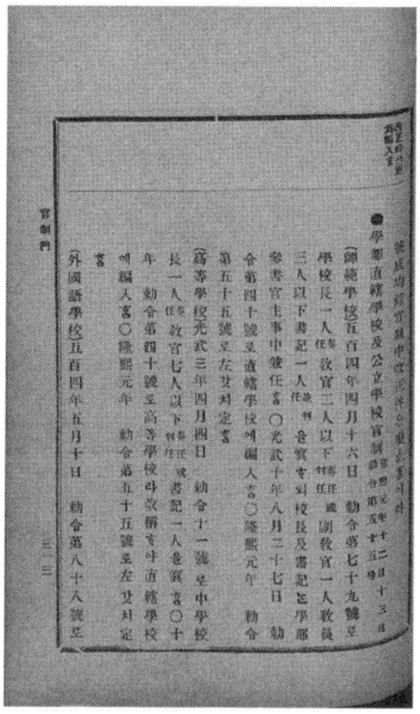

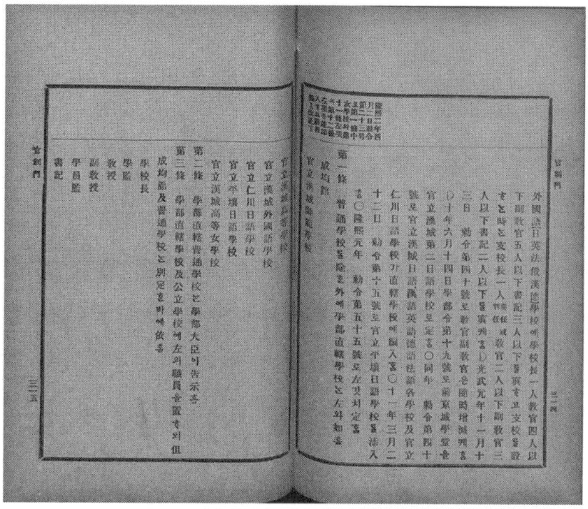

그림 7a(왼쪽). 칙령 제88호(1895)
1895년 5월 10일 발표된 칙령 제88호로 외국어학교 관제가 반포된다는 내용이다.
그림 7b(오른쪽). 칙령 제88호(1895)
칙령 제88호에서 외국어학교로 영어, 일어, 한어, 법어, 아어, 덕어학교를 설치한다는 내용이다.

정이 시간이 지나면서 구체화되고 수정되며, 그 내용은 시기적으로 크게 초기(1895년 5월~1906년 8월), 중기(1906년 9월~1907년 12월), 후기(1908년 1월~1911년 11월) 세 단계로 구분할 수 있다. 학칙 중에서 교육 내용에 관련된 사항만을 집중적으로 논의하면 다음과 같다.

1) 초기(1895년 5월~1906년 8월)

1895년에 공포된 첫 외국어학교관제에는 다음과 같은 내용이 포함되어 있다.

외국어학교에서는 여러 외국어를 가르친다(1조).
가르치는 외국어 종류는 수시로 학부대신이 정한다(2조).
필요에 따라서는 지방에 분교를 설치할 수 있다(3조).
직원으로는 교장 외에 교관(4명 이하), 부교관(5명 이하), 서기(3명 이하)를 둘 수 있다(4조).

외국인을 교관(주임), 부교관(부주임)으로 고용할 수 있다(11조).

1900년 6월 27일 외국어학교규칙(학부령 제11호)이 정해져 학교 관리 규칙이 보다 구체화되었다. 이 규칙에는 제1관 총칙, 제2관 학급, 학기, 제3관 수학, 휴학, 제4관 입학, 재학, 퇴학退學, 출학黜學,[4] 처벌, 시상, 제5관 시험, 도강, 졸업 항목으로 나뉘어 세칙이 정해져 있다. 이때 와서야 학교의 규칙이 상세화되고 운영이 제도화된 셈이다.

제1관 총칙 각 조의 내용은 다음과 같다.

외국어 외에 보통학[5]도 교수하며 한문으로 독서와 작문, 본국역사, 지지(地誌: 한국역사, 지리)도 교수한다(제1관 1조).

일어학, 영어학, 법어학, 아어학, 한어학, 덕어학 학교를 분리하여 설치한다(2조).

일어학, 한어학은 수학연한을 3년으로 영어학, 법어학, 아어학, 덕어학은 5년으로 정한다(3조).

학교는 학생에게 학기 중 교과서를 지급하고 필요한 지필묵도 지급한다(4조).

교관과 부교관이 학생을 교수하며 교장의 명을 따르고 학교 서무에 종사하며 학생을 감독한다(5조).

외국인 교사[6]는 교관과 부교관이 상의하여 교장에게 보고하고 승인을 받은 후에 고용된다(6조).

제2관, 3관, 4관에는 다음과 같은 항목이 명시되어 있다.

---

4 본인이 자의에 의해 학교를 떠나는 경우는 퇴학, 타의에 의한 경우는 출학으로 칭하였다. 현재의 용어로는 전자는 자퇴, 후자는 퇴학에 해당한다.

5 보통학은 일반 지식에 필요한 과목, 즉 역사, 지리, 산술 등을 의미한다.

6 초기에는 대체로 외국인인 경우 교사라 하고 한국인인 경우 (부)교관이라 하였으며 1907년 12월 이후에는 전부 교사로 불렀다.

학기는 1개 학년을 춘학기(1월 4일부터 여름방학까지)와 추학기(가을 시업일부터 12월 30일까지)로 나눈다(제2관 2조).

하루 수업시간은 5시간으로 한다(제3관 1조).

입학생은 만 15세 이상 23세 이하 신체 건강한 자로 한다(제4관 2조).

입학시험 과목은 국문으로 된 독서와 작문, 그리고 한문으로 된 독서와 작문이다(3조).

외국어학교의 입학자는 15세에서 23세 연령이면 누구나 자격 요건이 되었으나 실제로 외국어학교에 입학하려면 고위 관료의 추천이 필요하였다. 덕어학교 교사였던 볼얀에 따르면, 초기 덕어학교 학생들 대부분이 고관의 친척, 지인들이었으며 이들은 서양식 의자에 앉아본 적도 없고 규칙, 질서 등에 대한 이해도 높지 않았다(Bolljahn 1900a, 201).

마지막으로 제5관은 시험, 도강都講,[7] 졸업에 관한 규정이다.

시험은 매월 말에 학력시험이 있고 하기와 동기에 두 번 도강이 있다. 도강 중 동기 도강은 1학기 학력, 하기 도강은 1년 학력을 검증한다(1조). 졸업시험은 최종 학년 말에 전 교과를 통하여 평가가 이루어진다(7조).

1900년 6월 4일 학부에서 각 외국어학교 교사와 의논하여 한문을 개설하고 교사를 선임 · 결정하였으며 1900년 후반부터 한문을 공식 교과목으로 정하였다. 동양어 3년, 서양어 5년인 수업연한 규정은 1902년 3월 4일 일부 개정되는데(학부령 제14호), 일어학과 한어학의 교육기간이 3년에서 4년으로 연장되었다.

---

7 도강은 원래 이전에 배운 것을 선생님 앞에서 외우는 것을 뜻하나 이 학칙에서는 학기 말에 한 학기 또는 두 학기 학력을 평가하는 것으로 일종의 학기말시험에 해당한다.

2) 중기(1906년 9월~1907년 12월)

을사늑약(1905) 체결 이후 1906년 학부에 통감부가 설치된다. 외국어학교는 1906년 9월 학제의 개정(칙령 제40호)으로 관립한성(영어, 일어, 법어, 한어, 덕어)학교라 칭하게 된다. 즉, 각 학교가 소재하는 지명(한성)을 추가하게 된다. 1906년 8월 27일 외국어학교령(칙령 제43호)에 의해 이제까지의 규칙이 다시금 수정된다. 외국어학교령에는 다음과 같은 내용이 포함되었다.

외국어학교는 외국어에 능숙하여 실무에 적합한 인재를 양성함을 목적으로 한다(1조). 여기서 실무는 회사, 관공서 등 현장에서의 실제 업무를 말한다.
외국어학교에 연구과가 설치된다(4조).
외국어학교의 수업연한은 본과는 3년, 연구과는 2년 이내로 한다(5조). 각 언어는 본과에 속하므로 서양어, 동양어 모두 수업연한이 3년임을 말한다.
외국어학교 입학자는 12세 이상의 남자로 상당한 학력이 있는 자로 정한다(6조).

위의 칙령이 학부령 제22호로 1906년 9월 1일 시행되는데 이 시행규칙에 수정 또는 추가된 내용은 다음과 같다.

한 학급의 학생 수를 50명 이하로 한다(제1장 총칙 5조).
외국어학교 수업 과목을 정한다(5조).－수신, 국어, 한문, 산술, 역사, 지리, 이과, 법제, 경제, 부기. 체조
한 학년은 3학기로 나누며 1학기는 4월 1일에서 8월 31일, 2학기는 9월 1일에서 12월 31일, 3학기는 1월 1일에서 3월 31일이다(7조).
교수 일수는 매 학년 200일 이상으로 한다(8조).
1학년 입학시험 과목으로 국어, 한문 외에 산술을 본다(16조).
연구과에 입학할 자는 본과를 졸업한 자로 한다(17조).

시험은 학기시험과 학년시험으로 나누고 학기시험은 1학기와 2학기에, 학년시험은 학년 말에 실시한다(26조).

성적을 평가할 때는 10점을 만점으로 하고 각 학과에 4점 이상, 총 평균 6점 이상을 합격자의 표준으로 정한다(27조).

1907년 12월 13일(칙령 제55호) 학부직할학교 및 공립학교관제에 의해 교관, 부교관이라는 명칭이 교수, 부교수로 바뀌었고 학감이라는 제도가 생겼으며 전담 학교장을 둘 수 있었다.

3) 후기(1908년 1월~1911년 11월)

1908년 1월 1일부터 일어, 영어, 한어, 법어, 덕어 5개 학교를 합병하여 관립한성외국어학교로 칭하고, 각 언어에 따라 일어부, 영어부, 한어부, 법어부, 덕어부로 나누었다. 통감부는 교동의 일어학교 옆의 땅을 매입하여 외국어학교 전체를 한곳에 모았는데 이는 현재의 수운회관 북쪽 통계청에서 종로경찰서에 이르는 지역이었다.

1909년 7월 5일 외국어학교령이 학부령 제5호로 반포된다. 이 규정은 총 7장 38조로 구성되어 있다. 제1장은 총칙으로 외국어학교의 명칭(1조), 한 학급의 학생 수(50명, 2조), 속성과와 연구과의 설치(3조)에 관한 것이다. 제2장은 교과목에 관한 사항이다. 외국어학교 본과 교과목은 수신, 외국어, 국어 및 한문, 수학, 이과, 역사, 지리, 법제, 경제, 부기, 체조, 기타로 규정되어 있다(4조). 제3장은 교과용 도서에 관한 사항이다. 제3장의 세부항목에는 다음과 같은 내용이 포함되어 있다.

교과용 도서는 학교장이 학부대신에게 책명, 저자 이름, 역자 이름, 발행 연월일을 보고해야 한다(7조).

입학시험 과목은 국어와 한문, 일어, 산술, 역사, 지리 중에서 학교장이 정한다

(22조).

평소 성적과 시험 성적을 평가하는데 100점 만점에 각 교과목 40점 이상, 총 평균 60점 이상을 합격의 표준으로 한다(32조).

1908년 5월 11일 관립한성외국어학교 속성과 규칙이 정해져(학부령 제12호) 속성과로 일어를 설치한다. 이 속성과가 1909년에 일어속성과로 확정된다. 1909년 10월 20일 관립한성외국어학교학칙이 다시금 수정된다. 여기에는 다음과 같은 내용이 포함되어 있다.

본과 및 일어속성과를 설치한다(2조).

본과를 일어부, 영어부, 법어부, 덕어부, 한어부로 한다(2조).

본과 각 부의 수업연한은 3년, 일어속성과는 1년으로 한다(3조).

위 세 기간의 변화를 다시 한 번 정리해보면 개화기의 외국어교육이 언어의 종류, 교육목표, 교육기간, 교육내용, 교육평가, 입학조건 면에서 지속적으로 보완·정비되었음을 알 수 있다. 초기에는 관제가 구체적으로 정해지지 않았다가 시간이 지남에 따라 세칙이 마련되면서 통제와 제약이 강화되었다. 또한 외국어교육의 목표가 외국어를 배우는 것에서 시작하여 중기 이후에는 실무 등에 활용하는 것으로 확대되었다.

외국어학교의 입학 연령이 초기에는 15세 이상 23세 이하였으나 중기에는 12세 이상의 남자로 바뀐다. 이는 1906년 초등교육의 수업연한이 소학교 6~7년에서 보통학교 4년으로 단축되었기 때문으로, 보통학교를 졸업해야 외국어학교에 입학할 수 있기 때문에 입학연령이 12세로 낮춰진 것이다. 따라서 외국어학교와 보통학교 간 학제상의 연계가 이루어졌다. 또 이 시기에 고등여학교가 생겨 고등학교는 입학생 자격을 남자로 제한하였다.[8]

입학시험 과목은 초기에 국어, 한문이었던 것이 중기에는 산술이 추가되고 후기에는 이들 과목 외에 일어, 역사, 지리 중에서 학교장이 선택할 수 있게 되었다. 교육기간은 초기 동양어의 교육기간은 3년, 서양어의 교육기간은 5년이었다. 중기에는 동양어 교육기간도 3년에서 4년으로 연장되었다. 후기에는 모든 언어 교육기간이 3년이 되었다. 초기에는 한 학년이 봄학기, 가을학기로 나뉘다가 중기에는 3학기로 바뀐다.

교육내용은 초기에는 언어습득을 위주로 역사, 지리 과목이 있다가 중기 이후 수신, 이과, 경제, 법제, 부기[9] 등이 추가된다. 후기에는 일어가 수의과(선택)로 모든 언어부에 적용된다. 초기에는 교과서에 관한 규정이 없었으나 후기에는 학부에서 편찬하거나 학부대신이 검정 또는 인정한 것으로 교과서를 통제하였다. 또한 초기에는 학력 평가의 기준이 없었으나 중기에 10점 만점으로, 후기에는 100점 만점으로 기준이 바뀌었다.

3. 교사 현황

외국어학교의 직원은 학교장, 교관, 부교관, 서기로 구성되었고 학교장은 학부에서 임명하였다. 교관에는 한국인과 외국인이 있었으며 이들의 자격과 임용 규정에 관해서는 외국어학교관제에 명시되어 있지 않다. 교관들은 학생들의 수업을 담당하였으며 이 교관들의 자질에 대한 교육이나 검증은 별도로 이루어지지 않았다.

---

8 이 책 2장 2. 3) 고등여학교 참조.

9 수신, 이과는 모든 외국어학교에 해당되나 법제, 경제, 부기 과목은 일어학교에만 해당된다. 이 책 5장 일어학교 2. 2) 교과과정 참조.

학교장은 1인, 교관은 4인 이하, 부교관은 5인 이하, 서기는 3인 이하로 인원이 정해졌으나 이 규정은 제대로 지켜지지 않았다. 1895년에서 1906년까지 학교장은 10명이 바뀌었으며 이들의 부임기간은 일정하지 않았다. 대부분이 평균 1년 이상을 근무하지 못하였으니 외국어학교의 행정이 얼마나 불안정했던가를 보여준다. 학교장으로 재임했던 이들은 이긍익, 이상재, 한창수, 김각현, 이규환, 조한벽, 홍우관, 이종태, 장헌식, 정교였다. 이 중 홍우관과 조한벽은 교장직을 3번 역임하였으며 가장 오래 역임한 사람은 김각현으로 1897년 12월부터 1900년 9월까지 약 3년간 교장직을 맡았다(노인화 1989, 140).

1900년부터 1901년 사이에 교관이 3명, 1902~1903년까지는 교관이 2명, 1904~1906년까지도 교관 3명이 근무하였으며 설립 초기에는 일어학교, 법어학교를 제외하고 교관을 갖추지 못한 상태였다. 교관 또는 부교관의 업무는 각 학교의 외국인 교사를 통역하는 일이었고 학교를 설립할 때부터 임명되었다. 이들은 외국어 구사능력을 갖추어야 하기 때문에 대부분 외국어학교 출신이었으며 한문교육을 철저히 받았던 사람들이었다. 부교관의 숫자는 1897년 11월 관제 개정 시 임시 증감할 수 있도록 하였다.

1900년 10월 25일 외국어학교, 의학교, 중학교 졸업생을 해당 학교의 교관으로 받아들이는 관제가 공포되었다. 이에 따라서 외국어학교 졸업자 중 우수한 학생은 교관시험에 합격하면 졸업과 동시에 자동적으로 해당 학교의 부교관에 임명될 수 있었다. 그러나 이 규정은 제대로 이행되지 않는 경우가 많았으며 1907년 9월 28일 폐지되었다.

외국인 교사들은 교장의 지휘권 밖에 있었고 학부대신의 지휘를 직접 받도록 되어 있었다. 1904년 러일전쟁에서 일본이 승리한 후 외국인 교사 지휘권을 일본 측이 차지하였다. 예를 들어 한어교사 두방역杜方域의 초빙 건도 1905년 3월 일본 공사가 통보하고 결과를 조회하였다. 외국인 교사의 월급은 당시 해관세에서 지불되었다. 정부는 이들과

정식으로 계약을 체결하였으며 당시의 평균적인 월급 상황과 비교해보면 외국인 교사는 상당한 대우를 받았다. 외국인 교사에 대한 계약내용(기간, 월급 액수 등)은 각 학교마다 상당히 달랐다. 예를 들어 중국인 호문위胡文韋는 1900년 계약 시 매월 은화 100원으로 3년 계약을 한 반면에 러시아인 비루코프는 1899년 계약 시 매월 300원으로 1년 계약을 하였다. 이러한 형평성 문제를 둘러싸고 각국 공사와 정부 간에 갈등이 많았으며 외국인 교사들도 수업 거부 및 항의를 자주 하였다.

4. 학생 현황

각 외국어학교의 학생 현황을 알아보기 위해 입학생, 재학생, 그리고 졸업생으로 구분하여 학생 수를 정리한다.[10] 여기에서는 각 학교 간의 비교만을 참고하기로 하고 자세한 내용은 각 어학교에서 구체적으로 다루게 된다. 1894년에서 1910년까지 각 어학교의 입학생 수는 표 8과 같다. 표 8에서 보면 전체 입학생 중에서 일어학교 학생 수가 제일 많고 그 다음이 영어학교와 한어학교 순이다. 통계에 의하면 일어학교는 1903년까지는 인기가 없었고 1906년 통감부 개설 이후에 입학생이 급증하였다. 영어학교는 꾸준히 입학생이 증가하였다. 한어학교는 1900년 이전에는 영어학교와 일어학교보다 입학생 수가 많았으나 1903년부터는 적어지고 1907년 이후 급감하였다. 법어학교는 1900년을 전후해 입학생이 많은 편이나 1906년 이후 급감하였다. 아어학교는 1896년, 1898년에 입학생 수가 적은 편이 아니었다. 덕어학

10 각 외국어학교의 학생 통계는 볼얀(Bolljahn 1900a), 관립한성외국어학교일람(1909, 이하 일람), 조문제(1977), 김영우(1978), 노인화(1989), 이나바 쓰기오(稲葉継雄 1997, 401), 이광린(1999), 이성옥(역, 2006)과 저자의 작업을 종합하여 정리한 것이다. 이 작업은 이하 표 8~11; 21; 27; 32; 38; 44; 45; 51에도 해당된다.

표 8. 관립한성외국어학교 입학생 수(1894~1910)

학교 연도	영어학교	일어학교	한어학교	법어학교	아어학교	덕어학교
1894		40				–
1896					51	
1897	50		120	42		
1898	30	–	150	62	88	50
1899	20	10	141	73		–
1900	47	8	82	81		–
1901	58	20	70	98		40
1902	53	16	52	100		20
1903	62	14	34	90		20
1904	69	72	56	52		20
1905	62	49	63	45		20
1906	67	46	47	30		20
1907	97	201	27	25		30
1908	94	250	12	3		18
1909	96	174	17	9		10
1910	106	136	36	21		17
계	911	1,036	907	731	139	265

교의 입학생 수는 처음부터 많은 편이 아니었다.

1891년에서 1911년까지 각 어학교의 재학생 수는 표 9와 같다. 일어학교 재학생 수(832명)가 가장 많았으며 일어속성과, 인천일어학교와 평양일어학교의 재학생 수를 합하면 이보다 숫자가 많아질 것이다. 영어학교 재학생 수는 총 623명이었다. 1911년 폐교 시에는 일어학교 학생 수가 168명으로 역시 제일 많았고, 그 다음으로 학생 수가 많은 학교는 영어학교(87명)였다. 법어학교, 한어학교, 아어학교의 총 재학생 수는 대개 250여 명 정도로 비슷하나 덕어학교는 60여 명 정도로 차이가 많이 난다. 아어학교의 경우 재학생 수가 1896년에서 1901년에 치중해 있으며 이는 아관파천사건(1896) 이후 러시아 세력이 강해진 것과 연관된다. 두 통계(표 8과 9)에서 아어학교를 제외한

표 9. 관립한성외국어학교 재학생 수(1891～1911)

연도 \ 학교	영어학교	일어학교	한어학교	법어학교	아어학교	덕어학교
1891	–	100	35	–	–	–
1896	–	30	–	17	56	–
1897	110	86	40	35	79	–
1898	110	100	35	100	88	–
1901	70	57	32	37	37	25
1906	127	88	54	44	–	20
1909	119	203[11]	38	13	–	18
1911	87	168	12	4	–	–
계	623	832	246	250	260	63

표 10. 관립한성외국어학교 각 학년 재학생 수(1909.2)

	영어학교	일어학교	한어학교	법어학교	덕어학교	합계
1년 급	63	91	13	5	11	183
2년 급	37	72	14	3	5	131
3년 급	19	40	11	5	2	77
속성과		46				46
계	119	249	38	13	18	437

모든 학교의 재학생 수가 입학생 수보다 훨씬 적은 것은 취업, 정치적인 상황 등으로 학생이 학업을 중간에 포기하는 경우가 자주 있었기 때문이다.

1908년 각 어학교가 관립한성외국어학교로 통합된 이후, 그리고 폐교되기 바로 전인 1909년 2월 말 재학생 수는 학년별로 표 10과 같다(일람 47~48). 표 10에서 보면 시기적으로 관립한성외국어학교가 폐교되기 전일지라도 전체 재학생 수가 일어속성과(46명)를 포함하여 총 437명으로 적은 숫자는 아니었다. 1학년이 183명, 2학년이 131명

11 이 통계는 속성과 46명을 포함하지 않은 수이다.

표 11. 관립한성외국어학교 졸업생 수(1897~1910)

연도 \ 학교	영어학교	일어학교	한어학교	법어학교	덕어학교
1897	–	11	–	–	–
1900	–	–	5	–	–
1901	–	4	10	–	–
1902	–	–	5	–	–
1903	4	7	5	–	–
1904	2	11	–	–	–
1905	7	8	6	–	–
1906	2	9	6	9	–
1907	3	35	–	3	4
1908	17	34	9	8	2
1909	19	35	9	4	2
1910	25	52	11	2	3
계	79	206	66	26	11

으로 3학년 77명보다 훨씬 많았다.

1897년에서 1910년까지 각 어학교의 졸업생 수는 표 11과 같다. 표 11에서 일어학교의 졸업생 수가 206명으로 제일 많고 이 숫자는 그 다음 순인 영어학교(79명), 한어학교(66명)의 졸업생 수에 비하면 상당히 차이가 난다. 법어학교(26명)와, 덕어학교의 졸업생 수(11명)는 아주 적은 편이다.

입학생, 재학생, 졸업생 현황으로 보면 여섯 학교 중 일어학교가 가장 인기 있었고 그 다음이 영어학교, 한어학교 순이며 덕어학교가 가장 호황을 누리지 못하였다. 법어학교는 입학생, 재학생 수는 나름대로 많은 데 비해 졸업생 수는 미미한 편이다. 입학생과 재학생 수에 비해 졸업생 수가 현저히 적은 것은 당대 사회상황과 밀접히 연관된다. 학생들이 출세의욕이 강하고 또 외국어를 조금만 하면 근대화가 진행되고 있는 정부, 회사 등 각 부서에 취직이 쉽게 되는 관계로 주저 없이 학교를 그만둔 것이다. 또한 학교 규정 위반 등으로 학교에서 퇴학을 당하는 학생도 적지 않았다. 외국어학교에서는 학생 징계에 관한 규정이 있었으며 위반사항이 생기면 해당 규정에 따라 징계를 하고 퇴학에 해당하는 처벌을 받으면 학비를 반납하는 조치도 있었다. 학생들이 무단으로 학교를 일주일 이상 궐(결석)하게 되면 출학(퇴학)을 당하는 경우가 종종 있었다(김영우 1997, 510~512).

외국어학교의 각 언어에 대한 인기 내지 학교의 성패는 당대 각국의 세력과 정치 상황과도 밀접하게 연관되었다. 일어교육은 초기부터 확고한 위치를 차지하였고 1909년 일어속성과가 생기면서 더욱 강화되었다. 정치와 사회제도의 모든 영역에서 일본의 영향력이 막강해지면서 일어학교에 대한 관심이 더욱 커졌다. 또한 미국이 서울, 인천간 철도 개설권을 장악하고 영국이 해관을 지배하면서 영어로의 의사소통 필요성이 증대됨에 따라 영어학교가 호황을 누렸다. 한어학교의 경우 역사적으로 중국과의 관계가 확고했고 학생들이 전통적으로 한문에 강했기 때문에 관심을 끌었다. 1900년대 전후로 우편제도, 법학교 등에서 프랑스가 영향력을 발휘했고, 삼림채벌권, 한러은행 개설과 더불어 아관파천을 유도하여 러시아가 세력을 키운 사실이 법어학교와 아어학교 학생 현황에 커다란 영향을 미쳤다. 덕어학교의 경우 당시 자국의 국내 정치 상황이 복잡했던 독일이 동아시아의 한국에까지 커다란 관심을 둘 수 없었던 탓에 개교 초기 1900년 전후로만 잠시 호황을 누렸다.

입학생, 재학생, 졸업생의 현황을 근거로 당대 외국어학교의 위상을 전반적으로 살펴보면 각 어학교가 1900년대 초기까지는 나름대로 차이가 있음에도 불구하고 제대로 운영되었고 각 언어에 대한 관심과 열의도 상당히 균형감이 있었다고 평가할 수 있다. 그러나 그 후, 특히 1906년 이후 각 어학교의 성쇄는 정치, 사회 상황에 보다 밀접하게 부합하여 언어의 실용도에 크게 좌우되었음을 뚜렷하게 보여준다.

5. 교재 편찬

앞서 언급한대로 정부가 1895년 홍범14조와 교육입국조서를 공표한 이후 근대 교육제도가 마련되었고 각급 학교령에 근거하여 관·공립학교가 설립되었다. 이러한 교육 개혁과 더불어 전통 교육에서 다루어지던 학과목과 내용이 대폭 바뀌게 되었다. 이전에는 중국의 유교 경전, 『사기史記』 등을 중심으로 하던 교육이 실생활에 유용한 국어, 산술, 역사, 지리 등의 내용을 다루게 되었다. 따라서 새로운 교과목과 교육내용에 걸맞는 근대식 교과서의 편찬이 불가피하였고 근대식 인쇄술이 필요하였다. 정부가 1883년 외국어교육을 담당했던 통리아문 동문학의 부속기관으로 박문국을 설치하면서 최초의 신식 인쇄소가 마련되었다. 박문국에서는 1883년 10월 1일 최초의 근대식 신문인 『한성순보』를 발간하였다. 『한성순보』는 1884년 12월 갑신정변으로 정간되었다 1885년 9월 속간하였으나 1888년 7월 경영난으로 폐간되었다. 1900년 3월 농상공부에 정식 인쇄국이 설치되었으나 이들 인쇄국의 시설은 1901년 전환국典圜局의 인쇄과로 옮겨지게 되었다.

광인사廣印社가 1884년 설립되었으며 이는 최초의 근대식 민영 인쇄소 및 출판사였다. 광인사를 선두로 1900년을 전후하여 광문사, 박문사, 삼문출판사 등 민영 인쇄소가 속속 등장하기 시작하였으며 이들은 민간인이 설립하는 사립학교의 교과서를 출판하게 되었다. 삼문출판사는 미국 감리교 선교부에서 1885년 선교를 위해 시작한 출판·인쇄소로 한글, 한문, 영문 세 문자의 활자를 갖추었다. 이 출판사만이 당시 국내에서 영문활자를 가지고 있었고 영어학교 교사 헐버트, 벙커 등이 이 출판사에 관여하였다.

학부는 1895년부터 1910년까지 국어, 산수, 도덕, 역사, 지리, 이과 등과 같은 과목의 교과서를 제작하여 보급하였다. 1900년 이후 사립학교의 수가 엄청나게 늘어나면서 학부는 교육내용을 통제할 필요성을 느끼게 되었다. 1905년에 일본인 미츠지 츄조가 교과서 편찬 전담관으로 위원회를 설치하여 교과서 편찬 작업에 착수하였다. 1908년 8월 교과용 도서 검정규정(학부령 제16호)을 제정하여 학생용과 교사용의 모든 도서는 학부의 인정을 받도록 하였다. 이에 따라 보통학교, 고등학교, 사범학교, 외국어학교 등에서는 학부에서 편찬하거나 학부(학부대신)의 검정 또는 인가를 받은 도서가 사용되었다. 학부가 주도하고 관리한 이러한 편찬 제도는 오늘날 초·중·고등학교 교과서 편찬 방식(국정교과서, 검인정교과서)의 효시가 되었다.

1910년 학부 편집국에서는 교과서 도서를 세 종류로 구분하여 일람으로 간행하였다. 즉 학부가 편찬한 교과서, 학부가 검정한 교과서, 그리고 학부가 인정한 교과서로 나뉘었다. 또한 이 도서일람에는 비인가도서, 금지도서, 도서발매규정, 발매처 등 당시의 교과서에 대한 전반적인 상황을 제시하였다(이철찬 2007, 11). 다음에서 이 도서일람에 제시된 학부 편찬 교과용 도서, 학부 검정 교과용 도서, 그리고 학부 인가 교과용 도서에 대해 알아본다.

1) 학부 편찬 교과용 도서

학부에서는 교과서를 1895년에서 1905년까지 42종, 1906년에서 1910년까지는 21종을 편찬하였는데 수신, 산술, 역사, 경제, 교육, 예술, 국어, 일어, 한문과 관련된 교재였다. 사립학교가 학부에서 편찬한 교재들을 사용하는 경우에는 학부대신의 인가를 별도로 받을 필요가 없었다. 학부에서 1895년에서 1910년까지 편찬한 총 63종의 교과용 도서 수를 연도별로 보면 표 12와 같다(이철찬 2007, 97). 표 12에서 보면 1895년, 1896년 두 학년도에는 학부에서 직접 책을 많이 편찬하였다. 1901년, 1903년, 1904년, 1906년은 학부에서 책이 편찬되지 않았으며 1908년 이후 다시 많이 편찬되었다.

표 12. 학부 편찬 간행 도서의 시기별 간행 종류 수

年度	1895	1896	1897	1898	1899	1900	1902	1905	1907	1908	1909	1910	計
種	12	11	2	3	5	3	4	2	3	6	6	6	63
%	19	17.4	3.2	4.8	8	4.8	6.3	3.2	4.8	9.5	9.5	9.5	100

2) 학부 검정 교과용 도서

학부는 교과용 도서 검정 규정에 따라 정치적, 사회적, 교육적 시각에 입각하여 기준을 제시하였다. 1909년에는 교과용 도서를 학부에서 직접 편찬한 것과 학부에서 검정을 받은 것으로 제한하였다. 이 외의 교재를 쓸 경우 학교장이 학부대신의 인가를 받아야 했다. 위 검정 기준에 따라 1910년 5월 신청한 117종 교재 중에서 55종만이(47%) 표 13과 같이 검정을 받게 되었다(강윤호 1973, 68).

이들 검정된 도서 중에서는 초등학교용 수신, 국어, 한문 외에 지리, 역사에 관한 교과서가 많았고 이과, 농업, 경제, 위생, 교육, 체조 등에 관한 고등학교용 저술서가 있었다.

3) 학부 인가 교과용 도서

학부에 인가를 신청한 교과서는 448종이었는데 그중에서 380종이 인가를 받았으며 1910년 학부에서 인가된 교과서 수는 표 14와 같다(강윤호 1973, 68). 자연과학과 실업 계통의 이화, 박물, 생리, 법제, 경제, 부기 도서는 대부분 인가를 받았으나 수신, 한문, 역사, 지리, 국어, 일어 등 사회와 어문계열의 도서는 인가를 많이 받지 못하였다. 또한 종교 계통의 서적(불서 4종, 기독교서 15종)도 인가를 받았다. 인가를 신청한 도서 중에서는 수학이 60건으로 제일 많았고 그 다음이 영

표 13. 학부 검정 교과용 도서 수(1910)

種別部數		修身	國語	漢文	歷史	地誌地文	理化	數學	博物生理	體操	農商工	敎育	日語其他	法制經濟	辭書	計
檢定出願部數		12	16	13	16	20	8	6	14	1	2	1	5	2	1	117
內譯	認可部數	3	4	3	6	6	7	4	13	1	1	1	3	2	1	55
	不認可部數	5	2	2	3	5	0	1	0	0	0	0	0	0	0	18
	調査中	4	10	8	7	9	1	1	1	1	1	0	2	0	0	44

표 14. 학부 인가 교과용 도서 수(1910)

種別部數		修身	佛書	基督敎書	國語	漢文	日語	英語其他	歷史	地理	理化	數學	博物生理	體操	唱歌	農商工	法經	敎育	簿記	圖畫	習字	手工	家政	計
檢定出願部數		12	4	15	22	32	28	49	19	32	42	60	32	4	3	43	18	9	7	11	3	1	2	448
內譯	認可部數	4	4	15	9	22	18	48	7	24	42	60	32	4	2	42	17	6	7	11	3	1	2	380
	不認可部數	8	0	0	13	10	10	1	12	8	0	0	0	0	1	1	1	3	0	0	0	0	0	68

어(49건)였다.

이들 인가된 도서 중에서 영어, 국어, 한문, 일어에 관한 교재는 제시되었으나(이철찬 2007, 23) 법어, 한어, 아어, 덕어에 관한 교재는 목록에서 확인할 수 없었다. 각 언어에 제시된 교재는 다음과 같다.

영어 교재들은 독본, 문법, 습자, 스토리, 대화 등 여러 분야를 참고하였다. 『개정소학영어독본』, *New National Readers*, *Standard Choice Readers*, *English Language Primer*, *Penmanship*, *Michells New Primary Geography*, *The Step (1st–5th) in English*, *Short Stories*, *Dialog Readers*, *Useful*

Knowledge on Popular Science, *English Grammar for Beginners*, *Nesfields English Grammar Series*, *Pushing to the Front*와 같은 교재들이 있었다.

국어 교재로는 『초등여학독본』, 『정선일한언문자통』, 『대한문전』(유길준), 『대한문전』(최광옥)이 인가되었다. 한문 교재로는 『계몽편』, 『유합類合』,[12] 『대학』, 『효경』, 『논어』, 『맹자』, 『시경』, 『서경』, 『주역』, 『계몽요결』, 『고등교과고문약선』, 『명심보감』, 『문장지남』, 『한문학 교과서』 1권, 『초등작문법』, 『천자문』, 『현토구해 감본懸吐具解 監本 맹자』[13]가 인가되었다. 일어 교재로는 『실업보습독본』, 『일어문전대강』, 『보통일본어전』, 『명치서한문대전』이 인가되었다.

교재편찬에서 주지할 사실은 당대 교과서 중 현재까지 남아 있는 수는 적지만, 정치·사회적으로 혼란한 와중에서도 예상보다 많은 교과서가 간행된 것이다. 학부가 직접 편찬한 교과서가 약 100여 종, 학부에서 검정된 교과서 약 50여 종 외에 학부에서 인가된 교과서의 종류가 훨씬 많았다. 학부의 인가를 신청한 교과서가 450종에 이르고 여기에서 인가된 도서가 380종이나 되었다. 사립학교 또는 민간단체에서 학부의 인가를 받아 교과서로 사용하였던 도서의 수가 그만큼 많았다는 것이다. 이 사실은 당대 교과서가 긴요했음을 의미하며, 학습 의욕, 독서 욕구, 지식 전파에 대한 열의가 높았음을 알려준다.

당대 교과서의 목록과 내용을 편찬한 작업의 결과물이 현재 총서로 출간되었다. 이들은 아세아문화사에서 영인본으로 간행된 『한국개화기교과서총서』(1977), 허재영이 편찬한 『통감시대 교과서 자료』(2011), 김민수, 고영근, 하동호가 펴낸 국어 교과서·문법서인 『역대한국문법대계』(1977)이다. 이 총서들에 제시된 교과서는 소학교와 보통학교의 것이 대부분이고 외국어학교의 해당 외국어 교재는 거의 없

12 아동을 위한 한자 입문서.

13 토와 주해를 넣은 감수본 『맹자』.

다. 무엇보다도 초기에 외국에서 수입하여 실제로 사용되었던 교과서는 현재까지 남아 있는 것이 많지 않다. 이 책 4~6장에서 영어학교의 『뉴 내셔날 리더스New National Readers』, 일어학교의 『일어독본』, 『대한역사』, 『대한지지』와 한어학교의 『아세아언어집』, 『관화지남』을 다루기로 한다.

6. 학교 행사

외국어학교는 입학식, 졸업식 행사를 거행하였다. 행사는 각 부 대신, 각국 외교관, 신문사 사장 등이 참석한 가운데 학교장 연설, 내빈 축사, 학생 답사, 표창 등으로 진행되었으며 이를 통해 정부에서 외국어교육에 특별한 관심을 가졌던 것을 알 수 있다. 1898년 9월 가장 늦게 개학한 덕어학교의 경우 학부협판 고영희가 입학식 축사에서 영어는 상업에, 법어는 교제에 많이 쓰이며 덕어는 군제에 유용하다고 하였다. 1898년 10월 일어학교 졸업식에 외국어학교장 홍우관, 학부대신 이도재, 일본 외교관 미즈노水野, 독립협회장 윤치호 등이 참석하여 축사를 하였다(『매일신문』 1898.10.22). 1900년 한어학교 졸업식에도 각 부 대신이 참석하였다. 각 학교 졸업식에는 성적 우수자에게 상품을 수여하였다. 덕어학교의 경우 금시계, 은시계, 탁상시계, 담배, 서양칼 등이 상품이었다. 이러한 상품은 각국 공관이나 기업이 기부하는 것으로 일어학교에서는 무라이 형제 상회가 일본 담배를 기부했고, 덕어학교의 경우 인천의 독일 세창양행이 후원하였다.

초기 영어학교 학생들은 자켓, 바지의 양복과 붉은 선이 둘러진 흰 모자를 썼다(오천석 1964, 103). 그러나 학부대신 이도재가 양복은 학업에 방해가 된다 하여 착용을 금지시켰다. 각 학교 사진에서 학생들이 두루마기 등 전통 복색을 하고 갓을 쓴 것을 보면 외국어학교의 특별한 교복은 없었다고 할 수 있다.

외국어학교가 공동으로 참여한 행사 중에는 운동회가 있었다. 이러한 운동회는 외국어학교뿐 아니라 앞에서 언급했듯이 소학교, 사립학교에서도 열렸다. 1898년 5월 28일 오후 2시에 관립외국어학교 여섯 학교 연합대운동회가 훈련원에서 열렸다. 학교별로 교복 색깔이 달랐으며 일어학교는 청색, 영어학교는 홍색, 한어학교는 주황색, 법어학교는 황색, 아어학교는 녹색, 덕어학교는 흑색이었다. 경기종목은 투포환, 200보 경주, 멀리뛰기, 높이뛰기, 줄다리기, 씨름, 기마전 등이었다. 운동회에는 각국 공사의 외교관 등 내빈이 참석하여 축사를 하였고 시상도 있었다. 경기 입상자들은 수첩, 자명종, 주머니칼, 연필, 담배집, 담배 파이프, 서양먹통 등 외국 제품을 부상으로 받았다.

1899년 4월 30일에도 관립외국어학교 연합대운동회를 전 훈련원에서 개최하였으며 학부대신 민병석이 참석하고 금시계, 오르간, 가위, 은목걸이 등 고가의 상품도 제공되었다(『황성신문』, 1899.4.25~29 광고). 일본은 이 운동회에 『위생신론』 50권, 석판 100장, 『일어제경日語提徑』 100부를 기증하였다. 이러한 연합운동회에서 행해진 육상경기가 한국 육상의 기원이 된 셈이다.

7. 교과과정

학부는 1909년 10월 학부고시 제14호에 관립한성외국어학교 각 어학부의 학과과정과 매주 교수시간표를 공적으로 알렸다. 학과과정에 제시된 교과목은 각 언어에 해당하는 전문 과목과 일반 과목으로 구분할 수 있다. 전문 과목에는 독해(독방역해), 받아쓰기(서취), 번역(반역), 작문, 문법(문전)을 위시하여, 정서법, 발음, 사성四聲, 근대선문 등이 속한다. 일반 과목에는 수신, 수학(산술), 역사, 지리(지지), 이과,

표 15. 관립한성외국어학교 교과과정 비교(1909)

수업시수(3년)	일어부	영어부	한어부	법어부	덕어부
	95	94	94	94	94
전문 과목 시수 (%)	47 (49.5)	57 (60.6)	50 (53.2)	50 (53.2)	55 (58.5)
일반 과목 시수 (%)	48 (50.5)	37 (39.4)	44 (46.8)	44 (46.8)	39 (41.5)

법제, 경제, 부기, 체조, 국어와 한문 등이 있다.

교과과정에 체육이 들어간 것은 지, 덕, 체를 함양한다는 정부의 교육정책에 입각한 것인데 이 과목이 교과과정에 들어가는 데 거부 반응도 있었다. 1896년 학부대신 신기선이 유학儒學을 중시해야 한다는 이유로 체육교육에 반대하였으나 각국 공사의 항의로 좌절되었다. 1907년 군대 해산으로 인한 교관의 여석을 활용하여 1908년에 전前 군대 교관이 군대식(병식) 체조를 가르쳤다. 체조의 시간배당이 많은 편인데, 이는 학생의 체력 증진을 고려한 것이다.

1909년도 5개 외국어학교의 교과과정을 간단히 비교하면 표 15와 같다.[14] 표 15에서 보면 각 언어부의 총 3년간 수업시간은 일어부의 경우 95시간이었으며, 그 외 언어부는 94시간으로 한 시간 적었다. 전문 과목, 즉 각 언어습득 과목의 배당이 평균적으로 총 수업시간의 50%를 넘었다. 특히 영어부와 덕어부가 언어습득에 많은 시간을 배당하였으며(60.6%, 58.5%) 일어부가 제일 적은 시간(49.5%)을 할당하였다. 반면에 일반 과목에는 일어부가 가장 많은 시간(50.5%)을, 영어부가 가장 적은 시간(39.4%)을 배당하였다. 모든 언어부에서 언어습득 과목 비율이 일반 과목보다 약간 많은 것을 확인할 수 있다.

14 전문 과목에는 해당 외국어만 고려하였다. 선택 과목이었던 영어(일어부의 경우)와 일어(타 언어부의 경우)를 이 부분에서는 편의상 계산에 고려하지 않았다. 이 책에서는 각 어학교(4~9장) 부분에서 1908년도와 1909년도 교과과정을 보다 자세히 분석한다.

4장

영어학교

1. 시대적 배경

19세기 전반까지 동양은 외부로부터 큰 침략을 받지 않고 자체의 문화와 전통을 유지하면서 살아왔다. 반면 서양은 산업혁명을 겪으면서 강대해진 군사력을 바탕으로 동양으로 진출하였다. 동양의 여러 나라 중에서 일본은 오랫동안 막부幕府(1192~1868)의 쇼군將軍을 중심으로 하는 폐쇄정치를 실시하였다. 그러나 19세기 후반기 메이지유신明治維新(1868~1911)을 단행한 일본은 다른 아시아 국가보다 문호를 일찍 개방하게 되었고, 서양 문명을 받아들이면서 근대 국가로 급속히 발전하여 동양에서 패권을 장악하였다.

서양은 19세기 말 국가 간 조약을 체결하여 세력 확장, 상권 확보, 선교 활동을 해 나갔다. 영국은 동양에서 프랑스 세력을 몰아내어 인도를 손에 넣고 19세기 중엽에는 중국 진출을 시도하였다. 산업혁명으로 방직공업이 경제에서 차지하는 비중이 높았던 영국은 무한한 상품 시장성을 가진 중국을 무시할 수 없었다.

영국은 아편전쟁(1840~1842)을 일으켜 청나라(1636~1912)에 침입하여 무력으로 정부를 진압하였고 1842년에는 남경조약을 체결하여 홍콩을 위시한 5개 항구를 개방시켰다. 영국은 중국에 이르는 해로를 탐색하고 이 과정의 일환으로 홍콩, 일본, 제주 일대도 측량하게 되었다.

영국은 이 시기에 한국과의 접촉을 시도하였다. 영국의 프로비던스호는 1799년 함남의 원산항을 측량하고 이 항을 브로튼 만Broughton Bay이라 하였다. 1832년에는 영국의 로드 애머스트호가 서해안 고대도에 정박하여 3주 정도(1832.7.25~8.12) 머물면서 한국과 수교하려고 하였으나 성과가 없었다. 이 함선에 독일인 선교사이며 의사인 귀츨라프Karl Friedrich August Gützlaff(1803~1851)가 통역 및 선박 의사로 동승하였다. 그는 중국어를 구사할 수 있었으며 싱가포르, 태국, 캄보디아, 마카오, 홍콩 등에서 선교 활동을 하였다.

귀츨라프는 1834년 『중국 해안을 따라서 한 세 번의 여행Journal of Three Voyages along the Coast of China in 1831, 1832 and 1833, with Notices of Siam, Corea, and the Loo-Choo Islands』이라는 항해기를 출간하였다. 이 항해기에서 그는 한국에 정박하여 그곳 주민과 관리들과 겪은 사실을 기술하였으며, 조선은 땅이 비옥하고 물이 많으며 사람이 많이 살지 않고 문명이 덜 깨인 곳이며 한자를 쓰고 있다고 전한다. 귀츨라프는 조선 해안에 머무르는 동안 일대에서 조선어 단어를 수집하여 1833년 중국 광동에서 선교사들을 위해 쓴 『중국 보고서Chinese Repository』에 「조선어에 대한 견해Remark on the Corean Language」라는 논문을 발표하였다. 그는 한글이 알파벳이 있으며 자음과 모음으로 결합된 단순하면서 정교한 문자라고 하였고, 한문 주기도문을 한글로 쓰기도 하였다. 그는 고대도에 정박해 있을 때 조선인 환자를 치료하고 감자 재배 기술과 포도즙 만드는 법을 가르치면서 선교 활동을 하였다.[1]

---

1 고대도에서는 1982년 귀츨라프의 복음 전파 150년을 기념하는 교회가 세워졌으며 이 교회 2층에 귀츨라프 기념관이 마련되었다. 고대도는 한국 최초의 개신교 선교지로 간주된다.

영국 군함 사마랑호는 1845년 6월 우도에 정박하여 제주도 연안을 측량하였고 7월 다도해 일대를 탐사하던 중 거문도를 발견하여 해군 장관의 이름을 따 해밀턴 항이라 칭하였다. 거문도는 40년 뒤 1885년 영국에 점령당하면서 중국, 영국, 러시아, 일본이 대립하는 와중에 관심이 쏠리게 되었다. 사마랑호의 함장 벌처Edward Belcher는 항해를 마친 뒤 1848년 두 권으로 된 『사마랑호 항해기Narrative of the Voyage of H.M.S. Samarang, during the Years 1843~1846』를 출간하였다. 이 책 1권에 「제주도와 조선의 섬들Quelpart and the Korean Islands」이라는 글이 들어 있다. 이 책의 2권 말미에는 영어 단어 624개를 12개국 언어(스페인어, 중국어, 말레이어, 일본어 등)로 작성한 단어 비교표가 있는데 한국어 단어도 557개 수록되어 있다. 이 단어들은 전부 영어 알파벳으로 기록되었는데 예를 들어 '바다', '목숨', '손'을 'pata', 'moksoom', 'son'으로 기록하였다.

스코틀랜드 성서공회는 중국에 있던 알렉산더 윌리엄슨Alexander Williamson 선교사를 1867년에 만주로 보냈고, 1871년에는 존 로스John Ross(1842~1915) 선교사를 보내어 한국의 사정을 알아보게 하였다. 로스는 1874년경 이응찬을 한국어 교사로 채용하여 한국어를 배웠다. 로스는 1877년 『한국어문법Corean Primer』을 썼고 1882년에는 이 책을 수정하여 『한국문법과 어휘Korean Speech with Grammar and Vocabulary』를 펴냈다.

1882년 5월 조미수호통상조약이 체결되자 주청 영국 공사 토마스 웨이드Thomas F. Wade(1818~1895)는 이홍장李鴻章(1823~1901)에게 한국과의 수교를 부탁하였다. 영국은 해군 제독 조지 윌스George O. Willes(1823~1901)를 파견하여 1882년 6월 조영수호통상조약을 체결하였다. 1885년 봄 아프가니스탄의 요지 점령 문제로 영국과 러시아 사이에 갈등이 생겼다. 영국 정부는 앞서 언급하였듯이 1885년 4월 거문도를 점령하였으니, 이 섬을 시베리아의 블라디보스톡 항을 공격하는 기지로 사용할 의도였다. 9월에 아프가니스탄 문제가 해결되자 영국은 1887년 2월 거문도에서 철수하였다. 영국군은 거의 2년간 거문도에 주둔하면서 섬주민의 노동력을 이용하여 도로, 교각, 창고, 탄약고, 숙소, 병원 등을 구축하였다. 주민과의 접촉은 조선 주재 영국 공사관 부영사 제임스 스콧James Scott이 맡았는데 그는 우리말을 꽤 잘하였으며 주민과도 우호적인 관계를 맺었다. 스콧은 1887년『조선어입문서A Corean Manual or Phrase Book with Introductory Grammar』를 상해에서 발간하였다.

한영수교 이후 영국은 경제적인 진출을 도모하였다. 영국의 자딘 매디슨Jardine Matheson 상사는 제물포에 사무소를 설치하여 일본 나가사키와 부산을 경유하여 상해와 제물포를 취항하는 정기 화객선을 운영하였으며 경기도 영평 만세교 사금장에서 사금채취 사업을 하였다. 베넷 상사Bennet & Co.는 영국 면직물을 수입하였고 홈 링거 상사Homle Ringer & Co.는 제물포에 출장소를 두고 밀가루, 설탕, 총포, 면직물을 수입하였다. 영국은 평남의 은산 광산채굴권, 황해도에 있는 수안 금광, 평안도의 귀성 광산채굴권을 획득하였다. 그 외에도 영국은 설탕산업 개발 특허권을 얻어냈다.

미국에서는 19세기 초 산업이 발달하면서 고래 기름이 필요하여 포경업이 빠르게 성장했으며 1840년대부터 일본의 북해도 근해에서 포경업을 활발하게 하였다. 한국과 미국의 최초 접촉은 미국 포경선의 표류에서 시작되었다. 1853년 1월 부산의 용당포 해안에 미국 포경선 사우스아메리카호가 정박했다. 1855년 6월에는 표류하던 포경선 투브라더스호가 강화도 통천 해안에 도착하여 미국 선원 네 명이 2개월간 체류하였다. 1866년 미국 상선 서프라이즈호가 서해안에서 표류하다 난파되었다. 또한 미국 상선 제너럴 셔먼호가 1866년 중국 천진을 출발, 황해를 거쳐 평양 신장 포구에 정박한 뒤 통상과 무역을 요구하며 조선인을 살해하고 약탈하는 등 난동을 부렸다. 평양 관민은 화공전술로 대응하여 셔먼호는 소실되고 선원 전원이 몰살되었다

(셔먼호 사건).

셔먼호 사건 이후 미국은 1871년 1월 해군 중령 로버트 슈펠트 Robert W. Shufeldt(1822~1895)에게 사건의 진상을 조사하라는 훈령을 내렸다. 슈펠트는 셔먼호 수색에 나섰으나 배가 소실되어 흔적을 찾을 수 없었다. 미국은 같은 해(1871) 5월 조선원정 명령을 내렸으며 아시아 함대 존 로저스John Rogers(1812~1882) 사령관은 6월 군함 2척과 육상 전투대원 600여 명을 투입하여 강화도 초지진, 덕진진, 광성진을 무력으로 점령하였다(신미양요). 이 작전은 조선의 개항을 목표로 한 것이었으나 대원군(1820~1898)은 조선의 대패에도 불구하고 통상수교를 강력하게 거부하였다. 미국 함대는 일본으로 물러갔으나 결과적으로 조선은 종로와 각 도회지에 척화비를 세우고 서양 오랑캐를 배척해야 한다는 쇄국정책을 더욱 공고히 하게 되었다. 미국은 이후 이권다툼에 적극적으로 나서서 평안도 운산 금광채굴권(1895), 경인 철도 부설권(1896), 서울의 전기, 수도시설권(1897) 등을 얻어내었다.

슈펠트 제독은 이홍장의 교섭으로 1882년 조미수호통상조약을 체결하였으며, 양국 대표는 이 조약의 한문본과 영문본 각각 세 부에 서명하였다. 조미통상수호조약이 체결되기 이전부터 조선은 영어로 의사소통할 수 있는 인재가 절실히 필요하였다. 조약 체결을 위해서도 영어 해독자가 필요하였으나 별다른 전문인이 없어서 중국인 통역 마건충馬建忠을 대동하였다. 마건충은 예수교학교에서 영어를 배운 후 프랑스에 유학하여 국제법을 전공하였고 영어와 프랑스어를 알아 통역으로 선정되었다.

조약 체결 이전에 조선 정부는 근대화 시도의 일환으로 1881년 중국과 일본에 개화사절단을 파견하였다. 중국 천진에 파견된 영선사는 신식 군사학과 군기 제조술 등을 배우고자 하였다. 일본에 파견된 신사유람단은 12개 분야를 시찰했는데 그중 교육기관도 있었으며 외국어학교도 포함되었다.

신사유람단 중에 유길준(1856~1914), 윤치호(1865~1945) 등이 일본에 남아 유학하기를 원했는데, 유길준은 게이오 의숙에, 윤치호는 인문계 학교인 도진샤同人社에 입학하였다. 이들은 일본어를 배워 신문명을 일본에서 수입하려는 생각을 갖고 있었다. 그들은 일본 유학 중에 1882년 사신으로 온 김옥균(1851~1894)을 만났으며 김옥균은 서양문명을 직접 배우기 위해 영어를 배울 것을 권고하였다. 윤치호는 요코하마에 있는 네덜란드 영사관 서기관 레온 폴더Leon V. Polder에게서 영어를 배우고 네덜란드 서기관은 윤치호에게서 한국어를 배웠다. 윤치호는 후에 미국 푸트Lucius H. Foote(1826~?) 공사의 통역을 맡게 되어 한국 최초의 영어 통역사가 된 셈이었다. 그는 프랑스에 유학한 적이 있어 프랑스어에도 일가견이 있었다.

일본에서는 이미 1800년대 초부터 영어에 대한 관심이 많았다. 1813년 영어 학습이 시작되었는데 6명의 통역인이 정부의 허가를 받아 네덜란드 상인에게서 영어를 배웠고, 1848년에는 14명의 통역인이 미국 청년 맥도날드에게서 영어를 배웠다. 일본은 막부 말기부터 메이지 유신 이전까지 모두 여섯 차례나 서구에 사절단을 파견하였다. 1860년에는 80명의 사절단이 미국을, 그리고 1862년에는 38명의 사절단이 유럽을 순방하였다. 1862년에는 네덜란드, 그리고 1865년에는 러시아에 유학생을 보냈다. 메이지 시대에도 대규모 사절단을 해외에 파견했다. 이와쿠라 사절단은 특명전권 부사 4명, 정부 중견실무자 40여 명, 수행원 18명, 유학생 43명으로 구성된 큰 사절단이었다. 이들은 1871년 11월부터 1872년 9월까지 미국, 영국, 프랑스, 독일, 이탈리아, 벨기에, 네덜란드, 러시아, 덴마크, 스웨덴, 오스트리아, 스위스 등을 공식 방문하였다.

일본에서는 1840년에 영어 교재인 『영문감英文鑑』이 나왔고 1856년에는 외국어연구소라고 할 수 있는 번서조소蕃書調所가 있었다. 후쿠자와 유키치福澤諭吉(1835~1901)가 일본 정부의 지원으로 1867년에 두 번이나 미국에 가서 영어로 된 책을 다량 구입해 오면서 영어에 대한 연구가 본격화되었다.

1883년 5월 조미조약 비준이 이루어지자 민영익(1860~1914)을 중심으로 한 대미 보빙사절단이 미국을 방문하였다. 이 사절단은 중국어 통역관 고영철, 청국인 오예당嗚禮堂, 미국인 퍼시벌 로웰Percival Lowell(1855~1916),[2] 로웰의 개인 비서로 영어에 능통했던 일본인 미야오카 츠네지로宮岡恒次郎, 유길준, 홍영식, 서광범, 최경석, 현홍택, 변수로 구성되었다. 이들은 이중통역으로 의사소통하였는데 민영익이 미야오카에게 일어로 얘기하면 미야오카가 로웰에게 영어로 전하였다.

사절단은 뉴욕과 보스턴에서 농장, 병원, 전신국, 소방대, 우편국, 은행, 철도회사, 선창, 제당회사, 육군사관학교, 뉴욕시청, 신문사 등 여러 문물과 제도를 보고 깊은 감명을 받게 되었고 귀국한 후 개혁을 건의하였다. 이에 신식 농장, 전신국, 우체국이 생기고, 일종의 군사학교인 연무공원이 설립되었다. 사절단 일행은 워싱턴에서 교육부를 방문해 미국의 교육제도에 대한 정보와 조언을 얻고 관계 자료도 받았다. 그들은 귀국하여 고종에게 미국의 교육제도에 대해 보고하고 근대 학교 설립을 요청하여 영어 교육기관인 육영공원 설립의 재가를 받았다. 정부는 미국 정부에 요청하여 육영공원의 교사를 초빙하기로 하였다. 당시 외국인들이 이 학교를 왕립영어학교Royal English School, 왕립학교Royal College라고 부른 것을 보면 정부에서 이 학교에 지원과 기대를 많이 한 것으로 보인다. 나아가 조선 정부가 서양 문명의 수용

---

2 퍼시벌 로웰은 하버드 대학을 졸업한 후 일본에 머물면서 여행과 저술에 몰두하는 도중에 주 일본 미국 공사 빙햄(John A. Bingham)의 추천으로 조선 보빙사를 미국에 인도하게 되었다. 그의 동생 로렌스 로웰(A. Lawrence Lowell)은 하버드 대학 총장이었다. 퍼시벌 로웰은 천문학자로 천문대를 세우고, 화성 연구와 명왕성을 발견한 것으로 유명하였고 극동 지방을 많이 여행하였다. 그는 보빙사를 인도한 답례로 조선 정부의 초청을 받아 1883년 12월부터 1884년 3월까지 한국에 머물렀다. 그의 저서로는 『조선, 고요한 아침의 나라(Chosön, The Land of the Morning Calm)』(1885), 『극동의 정신(Soul of the Far East)』(1888)이 있다.

과 근대화를 위해 영어교육이 중요하다는 사실을 받아들였다고 평가할 수 있다. 육영공원 설립 이전에 통역관 양성을 목적으로 동문학교를 세운 것도 정부의 근대화 시도의 일환이었다.

영어학교가 설립된 1894년은 갑오개혁이 단행된 해였다. 이 개혁은 일본의 영향에 의한 것이었지만 정치, 경제, 사회, 교육 분야에 커다란 변화를 가지고 왔다. 이러한 상황 속에서 1895년 5월 10일 외국어학교관제가 공포되었다. 이 관제에 의해 영어, 일어, 한어, 법어, 덕어, 아어의 여섯 외국어학교가 설립된 것이다. 영어학교를 비롯한 이 외국어학교들은 1911년 폐교될 때까지 많은 변천을 겪게 되었으며 학교 명칭, 교장, 교육목표, 수업연한, 입학조건(연령, 입학시험), 시험제도 등의 규정도 수차례 변경되었다.

그림 8. 영국 공사관

1884년 정동에 있는 영국 총영사관이 1898년 영국 공사관으로 승격되었다.

그림 9. 초기 미국 공사관

1883년 정동에 설립된 미국 공사관으로 현 미국 대사관 내에 위치해 있다.

그림 10. 조선 보빙사절단

1884년 미국에 파견된 조선 보빙사절단 일행이다. 맨 앞줄 왼쪽 외국인이 퍼시벌 로웰, 중앙에 민영익, 그리고 맨 오른쪽이 중국인 통역 오예당이다. 뒷줄 왼쪽에서 두 번째가 일본인 통역 미야오카, 그리고 그의 오른쪽이 유길준이다.

한편 개화기 영어 교육기관은 정부가 지원하고 관리한 관립학교와 기독교 단체나 민간인이 세운 사립학교로 나뉜다. 관립학교로는 동문학교, 육영공원, 관립영어학교가 있으며 사립학교로는 배재학당, 이화학당, 경신학교 등이 대표적이다. 다음에서는 관립학교를 중심으로 발전 과정, 교과과정, 교재, 교사와 학생에 관하여 알아보고, 사립학교에 대해서는 어떠한 사립학교에서 영어를 가르쳤는지 알아보기로 한다.

2. 동문학교

1) 발전 과정

한국 최초의 근대식 영어 교육기관인 동문학교는 1883년 9월에 세워졌으며 통변학교(통역학교)로도 불렸다.[3] 조선은 서양과의 문호가 개방됨에 따라 무엇보다도 영어 해독자를 양성할 수 있는 제도가 필요하였다. 1882년 독일인 묄렌도르프가 조선에 통리교섭통상사무아문統理交涉通商事務衙門(통리아문, 현 외교통상부에 해당)의 참판參辦(차관) 겸 총세무사로 부임하여 정부에 통역관 양성을 위한 학교 설립을 제안하였다. 재동에 있던 통리아문의 부속기관으로 동문학이 있었는데 이 부서에서 외국어학교의 개설과 운영, 서적 수입과 간행, 신문 발행 등을 담당하였다. 이 동문학에서 최초로 영어교육이 실시되어 통역관·번역관을 양성하였다. 이 학교를 동문학이라고도 불렀으며 이 책에서는 동문학교라고 하여 동문학이라는 부서와 구분하고자 한다. 조

3 동문학교는 동문학으로 불렸으며 영어로는 'Government School' 또는 'School for Training Interpreters'라고 하였다.

선의 동문학교는 청나라의 동문관을 본받아 만들어진 것인데, 동문관은 1862년 중국의 근대 정책 일환으로 북경 등에 서양어 교습과 번역, 외교관 양성을 위해 설치된 학교였다.

조선의 동문학교는 만 15세 이상의 학생들에게 문어와 구어로 된 영어를 가르치는 것을 목표로 하였다. 이 학교는 오전, 오후반으로 운영되었으며 교육연한은 1년이었고 학생은 40명 정도였다. 서양의 종이와 필기도구는 정부에서 지급하였고 기타 지필묵은 학생이 부담하였다. 식수와 등촉이 지급된 것으로 보아 기숙학교인 것으로 확인된다. 학생은 장어長語, 단어單語, 문장 해독, 변통하는 법을 배우거나 장어는 빼고 단어와 필산을 배웠다. 즉 학생들이 단어, 문장, 문장 해석법과 활용법을 배우고 또한 단어와 서양 계산법을 배운 것이다. 영어 외에 수학 등의 과목도 모두 영어로 가르쳤는데, 이러한 방법은 당대에 새롭고 획기적인 것이었고 현대 용어로 몰입식 수업Immersion에 해당한다. 교과서는 청나라에서 간행된 것을 통리아문이 공급하였다(『한성순보』 15호, 1884.3.18). 동문학교에서는 일 년에 두 번 평가를 하여 우수한 학생들을 영어로 통역, 번역이 필요한 관직에 임명하였다. 1886년 정부에서 정식학교인 육영공원을 설립하자 동문학교는 자연히 문을 닫게 되었다.

한편 동문학에는 박문국이 설치되어 1883년 『한성순보』, 1886년 『한성주보』를 발행하였다. 『한성순보』는 순간(10일) 신문으로 한문으로 된 일종의 관보였다. 『한성순보』는 국제 정세와 선진국의 정치, 경제, 사회, 문화 면의 제도와 실상을 백성들에게 알리는 최초의 근대식 신문이었는데 1884년 갑신정변으로 폐간되었다. 『한성주보』는 국한문 혼용, 그리고 순 한글로 된 기사도 포함된 주간 신문이었으며 1888년 박문국이 없어지면서 폐간되었다.

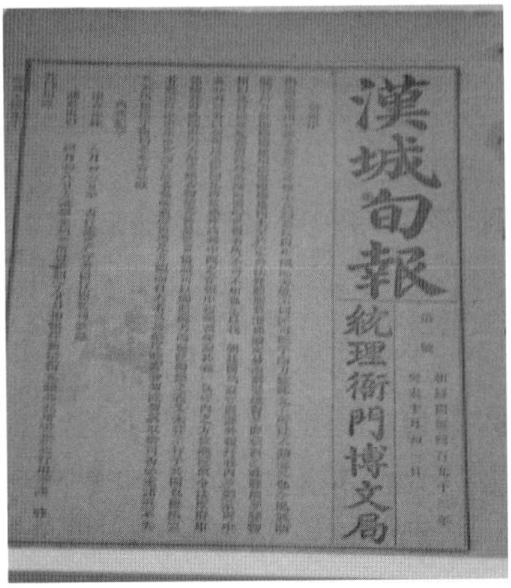

漢城旬報

統理衙門博文局

그림 11. 『한성순보』 제1호(1883)
1883년 10월 창간된 한국 최초의 근대 신문이다.

2) 교사

동문학교의 책임자로는 김만식이 학감을 맡았고 주사(사무원)로는 고영철이 임명되었다. 고영철은 이전에 중국 천진에 파견되어 영어를 배운 바 있었다. 또한 청국인으로 미국 유학을 한 오중현嗚仲賢과 당소위/의唐紹威/儀(1860~1938), 그리고 묄렌도르프의 추천을 받은 핼리팩스Thomas Edward Hallifax(1832~1908)가 동문학교에서 영어를 가르쳤다.

오중현은 미국 유학에서 돌아와 중국 천진의 기기제조국機器製造局에 있다가 조선으로 초빙되었다. 그는 동문학교의 교사로 잠깐 활동한 후 1883년 12월 서울의 총세무사에서 일하다 원산 해관으로 자리를 옮겼다. 당소위는 14세에 미국 유학을 떠나 컬럼비아 대학, 뉴욕 대학에서 공부하였으며 묄렌도르프의 추천으로 한국에 와서 세관원, 인천청국총영사, 번역사, 통상사무 등을 맡았고 후에 육영공원에서도 영어를 가르쳤다. 그는 청일전쟁 후 귀국하여 이홍장의 수행원, 우정부대신을 지내고 중화민국이 수립됐을 때 초대 총리가 되었다.

핼리팩스는 일본에서 14년이나 살았고 부인이 일본인이었다. 선원이었던 그는 전기기술을 배웠고 동문학교가 1886년 폐쇄된 이후 전기 업무를 담당하는 교사로 학생들에게 타전법, 번역, 전리학, 전보규칙, 산수, 영어 등을 가르쳤다. 그는 그 이후에도 육영공원, 관립한성영어학교의 영어교사로 활동하였고 귀국 전에 정부로부터 태극 훈장을 받았다(1908). 그의 딸은 관립한성영어학교의 부교사로 있다가

그림 12. 당소위

청국인으로 미국 유학을 한 후에 한국에서 한동안 영어교사로 활동하였다. 후에 중화민국 초대 총리가 된 정치인이다.

1897년 이질로 사망하였다.

3) 학생

동문학교의 학생은 대략 40명이었으며 이들은 통역, 번역 이외에 세관, 전신국 등 당시 실무가 필요한 분야에 진출하였다. 성적이 우수한 학생 신낙균, 성익영, 김규희, 김창현, 오인탁, 최영하, 김경하가 제중원 주사(사무원)로 발령받았다. 제중원[4]은 1885년 4월 통리교섭통상사무아문 산하에 세워진 최초의 근대식 병원이었다. 이 병원에서는 알렌Horace Newton Allen(1858~1932) 등 서양인 의사가 진료하였으며 이들과의 의사소통 때문에 영어를 할 수 있는 동문학교 학생이 필요하였다. 제중원 주사들의 상당수는 후에 기기국, 전환국, 육영공원, 전보사, 개항장 등 서양 근대 문물과 연관된 기관으로 인사이동이 되어 활동하였다.

또한 동문학교 출신들은 통역이 필요한 사회 각 분야에서 활약하였다. 홍우관은 인천 해관에서 근무한 후 미국 공사 허드 2세의 통역을 맡았고 후에 한성외국어학교장을 지냈다. 신낙균은 우정국 사사로, 권유섭은 육영공원의 교습을 거쳐 법부법률기초위원, 외부역관,

4 제중원은 원래 광혜원이던 것이 명칭이 바뀐 것으로 1885년 4월 재동의 몰락한 홍영식의 집에서 개원하였으며 첫날 환자가 20명이었다. 제중원이 있던 자리는 지금의 서울 종로구 재동 헌법재판소이다. 제중원은 정부의 재정난 등 여러 가지 이유로 1894년 9월 미국 북장로회에 운영권이 이관되었다. 제중원은 1886년 3월 의학교를 개설하여 영어를 가르쳤고 수학, 물리, 화학 등 기초과학과 해부학, 생리학, 의학 학과목도 영어로 가르쳤다.

미국 공사관 통역관을 지냈다. 권종인은 원산항 번역관, 성익영은 우정국 사사와 통리교섭사무아문 주사 등의 임무를 맡았다. 김창현은 주불 공사관 통역관, 심노한은 덕국 공사관 통역관, 이무영은 미국 공사관 통역관을 지냈다. 김규희는 제중원 주사를 거쳐 탁지부 재무관, 중추원 의관에 올랐다. 이진호는 훈련대장을 맡았다. 최영하는 육영공원 교습을 거쳐 궁내부 외사과장, 농상공부 협판과 외부협판 등에 올랐다. 동문학교 출신 학생 중 윤정식, 민상호, 윤시병이 선발되어 청나라에 유학했다. 이들 동문학교 출신들은 영어가 필요한 공사관, 학교 교습, 통역관 외에도 조선의 개화정책이 추진되는 통리아문, 제중원, 정보국, 내무부 등 정부의 주요 기구에서 실무 요직을 담당함으로써[5] 사회의 근대화 정책을 실행하는 선두 주자 역할을 한 셈이다.

동문학교 출신으로 크게 활약한 이는 1회 졸업생 남궁억(1863~1939)을 꼽을 수 있다. 그는 1883년 동문학교에 입학하여 다음 해 우등으로 졸업하였다. 졸업 후 동기생 이철의, 홍우상, 윤명대 등과 함께 내부(내무부) 부주사로 임명되어 고종 황제의 영어통역을 맡기도 하였다. 1887년에는 유럽 전권대신 조신희의 서기관으로 활동하였다. 1889년에는 국왕의 시종으로 4년여 일한 후 지방관 생활을 하다 1895년 4월 내부 토목국장으로 임명되어 한양의 도로망을 정비하고 확장하였다. 남궁억은 개화를 위해 교육의 중요성을 강조하였으며 홍화학교에서 영문법과 동국사를, 양양의 현산학교(1906)에서 영어와 음악을 가르쳤다. 그리고 배화학당에서 1910년부터 1919까지 근무하였으며 영문법과 대한역사를 가르치고 『가정교육』이라는 교과서도 펴냈다. 1919년에는 고향 모곡에 모곡학교를 설립하였다. 또한 그는 독립협회의 총무, 부회장과 사법위원으로 협회지 『인디펜던트The

5 동문학교와 육영공원 출신들의 관직 진출과 활동 상황에 관해서는 이선미(2002)의 논문에 자세히 제시되었다.

Independent』 편집을 담당하였다. 국한문 혼용의 『황성신문』 초대 사장을 역임하기도 한 그는 『동사략東史略』(1924), 『조선이야기』(1925, 5권의 국사책) 등의 저서와 '무궁화동산', '기러기', '조선의 노래' 등 노래 가사를 남겼다.

한편 로웰의 책에 동문학교 학생들이 학교 근처에 사는 로웰을 방문하여 그에게 외국어로 인사하면서 즐거워하고 영어로 문장을 만들어보려고 애쓰는 모습, 서로 틀렸다고 지적하여 언쟁을 하면 로웰이 해결해주는 모습 등이 그려져 있다(Lowell 1886, 165~166). 이때가 1884년 1월이니 학생들이 영어 공부를 시작한 지 5개월 정도 되었을 때였다. 또한 로웰은 책에 영어학교 교사(핼리팩스)가 외무아문 구내 뒤쪽에 가까이 살아 서로 교류하며 지냈는데 이 교사는 일본에서 오래 살았고 부인이 일본인이고 딸이 하나 있으며 매우 사교적이고 현명하다고 기록하였다.

3. 육영공원

1) 발전 과정

미국과 유럽을 시찰한 보빙사 일행이 1884년 귀국한 후 정부에 근대화를 위한 개혁을 건의함에 따라 우편제도 도입, 신식 농장 설치, 신식 교육기관 설립 등이 추진되었다. 정부는 미국에서 우수한 교사 세 사람(헐버트, 길모어, 벙커)을 초빙하여 서양어와 새로운 학문을 가르치고자 1886년 9월 정동에 육영공원[6]을 설치하였다. 육영공원은 1882년 조미통상조약 이후 조선과 미국 정부의 협력으로 설립된 영어 교육기관이었다. 육영공원은 후에 박동礴洞으로 이전하였고 1894년 영어학교

6 육영공원을 영어로는 Royal College, Royal English College라 불렀다.

의 설립 시기까지 존속하였다.

육영공원의 목표는 관리와 양반 자제를 대상으로 서양식 교육을 정부가 직접 지원하고 관리하여 외국과의 교류를 위한 인재, 통역관, 외교관, 정부관리, 실무자를 양성하는 것이었다. 이 학교는 좌원과 우원으로 나뉘었고 수업연한은 3년이었다. 좌원에는 과거 출신 젊은 문무 관리 10명, 우원에는 재능이 있는 15세 이상 20세 미만의 고관의 자제 또는 고관이 추천한 선비 20명을 정원으로 하였다. 우원의 학생들은 기숙사 생활을 하였다.

시간이 지남에 따라 관직을 겸무하는 학생들의 결석이 잦아졌고 학교 관리인들은 학생들의 결석을 눈감아주었다. 외국인 교사들은 이를 강하게 반대하였으며 이들의 이러한 완강한 태도는 조선인에게 오히려 불편함을 주었다. 겨울이 되자 학교 수업시간이 6시간에서 4시간으로 줄어들었다. 교사들은 이를 문제 삼았으나 아무 소용이 없었다. 관직에 있는 학생들은 거의 출석을 하지 않기에 이르렀다. 1889년에는 좌원 학생들은 재택 학습을 하며 3일에 한 번 수업에 참석하였고 우원 학생들은 종전과 같이 수업을 받게 하였다. 우원 학생들의 어학 실력을 높이기 위해 정부는 상벌제도를 마련하였다. 그럼에도 학생들이 병을 핑계로 결석하고 교사도 그냥 돌아가는 일이 발생하였다. 종국에는 수업을 빠지면 아버지나 형제 아니면 추천인에게 경고하는 제도가 마련되었으나 별다른 효과를 보지 못하였다. 이러한 상황에서도 나이 어린 학생들은 수업에 열심히 참여하여 영어 학습을 통한 촉망받는 미래를 기대할 수 있었다. 교사들이 학생들을 모두 비공직자로 제한하고 성적에 따라 장학금을 주며 출석일에 미달한 학생에게 퇴학 처분을 내리면서 학습 효과가 향상되었다.

육영공원은 정부의 적극적인 지원에도 불구하고 기대만큼의 성과를 거두지 못하였다. 자질이 있는 미국인 교사, 교사의 열의, 상벌제도 등 좋은 조건을 갖추었음에도 학생들의 구태의연한 인습, 동기 부족 등으로 새로운 제도의 교육이 지속되지 못하였다. 육영공원에는 관리들뿐만 아니라 학생들도 하인을 데리고 다녔다. 전통적인 인습에 배어 있는 학생들이 서양식의 엄격한 출석 확인, 시간엄수 등을 받아들이지 못하여 충돌하는 일이 잦았다. 더불어 정부의 재정난이 심한 터에 관리들의 학교 유지비 유용, 교사 급여 연체 등이 발생하여 상황을 더욱 악화시켰다.

육영공원이 활성화될 수 없었던 또 하나의 중요한 이유는, 영어 실력이 우수한 학생에게 일종의 특전이라고 할 수 있는 응제應製라는 시험을 치르게 하였는데(김경미 1999, 586) 이 시험의 내용이 영어나 신지식이 아니라 전통 유학儒學을 다룬 점이다. 그렇기 때문에 학생들은 다른 유생儒生과 마찬가지로 유학을 추가로 공부하여 과거를 준비할 수밖에 없었다. 실제로 우원의 많은 학생이 육영공원 입학 후에 과거를 치렀고 심지어 응제를 치러 주사에 임명되고도 과거를 다시 보아 문과에 급제를 하는 학생도 있었다. 근대식 학교제도와 전통 과거제도가 서로 부합하지 못한 결과인 셈이다.

그러나 이러한 부진 속에서도 육영공원의 교육은 당시 엘리트 집단에게 전통 교육과 전혀 다른 새로운 학교제도를 이해하고 조선의 근대화를 위해서는 이러한 새로운 문물과 제도를 수용해야 한다는 것을 깨닫게 해주었다. 그리하여 그들은 육영공원에서 배운 교육을 토대로 새로 개편된 정부 기구, 외국 공관 등에서 활동하게 되었다.

교사 길모어가 부인과 함께 와 있어 월급의 증액을 요청했지만 지원을 받지 못했다. 결국 외국인 교사들이 경제적인 이유 등으로 사임하게 되자 육영공원은 더 이상 지속되지 못하였으며 1893년에는 학생이 4명밖에 남지 않았다. 육영공원이 설립된 후 7년 동안 졸업생이 한 명도 없었다.

정부에서는 강화도의 해군무관학교에서 영어를 가르치던 영국인 허치슨W. de F. Hutchison(?~1901)에게 1894년 2월 육영공원을 맡게 하였다. 육영공원이 생기기 전에 동문학교에서 영어를 가르치던 핼리팩스도 교사로 초빙되었다. 육영공원은 1894년 영어학교로 이름이 바뀌었고 남아 있던 학생 4명, 허치슨이 데려온 학생과 정부가 파견한 학생을 모아 총 64명으로 수업을 재개하였다. 이 영어학교가 1895년 외국어학교관제에 따라 설치된 관립영어학교의 전신이라 할 수 있다.

2) 교과과정

육영공원의 원래 목표는 근대식 교육기관을 설립하여 구미 각국의 언어, 제도, 문물 등을 교육함으로써 인재를 양성하고 궁극적으로는 근대 국가를 건설하는 데 기여하는 것이었다. 그러나 실제로는 여러 나라의 언어가 고려되지 못하고 영어교육만 실시되었다.

미국인 교사들과 한국 책임자들은 육영공원설학절목育英公院設學節目이라 하여 근대식 학교규칙을 제정하였다고 육영공원등록育英公院謄錄에 기록되어 있다(이광린 1999, 129~137, 146~148). 육영공원설학절목에서 교육에 관한 내용을 살펴보면 다음과 같다.

- 교사는 외국인 세 명으로 가르치는 일을 담당하고, 가르치는 일을 도와주는 교습을 둔다.
- 좌원과 우원을 설치하고 수업은 매일 한다.
- 좌원에는 과거 출신의 7품 이하 관료로 젊고 재능 있는 사람 10명을 선발한다.
- 우원에는 재주 있고 똑똑한 15세에서 20세 사이의 20명을 선발한다.
- 육영공원의 수업은 오전, 오후 3시간씩이며 좌원에서는 한문, 경사(經史), 서어(西語: 서양어)를 배운다. 우원에서는 독서, 습자, 자법(字法: 글자 쓰는 법), 산학(셈하기), 지리, 문법을 배운다. 이 기초 지식을 배우고 난 후에 대산법(大算法), 각국 언어, 의학, 농리(農理: 농업), 지리, 천문, 기기(機器: 기술), 각국 역사, 정치(각국 조약법과 부국용병술), 금수(禽獸: 동물), 초목(식물)을

배운다.

- 시험으로는 월말고사와 연말고사가 있고 3년마다 치르는 일종의 졸업시험 형태인 대고(大考)가 있으며 대고에서 성적이 우수하면 관직이 주어진다. 학업의 평가는 4등급으로 한다.
- 우원 학생은 기숙사 생활을 한다. 기숙 학생은 아침 6시에 일어나고 저녁 10시에 취침한다. 식사 시간은 아침 7시, 점심 12시, 저녁 6시이다. 좌원 학생은 집에서 통학한다.

이 외에 좌원 학생 등교 시간, 결석, 시험 관리, 표창, 휴가에 관한 규정이 포함되어 있다.

3) 교재

육영공원 강의는 영어로 진행되었으며 교과서는 헐버트 일행이 미국에서 가져온 교육용 자료(기초반용과 고급반용)를 사용하였다(김동진 2010, 58). 영어 교과서로는 『뉴 리더스Longmans' New Readers』가 사용되었으며 이 교과서는 영국 런던에서 1885년 처음 출간된 것으로 총 4권으로 되어 있다. 독립기념관이 소장하고 있는 이 교과서의 1권 Standard 1은 1887년 출판된 것으로 총 49과로 구성되어 있고 130페이지에 달한다. 각 과의 내용은 일상생활에서 볼 수 있는 동물(고양이, 양, 돼지, 말, 새, 병아리, 닭, 칠면조, 쥐, 참새, 여우, 토끼, 곰, 염소, 개구리 등등)을 중심으로 어린 학생들에게 흥미를 끌도록 되어 있다. 초등학생을 위한 이 교과서가 조선의 어른들에게 어떻게 받아들여졌는지는 확인할 수 없으나 교과서의 내용이 특이하고 신기하게 여겨졌을 것으로 생각된다. 헐버트는 영어를 가르칠 때 정확한 발음 훈련과 문장 암송에 중점을 두었고 학생들에게 일기를 영어로 쓰는 습관을 권장하였다(김동진 2010, 62).

그림 13. 육영공원 교과서 *Longmans' New Readers* (1887)
육영공원에서 사용되었던 *Longmans' New Readers*(1887) 중에서 1권과 4권을 볼 수 있다.

역사 교과서로는 헐버트가 세계의 역사와 지리에 관해 순 한글로 집필한 『사민필지』(1889)가 사용되었다. 『사민필지』는 선비와 백성이 반드시 알아야 할 지식이라는 뜻으로 세계지리, 천체, 유럽, 아시아, 아메리카, 아프리카, 오스트레일리아 등 각 대륙과 각 나라의 정부 형태, 풍습, 산업, 교육 및 군사력 등을 총망라한 내용이었다. 이 책은 육영공원뿐 아니라 다른 학교의 학생들, 그리고 일반인들도 구입할 수 있었으며 1891년, 1906년, 1909년에 재출간되었다. 이 책은 조선인들에게 서방 세계를 알려주는 유용한 책이었으며 초판 2,000부를 찍기로 예정한 것을 보면 널리 보급되었던 것을 알 수 있다. 흥미로운 것은 『사민필지』를 백남규와 이명상이 1895년 한문으로 번역한 『士民必知』가 있다는 점이며, 서울대학교 고문헌자료실에 소장되어 있는 것은 이 한문본이다.

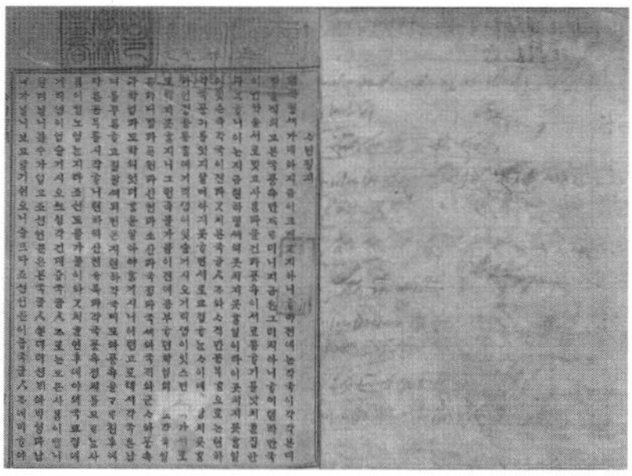

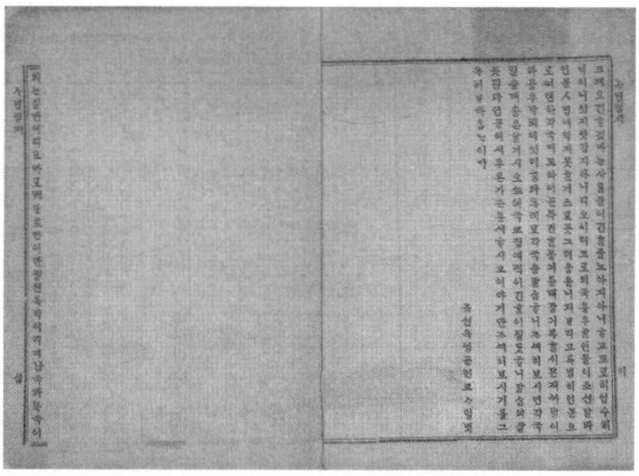

그림 14a (왼쪽), 14b (오른쪽). 헐버트의 『사민필지』 서문(1889)

헐버트가 한글로 쓴 교과서 『사민필지』 서문이며 말미에 '조선육영공원교사 헐벗'이 썼다고 되어 있다.

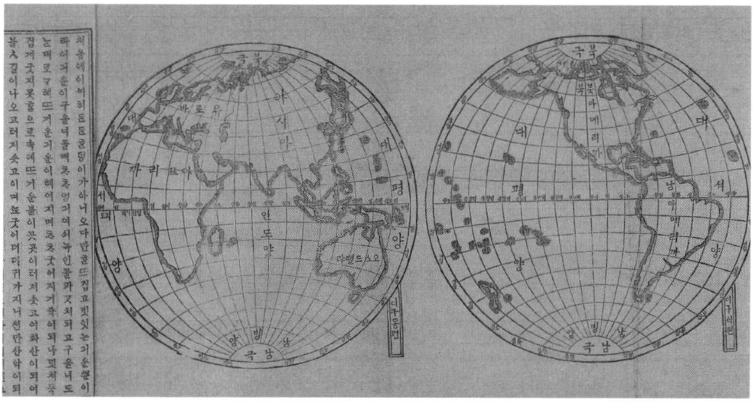

그림 14c. 헐버트의 『사민필지』 내 지도(1889)

『사민필지』에 나오는 내용으로 원으로 된 세계지도를 보여준다.

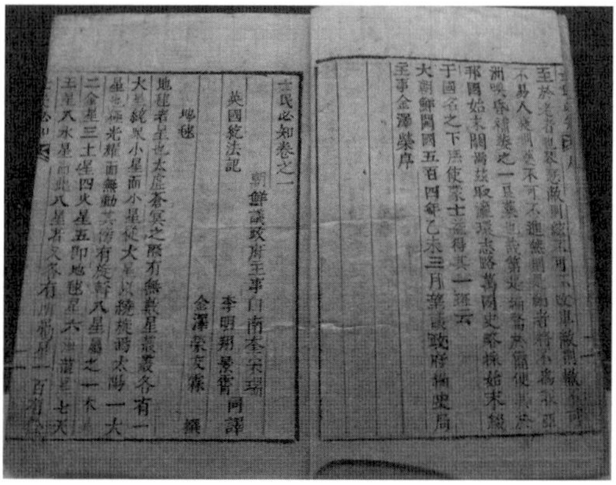

그림 15. 백남규, 이명상(역), 『士民必知』 한문 번역본(1895)

1889년 헐버트의 『사민필지』가 나온 지 몇 년 뒤(1895) 백남규와 이명상이 한문으로 번역한 책이다.

4) 교사

육영공원의 최고책임자에는 민종묵, 민응식, 정하원이, 행정실무에는 서상교, 이전, 정문섭이, 교사를 돕는 교습에는 권유섭, 유찬, 최영하가 임명되었다. 고위 관리인 예조판서(민종묵)와 병조판서(민응식)가 학교 책임을 맡은 것은 육영공원의 위상을 보여주는 사실이다. 교습인 권유섭과 최영하는 동문학교 출신으로 통역을 맡았다.

조선 정부로부터 교사 파견 요청을 받은 미 국무성은 내무부 교육국장 이튼J.Eaton에게 인선작업을 맡겼다. 이튼은 외국에서 근무할 교사는 신앙심이 깊어야 한다고 생각하여 뉴욕에 있는 유니언 신학교Union Theological Seminary에서 교사를 선발하였다. 길모어, 번H.E.Bourne[7]과 헐버트가 선정되었으며 이들 중 번은 중도에서 포기하여 벙커로 교체되었다. 이들은 1885년에 올 예정이었으나 1884년 12월 갑신정변으로 출국을 미루게 되어 1886년 7월에 조선으로 오게 되었다. 이들 모두가 명문대 출신으로 신앙심이 깊은 인물인 것을 보면 미국 정부에서도 육영공원 교사 인선에 신경을 쓴 것을 알 수 있다.

길모어는 1858년 런던 태생으로 1883년 프린스턴 대학을 졸업하고 같은 해 유니언 신학교에 입학하였으며 1886년에 졸업하였다. 이후 장로교회의 목사로 있다가 1886년 육영공원의 교사로 부임하여 1889년까지 근무하였다. 미국으로 돌아간 뒤에는 신학교 교수로 활동하였다. 육영공원의 체험을 담은 회고록 『수도 서울에서 본 한국Korea from Its Capital』(1892)을 저술하기도 했다. 길모어가 이 책에 육영공원에서의 수업을 설명한 부분(Gilmore 1892, 229~233)을 요약해본다. 처음 수업에 정원이 35명이었는데 30명이 출석하였고 이들은 귀족 출신이었다. 교사들은 학생들이 영어를 한 마디도 못한다는 것을 알

7 번의 이름은 정확하게 확인이 안 되고 있다.

고 수업을 영어 알파벳부터 시작하였으며 일상생활에 응용할 수 있는 것을 가르쳤다. 학생들이 기본 어휘를 익히자, 곧바로 자연과학과 수학을 영어로 가르쳤다. 학생들의 배우는 속도는 1년 만에 영어 3,000 단어를 알 정도로 빨랐다. 이들의 기억력은 한문 학습에서 익힌 것이었다. 세 교사에 각자 한 명씩 통역이 있었으나 이들은 곧 필요 없게 되었다. 교사들은 교육에 성의를 다하였으나 외국인 교사들이 수업시간 등 규칙을 정확하게 지키는 것, 학업에 끈기가 있어야 하는 점 등을 강조하는 것이 학생들에게는 불편하기만 하였다. 교사들은 또한 공사관, 외무부서 등이 통역관을 필요로 함으로 인해 학생들이 줄어들 것을 우려하였다. 당시 통역관의 급여는 매달 25달러에서 100달러로 좋은 대우를 받았기 때문이었다.

벙커는 1853년생으로 1883년 오벌린 대학을 졸업한 뒤 오벌린 신학교와 유니언 신학교를 다녔다. 조합교회의 목사로 지내던 그는 육영공원의 교사를 자원하여 1886년에서 1894년까지 영어교사로 활동하였다. 1892년 육영공원에서의 교육 성과로 호조참의 벼슬을 받았다. 그는 1894년부터 배재학당의 영어부장을 맡았고 1902년에는 배재학당의 제2대 교장을 지냈으며 1926년 배재학당에서 퇴임하였다. 그는 1906년에 『영어초학』을 펴내고 1911년에는 미국 성서공회의 『구학전서』를 출간하였다.

헐버트는 1863년생으로 1884년 다트머스 대학을 나온 뒤 1884년에서 1886년까지 유니언 신학교를 다녔으며 1886년에서 1891년까지 육영공원에 근무하였다. 이후 헐버트는 미국으로 돌아갔으나 1893년 선교사로 다시 내한하여 출판인, 언론인으로 활동을 하였다. 그는 한성사범학교와 관립중학교의 영어교사로도 활동하였다. 헐버트는 한성사범학교에 재직할 당시 학교교육을 위해 교과서 시리즈를 기획하였으며 1906년부터 1908년까지 15권의 교과서를 발간하였다. 이 교과서 시리즈의 하나로 1906년에 나온 『초학지지』가 있는데 이 책은 순 한글로 된 지리 교과서로 정신여학교 교장인 미국인 선교사 밀러 E.H. Miller의 부인이 만들었으며 헐버트가 감수하였다.

헐버트는 앞서 이미 언급된 삼문출판사The Trilingual Press의 책임자로 있으면서 『독립신문』[8]의 편집을 도왔다. 그는 1892년에 나온 최초의 영문 월간지 『한국보고서The Korean Repository』의 공동편집자였다. 1901년부터 1906년까지는 월간지 『코리아 리뷰The Korea Review』를 편집하였으며 이 잡지는 한국의 정치적인 변화와 선교 사업의 발전을 기록한 것이었다. 1905년부터 1907년까지 고종의 밀사로 미국에 갔으나 뜻을 이루지 못하였다. 이후 이승만 대통령의 초청으로 1949년 내한하였다가 서울에서 사망하였다.

헐버트는 성서 번역, YMCA 창립(1903)[9]에 참여하였고 한국에 관한 여러 저서 및 논문을 남겼다. 1892년에 논문 「한글The Korean Alphabet」을, 1896년에는 구전으로만 내려온 아리랑을 처음으로 오선지에 악보를 적은 것이 포함된 「한국의 소리 음악Korean Vocal Music」이라는 논문[10]을 발표하였다. 저서로는 『사민필지』(1889), 『전환기의 한국The Passing of Korea』(1906), 『한국의 역사The History of Korea』(1905), 『한국어와 드라비다어의 문법 비교A Comparative Grammar of the Korean Language and the Dravidian Dialects of India』(1905), 『한국의 전래동화Korean Folk-Stories』(1927) 등이 있다.

허치슨은 영국 정부로부터 홍콩의 교사로 파견되었다가 우체국

8 『독립신문』은 한국 최초로 민간인이 발행한 한글로 된 신문으로 1896년 4월 7일 간행되었고 1899년 12월 4일 폐간되었다. 이 신문은 서재필이 중심이 되어 조직한 독립협회의 기관지로 1, 2면은 한글판이고 3, 4면은 영문판이었다. 『독립신문』은 1898년 독립협회의 해산으로 폐간되었다.

9 YMCA 기독교청년회는 1903년 황성기독교청년회란 이름으로 서울에 창설되었다. 이 기독교청년회는 사회교육, 민족교육 사업을 많이 실행하였으며 중학부를 설치하여 영어, 독어, 중국어, 에스페란토어 등 외국어교육을 실시하였다.

10 2012년 8월 7일 서울 마포의 양화진외국인선교사묘원 내 백주년선교기념관에서 헐버트 박사 63주기 추모식이 열렸다. 이 추모식에서 이 논문의 우리말 번역본이 공개되었다.

KOREAN VOCAL MUSIC. 51

Here we have the chorus first and then the following:—

On Sai Jai's slope in Mun-gyung town
We hew the *pak tal namu* down
To make the smooth and polished clubs
With which the washerwoman drubs.
Her masters clothes.

And by a swift turn of thought we have an Amazonian stanza:—

I cannot from my good-man part.
To say good-bye will break my heart.
See here, I have him by the wrist.
However he may turn and twist
I won't let go.

And again a quick forsaking of the realm of the practical and a dash into Titania land:—

I asked the spotted butterfly
To take me on his wing and fly
To yonder mountain's breezy side.
The tiny tiger moth I'll ride
As home I come.

And finally a sentiment which is all too true to Korean life.

The good-man lingers long away.
My heart is sad. I fear—but stay,
His promise, sure, will hold him fast.
Though long I wait, he'll come at last.
Back! fruitless tears.

This is all sad doggerel when put into English. The Korean flavor is gone, the aroma dissipated: but you can see, from

그림 16(왼쪽). 헐버트

헐버트가 한국에서 활동한 30대 젊은 시절의 사진이다.

그림 17(오른쪽). 헐버트의 아리랑 악보가 담긴 논문(1896)

1896년 2월 『한국보고서』에 기고한 「한국의 소리 음악」에 실린 아리랑 악보이다.

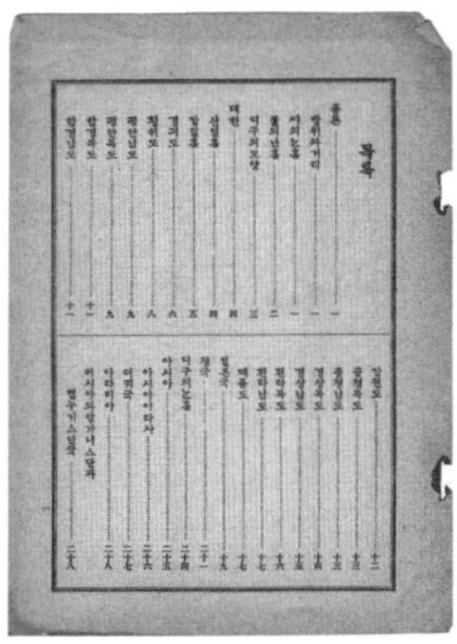

그림 18a(왼쪽). 『초학지지』(1906)

1906년 헐버트가 편찬한 교과서 시리즈의 『초학지지(초학디지)』 표지이다. 『초학디지』 제목 밑에 영문으로 Hulbert Series라고 써 있다.

그림 18b(오른쪽). 『초학지지』(1906)

『초학지지』 목차이며 지구에 관한 내용 외에 한국의 각 도와 일본과 청국을 포함한 아시아에 관한 내용이 포함되어 있다.

부국장을 맡았다. 1893년 강화도의 해군무관학교에서 영어를 가르치다 1894년 2월 서울의 육영공원에서 근무하게 되었다. 그는 1899년까지 관립한성영어학교 재직을 포함하여 7년간 근무하였다. 학교를 사임한 후 영국 광산회사 이스턴 파이어니어 컴퍼니The Eastern Pioneer Co.의 서울 주재원으로 있다가 1901년 서울에서 사망하였다.

이들 외에 동문학교 교사였던 청국인 당소위도 잠시 영어를 가르쳤고 청일전쟁 때는 법어학교의 마르텔이 허치슨을 도와 영어를 가르쳤다. 1891년에는 그레이트하우스C.R.Greathouse가, 1894년 4월에는 예비역 해군대령으로 군사교관이었던 닌스테드F.J.H.Nienstead/Neinstead가 영어교사로 근무하였다.

가족과 함께 있던 길모어가 경제적인 이유로 1889년 사직하고 귀국하였으며 그의 후임 기퍼드Daniel Lyman Gifford(1861~1900)[11] 목사도 수개월 만에 그만두었다. 1891년에 헐버트도 귀국하고 1894년에는 벙커마저 배재학당으로 가게 되었다.

5) 학생

육영공원에서는 학생을 세 번 모집하였으며 1886년에 30명(좌, 우원 합쳐), 1887년에는 20명(좌원 6명, 우원 14명), 그리고 1889년에는 우원에만 57명이 입학하여 총 107명이었다. 1888년에는 입학생을 뽑지 않았다. 1회 입학생으로 총리대신 이완용(1858~1926), 주영 공사를 지낸 민영돈, 승지를 지낸 조중목 등이 있었다. 이완용은 1887년 초대 주미 조선 공사 박정양의 참찬관參贊官[12]으로 부임하게 되어 중도에

11 미국인 기퍼드 목사는 『한국 수도에서의 교육(Education in the Capital of Korea)』(1898)이라는 저서가 있다.

12 조선시대 (원래 국왕에게) 경서를 강론하고 경연에 참여하였던 관직.

학업을 중단하였다. 1889년 6월에 있던 시험에 합격한 사람은 신대균과 서상훈 두 명뿐이었고 이들은 후에 승지 벼슬을 받았다.

육영공원 출신 관료들은 왕을 보좌하는 승정원, 선전관, 시종원 등 고위직에 임명되는 경우가 많았다. 좌원 출신인 김승규, 조만승, 심상진은 성균관 대사성을, 정세원은 평남 관찰사, 강경희는 사간원 대사간, 김참현은 선전관을 지냈다. 우원 출신으로 외교관이 된 사람들로는 주 독일·오스트리아 전권공사[13]인 민철훈(1856~1925),[14] 주 영국·프랑스 공사 민영돈이 있었고, 민상현은 주 미국 공사관 서기관, 고희경은 주 영국·독일·이탈리아 공사관 서기관, 김필희는 북경 주재 공사관원으로 일하였다. 그리고 신태무, 장본환은 주 미국 공사관, 이정래는 주 일본 공사관에 근무하였다. 또한 이한응은 관립영어학교 교관을 하다 영국 공사관 참사관으로 활동하였다.

고위직 외에도 동문학교와 육영공원에서 영어를 배운 학생들은 해관, 외아문 관리, 전신, 전기, 측량, 광산 등 새로운 문물을 다루는 부서에서 일을 하거나 외국인 기술자의 통역을 맡게 되었다. 존스George Heber Jones(1867~1919) 목사의 『영한자전』 편찬을 도운 오세광도 육영공원(우원) 출신이었다(김명배 2006, 217).

동문학교와 육영공원이 구한말의 한문이나 유교 경전 위주의 전통 교육에서 벗어나 새로운 근대 제도와 문물을 익히고 이에 적응하는 교육을 시도한 점은 조선 사회에 큰 의미가 있었다. 두 학교는 전통적인 신분제도가 급속히 붕괴되어 가는 와중에 영어교육을 매체로 이질적인 서양 문물과 제도를 소개함으로써 학생들의 사고와 시야를

---

13 당대는 한 사람이 여러 곳의 공사관 임무를 담당하였다.

14 민철훈은 1900년 영국과 독일, 이탈리아의 정무공사에 임명된 후 1904년 주미 정무공사로 임명돼 워싱턴의 대한제국 공사관으로 가게 되었다. 이 공사관을 2012년 한국 정부가 되찾게 되었다. 민철훈이 입던 대례복(황제를 만날 때 입는 옷)이 서울 경기여고 내 경운박물관에 2012년 10월에서 12월까지 전시된 적이 있다.

넓혀주었다. 실제로 길모어의 책(Gilmore 1892, 230)에 보면 학생들이 초기 지리시간에 조선이 작은 나라라는 것을 알게 되고 '대조선'이라는 용어에서 '대'자가 적합하지 않다는 것을 배우게 되었다는 사실이 언급되어 있다.

육영공원에 대한 서양인 교사들의 실망, 비판, 그리고 학생들의 반감과 저항에도 불구하고 학생들은 실제로 신식 교육과 문물을 보고 접하면서 이제까지와는 전혀 다른 세계가 존재한다는 것을 인식하게 되었다. 그리고 이러한 낯선 문물과 제도, 그리고 언어를 배우는 것이 학생들의 장래와 밀접히 연관되며, 나아가서는 이러한 변화에 대한 개방적인 대처를 통해 조선 사회가 동양권을 넘어서 대외적으로 알려지고 서양의 여러 나라와 교류를 할 수 있음을 깨달았다. 그리고 학생들은 이러한 변화에 대한 적응이 궁극적으로 조국의 근대화와 발전에 기여하는 계기가 된다는 것을 실생활에서 여실히 보고 느꼈을 것이다.

4. 관립한성영어학교

1) 발전 과정

1883년 동문학교에서 시작된 영어교육은 1886년 육영공원에서 지속되었고, 육영공원은 1894년 영어학교로 개편되었다. 영어학교는 관제에 따라 1895년 5월 관립영어학교로 명칭을 변경하였다. 학교는 수송동에서 1895년 9월 공조후동의 우체사로 옮겼는데 지금의 세종문화회관 뒤쪽 지역이다. 1906년 9월 학제가 개편되면서 학교의 소재지(한성)가 명시된 관립한성영어학교로 이름이 바뀌었고 학교장은 학부나 지방 관원이 겸임하였다. 1906년 10월에 교관 윤태헌이 교장 대리로 임명되었다. 영어학교에는 교관 및 부교관 6인, 서기 1인이 있었다. 관립한성영어학교는 1908년 1월에 관립한성외국어학교 영어부로 개편되었고 학감[15]과 학원감 제도가 생겨 외국어학교에 학감 1인, 학원감 5인 이내, 교수와 부교수 정원이 29인으로 정해졌다. 영어학교는 1908년 4월에 공조후동에서 교동으로 이전하였다.

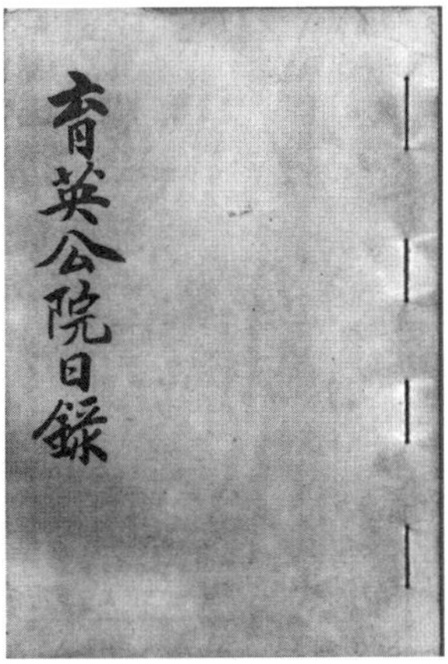

그림 19. 육영공원일록
육영공원의 박경원 학생이 1886년에서 1893년까지 한문으로 쓴 일기이다.

2) 교과과정[16]

초기 영어학교의 교과과정은 다른 어학교와 마찬가지로 문헌에 구체적으로 제시되어 있지 않다. 1895년 관제에 명시된 외국어학교는 외국어와 보통학을 교수한다는 조항에 따라 영어학교에서도 이를 준수하고 하루에 5시간씩 가르친 것으로 보인다.[17] 관립한성외국어학교일람(이하 일람)에 1908년도 각 언어부의 학과과정, 매주 수업시간표와 교과서 배당표가 제시되어 있다. 또한 학부는 관보 학부고시 14호에서 1909년도 학과과정과 매주 수업시간표를 제시하였다. 이 책에서는 각 언어부에서 앞서 고시된 두 학년도(1908년과 1909년) 교과과정을 상세히 알아본다. 이어서 두 학년도 교과과정을 언어습득 과목과 언어 외 습득

15 각 학교에 있던 일본인 교원의 명칭을 1908년도에 보통학교에서는 교감, 중등학교에서는 학감이라 정하였다. 이들은 학교를 감독하는 역할을 하였다. 학감은 전체 학교에 1명이 배정되고 경우에 따라서는 학교장을 겸하기도 하였다. 학권감은 학감 밑에 각 분야별로 있었던 것으로 사료된다.

16 당대 문서에는 학과과정으로 되어 있으나 이 책에서는 교과목 내용을 주로 다루는 경우에는 교과과정이라 하였고 교과목 이외의 내용도 함께 다루는 경우에는 교육내용이라고 하였다.

17 참고로 덕어학교를 가르친 볼얀(Bolljahn 1900a)과 법어학교를 참관한 로세티(1904)에 의하면 1900년대 이 두 학교가 해당 언어와 보통학을 하루에 5시간 정도 가르친 것으로 되어 있다. 이에 관해서는 해당 학교를 다룬 장(7, 9장)에서 보다 자세히 설명한다.

표 16. 영어부 교과과정표(1908)

科/級	第一年級	每週教授時數	第二年級	每週教授時數	第三年級	每週教授時數
讀方	日常須知文字及普通文	六	上全	六	上同高等普通文	六
譯解	仝前	一	仝前	二		一
會話	仝前을 標準	二	仝前	一	仝前을 標準	一
書取	仝前을 標準	六	仝前을 標準	六	仝前을 標準	六
問題作文	日用文體	二			解物理	一
取誦作文			古說	二	古說	一
制札					日用文體	一
文法			初等文法	二	高等文法	二
算術	四則	三	四則, 小數	三	分數及比例	二
地誌			亞細亞及歐羅巴地誌大要	一	南北美洲, 阿弗利加及濠州地誌大要	二
寫字		二				
九九法		一				
地誌	大韓地誌	一	上全	一		一
歷史	萬國史	一	上全	一		一
作文		一		一		一
體操	普通體操 兵式體操	三	上全	三	普通體操 兵式體操	三
合計		二九		二九		二九

과목으로 나누어 비교해본다. 이는 각 언어부의 교과과정에서 언어습득을 얼마나 중요시했는지를 비율을 통해 확인하려는 목적에서이다. 일람(27~28)에 제시된 1908년도 영어부 교과과정을 알아보자(표 16). 표 16에서 우선 몇 가지 용어를 설명하는데 일부 용어는 다른 언어부의 교과과정에도 해당된다. 독방역해讀方譯解는 독해를, 서취書取는 받아쓰기를 의미한다. 취송작문取誦作文은 외워서 쓰는 작문이고, 제찰制札은 제목달기로 일종의 작문 형태이다. 사자寫字는 글씨연습을 말하며 1909년도에는 습자習字라는 명칭을 썼다. 지지地誌는 지리를 의미한다.

1908년도 영어부 교과과정을 보면 3년 동안 매주 29시간 수업을 하는 것으로 되어 있는데 이는 다른 언어부(일어부, 한어부, 법어부는 주당 28시간, 덕어부와 영어부는 29시간)보다 1시간 많은 것이다. 독해, 회화, 받아쓰기 과목은 1, 2학년에서는 일상생활에서 알아야 할 문자와 보통문을 다루며, 3학년에서는 일상생활의 고급문장을 다루었다. 독해(주당 7~8시간)와 받아쓰기(주당 6시간)를 집중적으로 다루며 회화에는 예상외로 시간배당이 적었다(주당 1~2시간).

작문에 시간배당(주당 3~4시간)이 아주 많지는 않으나 문제작문, 취송작문, 제찰, (일반)작문 등 종류가 다양하고 다른 언어부보다는 많은 편이었다. 문제작문에서는 일상생활의 문체와 해물리解物理(사물의 이치를 해석)를 다루고, 취송작문에서는 고설古說(고전문)을 다루었다. 문법은 2학년에서는 초등 문법을, 그리고 3학년에서 고등 문법을 각 2시간 다루었다. 글쓰기 연습은 1학년에 2시간이 배당되었다.

산술은 사칙, 소수, 분수와 비례를 학년마다 단계를 맞추어 다루었다. 지리는 대한지리 및 아시아와 유럽지리, 미주, 아프리카와 호주지리를 다루었다. 이과 과목이 없는 대신 구구법을 1학년에 1시간 배정하였다. 역사 과목은 1, 2, 3학년 모두 만국사(세계역사)를 각각 1시간씩 배웠다. 체조 수업으로 1, 2, 3학년 모두 3시간씩 일반 체조와 군대식 체조를 배웠다.

각 언어부에 따라 교과과정의 특성이 있었다. 영어부에서 특기할 점은 다른 언어부에서 다루는 수신, 번역, 경전, 한문을 다루지 않은 점, 그리고 이과 과목 대신 구구법을 다룬 점을 들 수 있다. 번역을 하지 않고 고전과 한문을 다루지 않은 것은 시대의 언어에 보다 집중하려는 것으로 간주된다.

학부고시 14호에 제시된 1909년도 영어부 교과과정을 알아보자. 표 17에서 1909년도 영어부 교과과정은 교과목, 교과내용, 수업시간 면에서 1908년도와 조금씩 차이가 난다. 1909년도에는 매주 수업시간이 늘어나 1학년은 매주 30시간, 2, 3학년은 수의과 일어가 2시간

표 17. 영어부 교과과정표(1909)

學科/學年		第一年級	時數程度	第二年級	時數程度	第三年級	時數程度
修身		實踐道德	一	仝上	一	仝上	一
英語	讀方譯解	日常须知의 文字及普通文	七	仝上	八	仝上及高等 普通文	七
	會話	讀方譯解 準據	二	仝上	一	仝上	一
	書取	讀方譯解 準據	六	仝上	六	仝上	六
	作文文典	普通文	二	仝上及 初等文典	四	書刊文及 高等文典	五
	習字	草書	二				
國語及漢文		講讀作文	一	仝上	二	仝上	二
數學		四則	四	仝上及小數	三	分數及比例	二
歷史 地理		本國歷史 本國地理	二	仝上 外國地理	三	仝上 仝上	四
理科				博物, 生理	一	物理, 化學	一
體操		學校體操	三	仝上	三	仝上	三
隨意科 日語				假名及簡易 口語文	(二)	簡易口語文	(二)
合計			三〇		三二 (二)		三二 (二)

씩 추가되면서 총 34시간이 되었다. 1909년도 교과과정에서 변경된 중요한 사항은 각 언어부에 일어가 수의과, 즉 선택 과목으로 추가된 것이다(일어부에는 영어가 수의과로 추가되었다). 1909년도에는 영어부 교과목에 수신, 국어 및 한문, 이과가 추가되었다. 이 중 수신은 실천도덕을 다루는 과목으로 각 학년에서 1시간씩 다루었다.

독방역해, 회화와 받아쓰기는 일상문, 보통문 위주로 전 학년도에 비해 수업시간에 변동이 없었고 받아쓰기가 여전히 중시되었다. 작문이 문전(문법)과 함께 제공되었으며 1학년에서 보통 문장을, 2학년에서 보통 문장과 초급 문법을, 3학년에서는 서간문과 고급 문법을 다루었다. 글씨 쓰기의 경우 1학년에서 초서를 2시간 배웠다. 국어 및 한문 과목에서는 강독과 작문을 1~2시간 다루었다.

1909년에는 구구법이 없어지고 산술이라는 명칭이 수학으로 바뀌

표 18. 영어부 언어습득 과목(1908, 1909)

<table>
<tr><th colspan="4">1908년</th><th colspan="4">1909년</th></tr>
<tr><th rowspan="2">과목</th><th colspan="3">시수</th><th rowspan="2">과목</th><th colspan="3">시수</th></tr>
<tr><th>1학년</th><th>2학년</th><th>3학년</th><th>1학년</th><th>2학년</th><th>3학년</th></tr>
<tr><td>독해</td><td>7</td><td>8</td><td>7</td><td>독해</td><td>7</td><td>8</td><td>7</td></tr>
<tr><td>회화</td><td>2</td><td>1</td><td>1</td><td>회화</td><td>2</td><td>1</td><td>1</td></tr>
<tr><td>받아쓰기</td><td>6</td><td>6</td><td>6</td><td>받아쓰기</td><td>6</td><td>6</td><td>6</td></tr>
<tr><td>작문</td><td>2</td><td>2</td><td>3</td><td rowspan="2">작문/문법</td><td rowspan="2">2</td><td rowspan="2">4</td><td rowspan="2">5</td></tr>
<tr><td>문법</td><td></td><td>2</td><td>2</td></tr>
<tr><td>작문</td><td>1</td><td>1</td><td>1</td><td>국어/한문</td><td>1</td><td>2</td><td>2</td></tr>
<tr><td>쓰기</td><td>2</td><td></td><td></td><td>쓰기</td><td>2</td><td></td><td></td></tr>
<tr><td colspan="4"></td><td>일어
(수의과)</td><td></td><td>(2)</td><td>(2)</td></tr>
<tr><td>계
%</td><td>20
69.0</td><td>20
69.0</td><td>20
69.0</td><td>계
%</td><td>20
66.7</td><td>21(2)
67.6</td><td>21(2)
67.6</td></tr>
</table>

*괄호 안의 숫자는 수의과 과목 일어의 시간 수이다.

었으나 내용과 시간에는 큰 변동이 없었다. 한편 역사와 지리 과목은 통합되고 1학년에서 본국(한국)역사와 지리를, 2, 3학년에서 본국역사와 외국지리를 배웠다. 이과 과목에서는 2학년에서 박물과 생리, 3학년에서 물리와 화학을 각 1시간씩 다루었다. 여기서 박물은 동물, 식물, 광물, 지질을 말한다. 체조에서는 군대식 체조가 없어지고 일반 체조를 매년 3시간씩 3년 동안 배웠다. 수의과인 일어의 경우 2학년에서 가타가나와 간단한 구어문을, 3학년에서 간단한 구어문을 2시간씩 다루었다.

이미 언급한 대로 두 학년도 각 언어부 교과과정을 언어습득 과목과 언어 외 습득 과목으로 구분하여 정리하였다(표 18, 19). 언어습득 과목에서 해당 외국어 외에 국어, 한문, 습자, 그리고 수의과 과목을 다음과 같은 이유로 포함시켰다: 각 언어부 번역 과목에서 학생들이 국어나 한문을 외국어로, 그리고 외국어를 국어나 한문으로 번역하는 연습을 하기 때문에 국어와 한문 과목을 언어 외 습득 과목으로 간주할 수 없다. 습자는 글씨 연습으로 언어습득에 속하고 수의과 과목인 영어

표 19. 영어부 언어 외 습득 과목(1908, 1909)

<table>
<tr><th colspan="4">1908년</th><th colspan="4">1909년</th></tr>
<tr><th rowspan="2">과목</th><th colspan="3">시수</th><th rowspan="2">과목</th><th colspan="3">시수</th></tr>
<tr><th>1학년</th><th>2학년</th><th>3학년</th><th>1학년</th><th>2학년</th><th>3학년</th></tr>
<tr><td rowspan="2">수학</td><td rowspan="2">4</td><td rowspan="2">3</td><td rowspan="2">2</td><td>수신</td><td>1</td><td>1</td><td>1</td></tr>
<tr><td>수학</td><td>4</td><td>3</td><td>2</td></tr>
<tr><td>역사</td><td>1</td><td>1</td><td>1</td><td rowspan="2">역사/지리</td><td rowspan="2">2</td><td rowspan="2">3</td><td rowspan="2">4</td></tr>
<tr><td>지리</td><td>1</td><td>2</td><td>3</td></tr>
<tr><td colspan="4"></td><td>이과</td><td></td><td>1</td><td>1</td></tr>
<tr><td>체조</td><td>3</td><td>3</td><td>3</td><td>체조</td><td>3</td><td>3</td><td>3</td></tr>
<tr><td>계
비율(%)</td><td>9
31.0</td><td>9
31.0</td><td>9
31.0</td><td>계
비율(%)</td><td>10
33.3</td><td>11
32.4</td><td>11
32.4</td></tr>
</table>

와 일어 또한 언어습득 과목에 속한다. 이에 따라 1908년도와 1909년도 영어부 언어습득 과목의 내역과 비율은 표 18과 같다. 1908년도 1, 2, 3학년에서 언어습득 과목이 69%이고 1909년도에는 대략 66% 이상으로 다른 어학부에 비해 높은 편이다.[18] 언어습득 과목은 독해, 받아쓰기, 작문, 회화 위주로 구성되어 있다. 두 학년도에서 독해가 전체 언어습득 과목에서 차지하는 시간(매주 7~8시간)이 가장 많고 그 다음이 받아쓰기(매주 6시간)이다. 작문, 문법시간(매주 2~3시간)은 두 학년도에서 비중 있는 과목에 속한다. 전반적으로 영어부의 교과과정은 두 학년도에서 다른 언어부보다 언어습득에 중점을 두었다. 번역이라는 과목은 두 학년도에 없고 이과도 1909년도에 와서야 다루어진다. 두 학년도의 언어습득에서 번역 대신에 독해, 받아쓰기와 작문에 집중하였다. 1908년도와 1909년도 언어 외의 습득 과목에 대한 내역과 비율은 표 19와 같다. 표 19에서 두 학년도 언어 외 습득 과목으로는 수신, 수학, 지리, 역사, 이과, 체조가 있으며 이 과목들의 비율은 대략 30%를 조금 넘고 다른 언어부보다 적은 편이었다. 1908년도에는 이과가 없

18 다른 언어부의 상세한 수치는 이 책 각 언어부(5~9장)에서 다루게 되므로 여기에서는 생략한다.

었고 구구법이 다루어졌다. 1909년도에는 역사와 지리 과목이 통합되었다. 두 학년도 역사와 지리 과목의 수업시간에는 변동이 없다(3년간 9시간). 1908년에는 한국역사를 3년간, 외국지리는 학년마다 1시간씩 늘어나면서 3년간(6시간) 배웠다. 1909년도에는 한국역사를 배우는 시간은 변동이 없으나 지리에서는 1학년에서 한국지리, 그리고 2, 3학년에서 외국지리를 배웠다.

3) 교재

초기에는 각 외국어학교에서 교재를 외국에서 직접 수입해 썼는데 영어학교에서는 미국 뉴욕에서 편찬한 『뉴 내셔날 리더스New National Readers』를 교과서로 사용하였다. 반즈가 쓴 이 책은 미국 초급학교용 교과서로 총 5권이며 영어학교에서는 3년 동안 다섯 권을 전부 배웠다. 이 교과서는 학부의 검정을 받았으며 1920년대에도 많이 사용되었고 이 교과서 주해서를 현공렴玄公廉이 『영조자전독습英朝字典獨習』 1, 2권으로 편찬하였다. 일람(35~37)에 제시된 1908년도 영어부에 배당된 교과서는 표 20과 같다. 표 20에서 독방과 역해 과목에서는 1학년에 『영어독본』 1권과 2권, 2학년에 3권과 4권, 3학년에 5권이 배정되었다. 지리에서는 『대한지지』 1권이 배당되었다. 역사에서는 『만국역사』 3권이 배당되었다.

영어독본은 『뉴 내셔날 리더스』였고 이 외에 『작문Penmanship』과 『코리아 데일리 뉴스The Korea Daily News』도 부교재로 쓰였다(김명배 2006, 141~142). 영어학교는 프램턴Geo Russel Frampton(1870~1931)이 쓴 『영어철자와 독해 첫걸음First Steps in English Spelling and Reading』(1909)과 이기용의 『중등영문전English Grammar for Middle School』(1911)도 사용하였다.

영어부에서 사용한 교과서 『뉴 내셔날 리더스』에 대해 보다 자세히 알아보기로 한다.[19] 이 교과서 1권의 구조를 통해 영어학교에

표 20. 영어부 교과서 배당표(1908)

科/級	第一年級	每週教授時數	第二年級	每週教授時數	第三年級	每週教授時數
讀方	英語讀本 第一 第二	六	英語讀本 第三 第四	六	英語讀本第五	六
譯解	仝前	一	仝前	二	仝前	一
會話		二		一		一
書取		二		六		六
問題作文		二				一
取誦作文				二		一
制札						一
文法				二		二
算術	口授	三		三		二
地誌				一		二
寫字		二				
九九法		一				
地誌	大韓地誌 第一	一	上仝	一	上仝	一
歷史	萬國歷史 第三	一	上仝	一	上仝	一
作文		一		一		一
體操		三		三		三
合計		二九		二九		二九

서 어떠한 내용을 다루었는지를 확인해 볼 수 있다. 교과서의 1권First Reader은 서문,[20] 1부, 2부, 각주로 구성되어 있으며 알파벳과 숫자가 맨 앞에 제시되어 있다.

1부는 54과로 이루어져 있다. 1과는 한 문장It is a dog으로 시작하며

19 프로젝트 구텐베르그 사이트(Project Gutenberg, http://www.gutenberg.org/files/13853/13853-h/13853-h.htm)에 반스의 교과서 『뉴 내셔날 리더스(New National Readers)』가 이북(eBook)으로 제시되어 있다.

20 서문의 내용은 다음과 같다. 철자나 음보다는 단어가 사물과 행동을 표현하고 의미를 제시하기 때문에 단어 학습이 가장 자연스럽고 실용적이어야 한다. 이때 단어는 짧고 학생들에게 알려진 것이어야 하고 한 번에 새로운 단어가 7개 이상 나오지 않아야 한다. 그리고 단어 복습과 쓰기(필기체) 연습을 강조한다. 각 과는 대부분 대화체여야 하고 대상을 제시할 때는 학생들 앞에서 그림 등을 통해 직접 이루어져야 한다. 연습문제는 재미있고 교훈적이어야 한다.

후반부로 갈수록 문장의 길이가 조금씩 길어지면서 50과 정도에서는 반 페이지에서 한 페이지에 해당하는 대화가 나온다. 각 과의 구성은 대체로 다음과 같다. 우선 새로운 단어New Words를 제시한 후에 문장이나 대화가 제시되고 필기체 연습Script Exercise이 삽화와 함께 뒤따른다. 다섯 과를 배운 후에는 복습이 따른다. 이러한 순서로 54과까지 이어진다.

각 과의 주제는 학생들 주변 생활 소재를 다루고 있다. 예를 들어 한 소년이 개와 같이 달리고, 개가 쥐를 쫓아가고, 닭이 알을 낳고, 새가 둥지에 있고, 앤이라는 소녀가 고양이와 노는 모습 등의 내용이 담겨 있다. 그 외에 팽이치기, 숨바꼭질, 배를 만들어 띄워보기, 마차 타기, 북, 총 등을 들고 행진하기, 사과 따기, 눈사람 만들기, 썰매 타기, 연날리기 등이 주제로 나온다.

2부는 간단한 이야기Short Stories 10편과 격언구Pearls in Verse, 발음 목록Phonic Chart으로 구성되어 있다. 간단한 이야기는 단어와 모음 연습Vowel Exercise을 한 뒤에 이야기와 쓰기 연습이 이어진다. 이야기의 주제는 아이들과 고양이와 쥐 이야기, 숭어 잡기, 여우와 개, 줄넘기, 개와 놀기, 독수리, 스케이트 타기, 배 타기, 플루트 연주하기 등이다. 격언구로는 "Early to bed and early to rise, make men healthy, wealthy, and wise(일찍 자고 일찍 일어나는 것이 사람을 건강하고 부유하고 현명하게 만든다)"와 같은 표현이 제시되어 있다. 발음 목록에는 모음, 이중모음, 자음, 유사모음에 관한 단어들이 있다.

이 교과서 1권은 미국의 초등학교 1학년생이 글을 읽고 쓰고 문장과 텍스트를 배우는 것을 목표로 한다. 전반적으로 교과서의 주제가 다양하고 여러 종류의 동물이 등장한다.[21] 주제 중에서 팽이치기, 연날

---

21 흥미로운 것은 이 교과서에 동물이 많이 나온다는 것이다. 예를 들어 51과에서는 새끼곰이 나무 위에 있어서 아버지가 나무를 잘라 곰을 땅에 내려오게 한 뒤 데려다 키우는 내용이 있다.

그림 20a (왼쪽). 관립영어학교 교과서 『뉴 내셔날 리더스(New National Readers)』(1888)
영어학교의 교과서로 사용되었던 반즈의 『뉴 내셔날 리더스』 1권의 표지이다.
그림 20b (오른쪽). 관립영어학교 교과서 『뉴 내셔날 리더스』(1888)의 1과

리기, 눈사람 만들기, 썰매타기 등도 나오는데 이러한 주제는 한국 학생들에게 낯선 것이 아니었으나 여러 다양한 동물이 교과서에서 다루어지는 것은 너무나 이색적이었을 것이다. 그리고 이런 내용들은 중국 성현들의 고전만을 다루던 학생들에게는 낯설고 동시에 유치하지 않았을까 생각한다. 교과서의 단어나 문장구조는 쉽고 단순한 것에서 시작하여 단계적으로 긴 것으로 이어져서 학생들이 이해하고 익히기에는 무난했을 것으로 생각된다. 이러한 외국의 교과서는 당대 학생들에게 새롭고 경이로우며 조선의 서적과는 내용과 형태면에서 아주 다르고 낯선 것이었을 것이다.

영어부의 교과서 『뉴 내셔날 리더스』 1권의 표지와 1과를 그림 20a, 20b에 제시한다.

4) 교사

1895년부터 1906년까지는 외국어학교 교장이 영어학교도 담당하였으며 홍우관, 이상재, 한창수, 김각현, 조한벽, 이규환, 이종태, 장헌식, 정교, 신해영이 학교장을 맡았다. 1906년 9월에 영어학교, 한어학교, 덕어학교 학교장으로 정교(1856~1925)가 임명되었다. 1908년 1월에 일본인 미츠지 츄조가 관립한성외국어학교장이 되었다. 1908년 5월 이후에는 구마모토 시게키치隈本繁吉와 일어부 학원감 다나카 겐코田中玄黃가 교장으로 근무하였다. 외국어학교 학감은 법어학교장 이능화李能和(1896~1943)가 맡았다.

(1) 한국인 교사

전 기간을 통하여 재직한 한국인 교관 및 부교관으로는 윤태헌, 윤태은, 김욱동, 정일범, 안명호, 문명진, 김우행, 고의성, 이선춘, 최병헌, 이기룡, 이기붕과 이기봉(두 사람은 형제간), 권상섭, 이한응, 권영우 등이 있었다. 일람(46)에는 1908년 교사 및 학원감에 윤태헌, 부교수 및 서기로 정일범, 부교수로 안명호, 이기용, 최병욱, 이범주가, 체조 교사로 이희종이 제시되어 있다. 학감인 이능화는 영어부에서 수신을 가르쳤고 한문은 권영우가 맡았다. 수신과 한문을 제외한 다른 과목은 전부 영어로 가르쳤으니 학습어가 영어라 할 수 있다.

정교, 윤태헌(?)과 이기용(1885~1951)에 대해 알아본다. 정교는 1898년경 흥화학교에서 교사로 있었다. 그는 배재학당의 아펜젤러Henry Gerhardt Appenzeller(1858~1902)에게서 영어를 배웠으며 앞서 언급한 영어 교과서의 주해 『영조자전독습』을 쓴 현공렴, 주시경에게 영어를 개인지도 하였다. 그는 한성소학교에 영어야학교를 설립하였고 1906년 5월에는 양규의숙을 세워 여성에게 영어와 신학문을 가르쳤으며 1908년에는 문창학교의 평의장으로 재직하였다. 정교는 『영어독학』(1910)이란 책을 펴냈으며 『대한계년사大韓季年史』(1910?), 『홍경래전』, 『가요선歌謠選』 등의 책을 썼다(김명배 2006, 131). 그는 단발령과 교복을 입히자는 제안에 반대하였다.

윤태헌은 1894년에 영어학교에 입학하여 허치슨과 핼리팩스에게서 영어를 배웠다. 그는 졸업 후에 부교관, 교관으로 있었고 1906년 서기를 겸임하다 교장 대리를 맡게 되었다. 윤태헌은 영어학교 폐교 후에는 중앙, 중동, 휘문고보에서 영어를 가르쳤다. 또한 보성전문학교, YMCA 회관, 협성학교에서도 영어강사로 지냈고 영어독학서인 『영문전자통英文典自通, English Grammar for Private Students』(1913)이라는 책을 냈다. 문명진은 영국인 상회의 통역으로도 일하였고 1915년 영어독학서 『무사자통영어독학無師自通英語獨學』을 펴냈다.

이기용李起龍은 영어학교에서 회화를 가르쳤고 1911년 『중등영문전English Grammar for Middle School』을 펴냈는데 이 책이 한글로 된 최초의 영문법 책 중 하나라 할 수 있다. 한국인 교사 정교, 윤태헌, 문명진, 이기용이 영문법, 영어 독학 등 전공 분야의 저술을 한 것은 다른 어학교에서는 없었던 일이다. 이들이 이러한 저술을 할 수 있었던 것은 그만큼 전문 분야에 통달했던 것으로, 그들의 업적을 높이 평가할 수 있다.

당시 영문법 참고서라 할 수 있는 이기용의 『중등영문전』(1911)을 간단히 알아본다. 『중등영문전』은 품사론과 문장론으로 나누어 영문법을 설명하였다. 품사론에서는 품사를 아홉 가지(명사, 대명사, 형용사, 관사, 동사, 부사, 전치사, 접속사, 감탄사)로 나누어 설명한다. 각 품사에서는 다시 세부적인 분야, 예를 들면 명사는 종류Class, 수Number, 격Case으로 나누어 설명하고 난 뒤 각각 연습문제Exercise가 따른다. 문장론에서는 문장의 성분Elements of the Sentence과 종류Kinds of Sentences를 설명한다. 『중등영문전』에 나오는 1장 명사 부분의 첫 페이지를 다음과 같이 소개한다.

Section I.

Classes and Modifications of the Parts of speech.

Chapter I. – the Noun.

I. Classes of Nouns

(1) The *Russians* were defeated in *Korea Channel*.

(2) *Birds* build *nests*.

(3) The *fleet* was victorious.

(4) *Milk* is the best of foods.

(5) *Knowledge* is *power*.

위에서 다섯 문장을 제시한 후에 기울임체(이탤릭) 부분이 명사라는 것을 한문이 섞인 우리말로 설명하고 예를 든다. (1)에 제시한 명사 Russians, Korea Channel은 인물이나 사물을 표시하는 고유명사이며 예로 Napoleon, Germany 등이 있다. (2)의 bird, nest는 common noun이라 하고 예로는 boy, house 등이 있다. (3)의 fleet는 collective noun이라 하고 예로는 army가 있다. (4)의 milk는 material noun이라 하고 예로는 sugar, wine 등이 있다. (5)의 knowledge는 abstract noun이라 하고 예로는 punishment, truth 등이 있다. 이때 common noun, colletive noun, material noun, abstract noun은 우리말로 표현이 되어 있지 않다.

연습문제는 아래와 같이 각 명사의 종류를 알아내는 것이다.

Exercise

Point out the Class of each Noun; –

1. The bravery of Napoleon was widely known.

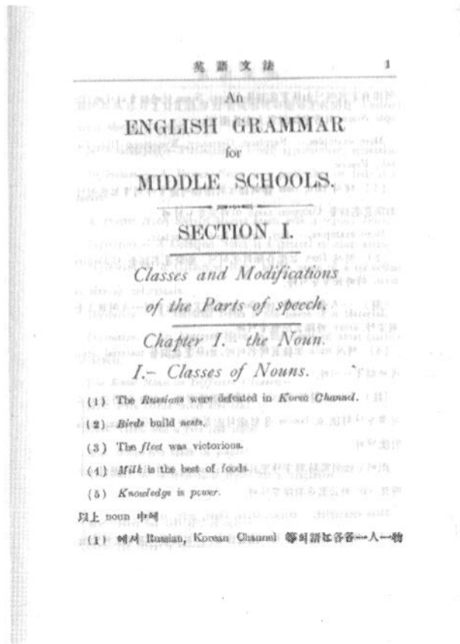
英語文法 1

An
ENGLISH GRAMMAR
for
MIDDLE SCHOOLS.

SECTION I.
Classes and Modifications
of the Parts of speech.

Chapter I. the Noun.
I.– Classes of Nouns.

(1) The *Russians* were defeated in *Korea Channel.*
(2) *Birds* build *nests.*
(3) The *fleet* was victorious.
(4) *Milk* is the best of foods.
(5) *Knowledge* is *power.*
以上 noun 中에
(1) 에서 Russian, Korean Channel 等의語는……

그림 21a(왼쪽). 이기용, 『중등영문전』(1911)
1911년 관립외국어학교 교수 이기용이 펴낸 『중등영문전』의 속표지이다. 이기용은 이 책에서 자신의 이름을 영어로 K.Claude Lee라고 하였다.
그림 21b(오른쪽). 이기용, 『중등영문전』(1911)의 1과

2. The boy was blamed for his idleness.

3. Which is more wholesome, beef or pork?

4. Ignorance is worse than blindness.

5. There is quite a fleet of mercantile ships lying in the habour. 등등

(2) 외국인 교사

영어학교의 외국인 교사로 근무한 사람은 핼리팩스, 허치슨, 프램턴 등이다. 핼리팩스는 1895년 5월부터 1908년 5월까지, 허치슨은 1895년 5월부터 1901년 7월까지 그리고 프램턴은 1901년 1월부터 1911년 영어학교 폐교 시까지 근무했다.

핼리팩스는 앞서 언급했듯이 이미 동문학교와 육영공원에서 교사 활동을 한 경험이 있었다.[22]

허치슨은 강화도에 설치되었던 해군무관학교에서 1893년 3월부터 영어를 가르쳤다. 1894년 육영공원의 벙커가 사임하자 그 후임으

로 육영공원을 맡게 되었고 그 이후 1901년 7월 세상을 떠날 때까지 영어학교에서 근무하였다. 그는 학교 규정을 정확히 지키고 쉽게 가르쳐서 학생들에게 신임을 얻었으며 1899년 종2품 금장 훈장도 받았다. 1896년 5월 러시아 공사관에서 개최한 조련(교련)대회에서는 여기에 참석한 고종이 허치슨과 핼리팩스를 불러 학생들의 제복과 훈련이 잘 되어 있음을 칭찬하기도 하였다.

프램턴은 허치슨의 후임으로 1901년부터 영어부가 폐지될 때까지 근무하였다.[23] 프램턴은 런던의 서남쪽에 있는 세인트존 대학을 나왔고 홍콩에서 2년간 고아학교의 교사로 있었다. 그는 회화를 담당하였으며 자신의 저서『영어 철자와 독해 첫걸음』을 교과서로 사용하였다. 또한 법어학교장 마르텔과 함께『서울프레스The Seoul Press』[24]의 영문 교정을 보기도 하였다. 외국어학교 이후에는 경성중학교에서 영어교사로 근무하였다. 1903년에는 예식사무위원과 박문원 참의로 활약하였고 1908년 태극장 훈장을 받았다.

한편 1897년 2월에는 영국 해군 하사관 박스웰Sergant A. Boxwell/Bosewell이 재초빙되어 영어학교의 체조와 교련 교사를 맡았고 경무청 사무도 보았다.

영어학교에서는 개교 이래 내내 2인 이상의 외국인 교사가 근무하였다. 이들은 자질 면에서 육영공원의 외국인 교사보다 못하다는 평가를 받았다(김명배 2006, 137~138).

---

22 학부와 핼리팩스와의 계약서에 의하면 계약 기간은 1900년 5월 9일부터 3년, 급여는 1900년에 매월 250원에서 시작했다. 1902년 1월 1일부터는 급여가 매월 275원이었고 주택 임대비는 매월 30원이었다.

23 1901년 학부와 프램턴과의 계약서에 의하면 계약 기간은 1901년 5월 1일부터 4년, 급여는 매월 300원, 주택 임대비는 매월 30원이었다.

24 1907년 2월에서 1937년 5월까지 발간된 조선총독부의 영어판 기관지이다.

5) 학생

관립한성영어학교의 1896년에서 1911년까지 입학생, 재학생, 졸업생 수는 표 21과 같다.[25] 1896년부터 1910년까지 911명의 영어학교 입학생이 있었고 졸업생은 79명으로 입학생 수의 약 8.7%이다. 영어학교 학생 90% 이상이 취직, 유학 등으로 중도에서 그만두었다는 것이다. 실제로 1898년 7월 미국인 기술자 크럼Reymond.Krum이 일본인 측량 기술자들과 국토 측량을 하게 되자 20여 명의 영어학교와 일어학교 학생들이 측량 견습생으로 취직하였다(이광린 1999, 172).

영어학교 학생은 갑, 을 두 반에 각 40명씩이었다. 학생의 연령은 13세부터 30~40세까지로 차이가 많았다. 영어학교 졸업생은 1903년에야 처음 4명이 배출된다. 영어학교 졸업생들은 영국인이 경영하는 인쇄소 회계, 상회 통역, 인천해관 관리, 본교 부교수, 영국 영사관 번역관, 학부 주사, 경성신문사 번역관으로 활약하였고 미국이나 일본, 상해로 유학을 간 학생들도 있었다(일람 55~57). 영어학교 졸업생의 취직률은 54%로 일어학교 다음이었다(일어학교가 68%, 법어학교가 40%, 덕어학교가 33%, 한어학교가 33%). 한일합병 이후 외국어학교가 폐교된 뒤 남아 있던 2, 3학년 학생들이 학업을 마치게 되자 이들을 위한 졸업식이 있었다(『신한민보』 1911.4.26).

영어학교 학생들은 학과 외 활동을 활발히 하였다. 영어 연습회가 1주일에 1회씩 열렸다. 외국어학교에서 한 달에 한 번씩 회화 모임Conversation Meeting이 열렸으며 각 언어부 학생들이 해당 언어로 발표하였다. 이 모임은 학생들의 어학 실력을 높이기 위한 것이었고 시상

25 이 통계는 관립영어학교, 관립한성영어학교와 관립한성외국어학교 영어부에 해당한다. 여기서는 편의상 관립한성영어학교라 한다. 마찬가지로 다른 외국어학교의 해당 통계도 관립한성일어, 한어, 법어, 아어, 덕어학교로 하였다.

표 21. 관립한성영어학교 입학생, 재학생, 졸업생 수(1896~1911)

연도	입학생	재학생	졸업생
1896	–	–	–
1897	50	110	–
1898	30	110	–
1899	20	–	–
1900	47	–	–
1901	58	70	–
1902	53	–	–
1903	62	–	4
1904	69	–	2
1905	62	–	7
1906	67	127	2
1907	97	–	3
1908	94	–	17
1909	96	119	19
1910	106	–	25
1911	–	87	–
계	911	623	79

이 있었으며 영어부에서는 이솝이야기를 발표한 적이 있다. 여기에서 발음도 좋았던 영어부 학생 신익희(1892~1956)가 우등을 차지하였다.

영어학교는 체육교육에도 적극적이었다. 1896년 5월 2일 서울 동소문 밖 삼선평(삼선교 부근)의 공터에서 영어학교 교사 허치슨의 지도하에 영어학교 학생들의 운동회가 처음 열렸으며 달리기, 공 던지기, 투포환, 멀리뛰기, 높이뛰기 등의 시합이 벌어졌다. 1897년 6월에도 영어학교 학생들이 훈련원에서 운동회를 하였다. 1898년 5월 28일에는 전체 외국어학교 학생들이 훈련원에서 대운동회에 참석하였다.

영어학교 학생들은 배재학당의 학생들과 친목회를 만들어 교류하였다. 그들은 국채 보상 계획에 적극 협조하여 교장, 학생, 사환까지도 금연을 하고 그 대금을 국채 보상에 쓰는 계획을 세웠다(『대한매일

그림 22. 관립영어학교 교사 프램턴과 한국인 교관들
영어학교 교사 프램턴과 한국인 교관들이며 시기는 1900년도 초로 추정된다.

신보』 1907.2.27). 1906년 샌프란시스코에 대지진이 났을 때는 의연금 모집에도 앞장섰다.

당시 영어학교 학생으로 국어학자 이희승(1896~1989)이 있다. 그의 동급생으로 신익희, 정구영이 있었고 선배로 이원순, 신정균이 있었다. 순종의 왕비인 윤비의 남동생 윤태경도 영어학교에 다녔다. 이희승은 1908년 관립한성외국어학교 영어부 2학년에 입학하였으며 다음과 같이 회고하였다(이희승 1984, 1~5). 관립영어학교는 지금의 광화문 세종문화회관 뒤쪽에 위치하였다. 이후 통합된 외국어학교는 오늘날 천도교 수운회관 뒤 재동 네거리에 있었고 이때 영어부는 지금의 종로경찰서에 자리를 잡았다. 이희승이 입학하기 전에는 영어학교가 교과서로 미국의 『내셔날 리더스National Readers』를 사용하였으나 그가 입학한 뒤에는 프램턴이 쓴 책, 『영어 철자와 독해 첫걸음』으로 배웠다. 그는 입학 시 국어와 한문으로 작문 시험을 보았다. 이희승은 프램턴이 체계 없이

그림 23. 관립영어학교 학생들과 교사 프램턴
관립영어학교 학생들과 교사 프램턴이다. 학생 수가 많고 여학생도 간혹 눈에 띈다. 시기는 1900년도 초로 추정된다.

가르쳤고 학생들이 회화를 잘하지 못하면 화를 내었다고 하였다.

5. 사립학교

1910년에 정식으로 인가받은 사립학교는 2,250개교에 달했고 그 중 823개교가 종교 계통 학교였다(표 7 참조). 기독교 계통 학교에서는 중등학교뿐 아니라 초등학교에서도 영어를 가르쳤다. 선교사들은 한국인들이 출세를 목적으로 영어 학습을 원하는 것을 알았고, 선교보다 교육과 의료 혜택 제공을 우선시하였다. 시간이 지남에 따라 한문과 지리 같은 과목도 가르쳤다.

배재학당은 아펜젤러가 1886년 세웠으며 1887년에는 학생이 67명에 달했다. 원래는 영어만을 가르칠 목적이었으나 시간이 지나면서 한문, 천문, 지리, 생리, 수학, 수공, 성경 등도 함께 가르쳤다. 1890년경부터는 보통과와 본과로 나뉘었다. 보통과에서는 한문, 영어, 역사 등을 가르쳤다. 본과는 영어과, 지지과, 신학과로 나뉘었다. 영어과의 수업은 육영공원의 수준과 같았다.

배재학당은 입학자격에 제한을 두지 않았으며 입학시기도 일정하지 않고 졸업이라는 제도도 없었기에 학생들이 여건과 편의에 따라 자유롭게 수학할 수 있었다. 초기에는 아펜젤러와 미국인 교사가 3명 있었으나 1909년에는 미국인 교사가 8명, 한국인 교사가 4명으로 늘어났다. 한국인 교사가 늘어나면서 더 이상 영어로만 수업하지 않았고 우리말 교과서도 사용하였다. 1904년에는 영어로 하는 수업이 폐지되었다. 1889년에는 총 학생 수가 82명이었는데, 배재학당에는 한국 학생 외에도 일본인 7명, 중국인 1명, 서양인 3명 등 외국 학생도 재학하였다. 배재학당에서는 서재필의 지도로 협성회를 조직하여 주말마다 토론회를 열어서 교내문제, 사회문제에 대해 자신의 주장을 펼 수 있었다.

이화학당은 1886년 스크랜턴Mary Fitch Scranton(1832~1909)이 정동에 세웠으며 설립목표를 여성교육에 두었고 처음에는 영어만을 가르쳤다. 설립 시 학생이 한 사람(김부인)이었으나 1886년 말에는 7명으로 늘어났다. 1887년 가을에는 명성황후(1851~1895)로부터 이화학당이라는 교명을 받게 되었다. 처음에는 일정한 학제나 교과과정 없이 학생이 원하는 대로 영어나 성경을 가르쳤다. 여교사와 여의사가 늘어나면서 1887년에는 교과목에 지리와 수학이, 1889년에는 언문과 생리학 과정이, 그리고 1892년에는 한문, 영어, 수학, 지리, 역사, 과학이 포함되었다. 1896년에는 교과목이 12과목으로 늘어났고 모든 과목이 영어로 수업되었다. 1901년부터 1907년까지는 풍기를 문란하게 한다는 이유로 영어 수업이 중단되었다. 초기에는 대부분 미국인 여교사였으나 차차 한국인도 교사로 활동하였다.

경신학교는 1886년 언더우드Horace Grant Underwood(1859~1916)에

의해 고아원학교로 출발하였다. 이 학교는 주로 한문, 영어와 성경을 가르쳤는데 1897년에 폐교되었다. 1901년 선교사 게일James Scarth Gale(1863~1937)에 의해 설립된 중학교가 1905년 경신학교라는 교명을 얻게 되었다. 처음에는 언더우드가 혼자 수업을 담당하다 제중원에서 의사로 있던 알렌 부부가 수업을 분담하였다. 1893년부터는 교리뿐 아니라 제재법, 수공업, 관리학 등 실업교육에 중점을 두었다. 이 기독교 계통의 학교들은 한동안(1901~1904) 정치적인 압박으로 영어 과목을 폐지하였으나 그 이후에는 영어를 다시 가르쳤다. 안창호(1878~1938)가 이 학교에 입학하여 언더우드 목사에게서 영어를 배웠다.

정신여학교는 우리나라에 온 최초의 여의사이자 간호원이며 명성황후의 시의였던 애니 엘러스Annie J. Ellers(1860~1938)가 1887년 6월 정동에 설립하였다. 엘러스는 1년 뒤 육영공원 교사 벙커와 결혼하였다. 고아원에서 출발한 이 학교는 처음 8년은 정동여학당으로 불리다가 1909년 정부 인가를 받아 정신여학교라는 교명을 갖게 되었다. 초기에는 성경과 산술을 가르쳤는데 영어로 수업을 하였다.

배화학당은 1898년 10월 감리교 자선사업가 캠벨Josephine P. Campbell(1853~1920) 여사가 설립하였다. 여학생 2명과 남학생 3명을 기숙사에 수용하여 캠벨이 직접 영어를 가르쳤다. 체재를 갖추면서 교과목도 늘어났고 미국인 교사들이 영어를 계속 가르쳤다.

사립학교 중 외국어로 영어만을 가르친 학교로는 영어사숙, 영어학교, 광화신숙, 사립파곡광명학교, 한성공립소학교 내에 있던 영어야학교, 현성학교, 광성학교 등이 있었다. 영어와 일어를 가르친 사립학교로는 의법회야학교, 사립보성학교, 화양의숙, 사립전진학교, 영육학교, 사립청년학원, 장훙의숙, 해동신숙, 성공개진야학교 등이 있었다. 영어, 일어와 한문을 가르친 사립학교로는 온수의숙, 사립광화신숙이 있었다. 영어, 일어, 국어를 가르친 사립학교로는 균명의숙이 있었고 황성기독교청년회 학관에는 어속과語俗科, 영어과, 일어과가 있었으며 신흥학교부속야학부에는 영어과, 일어과, 상업과가 있었다. 이 사립학교들에서는 주로 영어회화를 가르쳤으며 수학 기간은 3개월에서 1년 사이였고 학생은 20~100명이었다. 양정, 보성, 휘문, 숙명, 동덕 등 사립학교에도 영어가 교과목으로 들어가 있었다.

미국 선교사들은 선교, 교육 사업 외에 한국어 연구와 사전 편찬에도 적극적이었다. 언더우드는 1889년 『한영문법韓英文法, An Introduc-tion to the Korean Spoken Language』을 일본 요코하마에서 펴냈는데 앞부분은 한국어 문법을 영어로 기록하였고 뒷부분은 이를 한국어로 번역한 것이었다. 이 책은 선교사들의 한글 공부를 위한 것이었다. 그는 1890년에는 『한영자전韓英字典, A Concise Dictionary of the Korean Language in Two Parts, Korean-English & English-Korean』을 요코하마에서 최초로 출판하였다. 제목에서 알 수 있듯이 앞부분은 한영사전이고 뒷부분은 영한사전이다.

선교사는 아니지만 조선 주재 영국 부영사이며 동양어 학자였던 스콧James Scott은 1891년에 『영한사전English-Korean Dictionary』을 출판하였다. 게일은 1897년 『한영사전A Korean-English Dictionary』을 펴냈는데 이 사전은 무려 3만 5,000여 어휘가 수록되어 있었다. 게일은 이미 1893년에 『한국문법Korean Grammtical Terms』도 출판하였다. 존스George Jones는 1914년 『영한사전An English-Korean Dictionary』을 편찬하였다. 이 사전과 문법서들은 학생뿐 아니라 각국 선교사나 외교관이 사용하였고 원어민 영어 교사나 한국인 교사들에게도 도움을 주었을 것으로 추측된다.

정리하면, 일본, 중국에 비해 늦은 셈이지만 조선 정부는 나름대로 영어교육에 많은 노력을 기울였다. 1883년에 설립된 동문학교는 최초의 근대식 교육기관으로 공식적으로 영어교육이 행해졌으니 1891년에 시작한 일어교육에 비해 수년 앞선 것이었다. 서양과의 교류가 이루어지고 신식 문물제도를 받아들이게 됨에 따라 외국어로 의

사소통할 수 있는 인재 양성이 불가피한 상황이었다.

정부는 1886년 육영공원을 세워 지배층을 중심으로 하는 영어교육을 본격적으로 시도하였다. 미국에서 자질 있는 교사 3명을 초빙하고 학생들에게 기숙사를 제공하는 등 많은 지원을 하였으나 큰 성과를 거두지 못하였다. 좌원 학생인 관리들의 잦은 결석, 양반 고관 자제들의 전통적인 인습 고집, 수업 태만, 열의 부족, 행정 관료들의 부패, 외국인 교사들의 실망, 무엇보다도 유학을 중시하는 과거제도의 존속이 실패의 원인이었다. 구태의연한 사회 관습과 제도가 새로운 교육제도를 제대로 받아들이지 못하는 결과를 낳은 것이다. 그럼에도 영어교육은 남궁억, 이희승, 신익희 등 유능한 인재를 키워냈으며 이들이 적극적으로 사회의 변화에 참여할 수 있는 가능성을 보여주었다.

1894년 이후 영어교육은 교육 대상을 지배층에 국한하지 않았고 원하는 학생에게 균등하게 제공될 수 있었다. 영어학교는 1895년에 관립영어학교로 개편되어 1908년 관립한성외국어학교 영어부를 거쳐 1911년 폐교될 때까지 많은 성과를 거두었다. 영어학교에는 외국인 교사가 2인 이상 있었으며 외국어를 중심으로 하는 직접식 교수법으로 학생을 가르쳤다. 영어학교의 교과내용에서 특이한 것은 타 언어부에 있는 번역, 고전이라는 과목이 없고 독해, 받아쓰기, 작문에 중점을 두었다는 점이다. 산수의 비중이 타 언어부보다 크지 않았고 대신 구구법을 배우게 하였다. 영어학교의 교육내용은 타 언어부보다 실용적이었는데 이는 원어민 교사들이 수업을 실행하는 데 적극적으로 관여한 결과라고 추정한다.

윤태헌, 문명진, 이기용 등 한국인 교사들이 영문으로 문법서나 독학서를 낸 것을 보면 그들의 영어 수준과 열의를 알 수 있다. 영어를 토대로 대외 문물과 제도를 적극적으로 받아들여 근대화를 조속히 추진하려는 의지가 가져온 긍정적인 결과라 볼 수 있다. 타 언어부의 한국인 교사 중에서는 이러한 활약을 확인할 수 없었다.

사회 신분을 초월하여 누구나 받을 수 있었던 영어교육은 관립, 사립학교를 막론하고 성공적이었다. 교육의 기회균등화, 배우려는 동기, 출세 의욕, 근대 사회에 대한 의식과 인식의 변화가 영어학교를 번창하게 하였다. 영어학교의 수업형태, 수업내용, 원어민 교사, 수업 방법 등이 당대의 전통적인 수업에 견주어 혁신적인 것이었고 이러한 변화가 민중의 호응을 얻었다. 영어학교는 다른 외국어학교와 함께 한국 교육의 근대화에 크게 기여했고 재학생과 졸업생이 개편 또는 새롭게 조직된 여러 사회 분야에서 활약하면서 사회의 근대화에도 앞장섰다고 할 수 있다.

5장

일어학교

1. 시대적 배경

조선이 1876년에 일본과 조일수호조규(강화도조약)를 체결하면서 중국을 중심으로 하는 전통적인 대외관계는 크게 변화하기 시작하였다. 조약 체결로 양국이 사신을 파견했고 조선은 일본 공관을 세워 무역 사무를 처리하고 제물포와 부산의 항구를 개방하였다. 중국의 영향력이 급속히 쇠퇴하고 일본의 세력이 강해지면서 지금까지 전혀 교류가 없던 미국을 위시하여 영국, 프랑스, 독일 등과의 관계가 성립되어 오늘날까지도 이어지는 중요한 외교 관계의 기원이 마련된 것이다. 또한 조선은 국경을 접하고 있지만 당시까지만 해도 거의 관심 밖이었던 러시아와도 외교관계를 맺게 되었다. 문호 개방 이후 일본의 정치적인 압박, 서양 문화의 도입은 종래의 정치, 사회 분야 전반에 걸쳐 조선에 커다란 변화를 불러일으켰다. 과거제도가 폐지되고 모든 학교제도가 근대화되었으며 새로운 민족 종교 동학과 함께 서양의 기독교가 밀려들기 시작했다.

일본이 동양에서 우월권을 행사할 수 있었던 것은 서양과의 접촉과 개방이 일찍 이루어진 것과 무관하지 않다. 일본은 1543년 포르투갈 선박이 일본 가고시마鹿島에 처음 도착한 이후부터 서양과의 교류에 적극적이었다. 일본 정부는 기독교 금지령을 내리는 쇄국정치를 펴나가면서도 다른 한편으로는 포르투갈에 이어 네덜란드와 교섭하고 나가사키長崎를 개항하였다. 1641년부터 네덜란드 상인에게 무역을 허용함으로써 서구의 문물이 들어오기 시작하였다. 1740년에는 네덜란드어로 된 책을 통해 서양 문물을 연구하는 난학蘭學이 발달하여 서양의 과학기술이 도입되었다. 제철소, 조선소, 제련소, 기계 제작소도 만들고 서양식 군대 제도와 서양 학문을 가르치는 학교도 세웠으며 1863년과 1865년에는 영국에 유학생을 보냈다. 1868년 일종의 무신·무가 정권인 막부幕府[1]가 붕괴되고 일왕의 친정체제인 메이지明治(1868~1889) 시대가 시작되었다. 메이지 시대 초기에는 약 2,300명의 외국인 교사가 초빙되었는데 영국인이 920여 명, 미국인이 370여 명, 프랑스인이 250여 명이었다. 1871년에는 장관, 관료, 학자와 유학생으로 구성된 대규모 사절단이 22개월간 미국 등 12개국을 시찰하였다. 일본 정부가 이 사절단에 커다란 지원을(일본 예산의 2%) 했다는 사실만 보아도 정부를 중심으로 하는 근대화가 동아시아 3국 중에서 가장 적극적이었다는 점을 알 수 있다.

일본은 중국이나 조선보다 서양어 습득에도 매우 신속한 편이었다. 일본 개화기의 계몽 사상가이자 교육가인 후쿠자와 유키치[2]는 1862년 일본에 이미 500여 명의 외국어 능력자가 있다고 주장하였다. 그는 영어의 중요성을 인지하여 1863년 난학숙蘭學塾을 영학숙英學塾으로 개칭하였으며 이 영학숙은 1868년 게이오 의숙慶應義塾으로 이름이 바뀌었다. 이 의숙은 영어의 중요성을 강조하였으며 미국인 교사

1 일본 역사상 가마쿠라 막부, 무로마치 막부, 에도 막부가 있었다.

2 후쿠자와 유키치는 유길준과 윤치호의 스승이었으며 한국 개화파에게도 영향을 미쳤다.

가 경제학을 가르치고 도쿄 제국대학 초빙교수인 미국인 생물학자 모스Edward S.Morse의 진화론 강연도 제공하였다.

조선 정부는 개화기에 게이오 의숙과 계약을 맺어 관립한성외국어학교 학생들을 이곳으로 유학을 보냈으며 유길준도 여기에서 수학하였다. 실제로 1881년부터 1884년까지 조선의 유학생 60여 명은 대부분 게이오 의숙으로 파견되었다. 일본으로의 유학생 파견은 1884년 갑신정변으로 중단되었다가 1894년 갑오개혁 후에 다시 활발해졌다. 1895년에는 일본으로 간 조선 유학생이 200여 명이었고 1905년 이후에는 500여 명이 넘었다.

19세기 들어 러시아, 영국, 미국 등이 일본에 개방 압력을 행사하였는데 이 중 가장 적극적인 나라가 미국과 러시아였다. 1853년 미국의 페리 제독이 개항을 요구하였고 같은 해 러시아도 사할린에 상륙하여 통상을 요구하였다. 일본은 미국, 러시아, 영국과 1854년에 화친조약을 맺고 1858년에는 미국, 네덜란드, 러시아, 영국, 프랑스와 수호통상조약을 체결하였다. 이러한 구미각국과의 외교 관계 성립은 조선보다 대략 30여 년 빠른 것이었다.

이러한 시대적 격변 속에서 조선왕조는 쇄국정책으로 일관하였고 병인양요(1866)와 신미양요(1871)를 겪었다. 일본은 무력으로 조선을 정면으로 압박하기 시작하였으며 임오군란(1882)과 갑신정변(1884) 등의 사건을 통해 조선에 영향력을 확대하였다. 1894년 한반도의 동학혁명 진압을 둘러싸고 중국과 충돌한 청일전쟁에서 승리한 일본은 1895년 시모노세키下關 조약으로 조선에 대한 지배권을 더욱 강화하였다. 한반도 지배에 야심을 품은 러시아는 독일, 프랑스와 함께 일본의 한반도 진출을 견제함으로써 일본과 대립하게 되었다. 이러한 상황에서 일본을 견제하기 위해 러시아의 힘을 빌리려던 명성황후를 일본이 1895년 10월 경복궁에서 시해하였다. 고종(1852~1919)은 1896년 러시아 공관으로 이주하였다가(아관파천) 1897년 경운궁으로 돌아와

그림 24. 일본 공사관
1890년경 남산 기슭에 있던 일본 공사관이다.

대한제국을 선포하고 환구단에서 황제로 즉위하였으며 연호를 광무光武로 하였다.

당시의 국제 정세는 일본에게 유리하였으니, 미국과 영국이 아시아와 태평양의 주도권을 방어하기 위해 일본을 지원하여 러시아의 이 지역 진출을 막으려 했기 때문이다. 1904년 일본은 한일의정서 체결로 한국에 군사 주둔과 기지 사용 및 정치에 간여할 권리를 주장하였고, 또한 러일전쟁(1904~1905)에서 승리함으로써 한반도에서의 패권을 확보하였다. 일본은 1905년 전쟁의 승리와 함께 재정과 군사 및 외교 분야의 고문을 추천하였으니, 을사늑약을 체결하여 대한제국의 국권 상실이 더욱 구체화되기 시작했다. 1906년 일본의 통감부가 설치되었고 이토 히로부미伊藤博文(1841~1909)가 초대 통감으로 부임하였다. 고종은 을사늑약의 억울함을 국제회의에 알리려고 이준과 이상설 등의 밀사를 네덜란드 헤이그에 보냈으나 일본의 방해로 뜻을 이루지 못한 채 1907년 강제로 황제의 자리에서 물러났다. 1907년 순종(1874~1926)이 즉위하여 융희隆熙라는 연호를 쓰게 되었다. 일본은

독립신문

THE INDEPENDENT.

그림 25a (왼쪽). 『독립신문』 창간호 한글본(1896.4.7)

1896년 4월 7일에 최초로 한글로 발간된 신문(제1권 제1호)이다.

그림 25b (오른쪽). 『독립신문』 창간호 영문본(1896.4.7)

1896년 4월 7일에 최초로 발간된 신문의 영문판(Vol.1, No.1)이다.

1907년 정미7조약으로 군대를 해산시키고, 사법권과 경찰권 등 지배권을 더욱 강화하였다. 1910년 이완용 등의 친일 내각이 국권을 박탈하고 한일합병을 하게 되었다.

1876년 문호 개방에서 1910년까지의 기간은 조선왕조가 말기의 쇠락 속에서도 나름대로 새로운 활로를 찾으려 개방과 근대화를 시도한 혼란의 시기였다. 1895년 조선은 갑오개혁으로 대대적인 사회 변화를 계획하였다. 김홍집(1842~1896) 내각은 군국기무처를 설치하여 정치, 경제, 사회의 전반적인 개혁을 단행하였다. 의정부와 궁내부를 분리하고 의정부 아래 8아문을 두었다. 과거제도를 폐지하여 새로운 관리 임용법을 만들고, 사법권을 분리하고 신분제도를 없애고 도량형을 통일시켰다. 한편 미국에서 돌아온 서재필(1864~1951)은 1896년 순 국문으로 『독립신문』을 간행하고 독립협회를 조직하여, 영은문 자리에 독립문을 세워 중국과의 전통적 관계에서 탈피하였다.

이 시기에는 정치와 경제 분야는 물론 교육, 언론, 종교 분야에서도 변화가 일어났다. 『황성신문』과 『제국신문』 및 『대한매일신보』 등이 연속 간행되었고, 교육의 기회균등 개념이 도입되었으며 정부는 소학교, 사범학교, 외국어학교 등을 세웠다. 서양 선교사들이 배재학당과 이화학당 등의 사립학교를 세우고, 보성, 양정 등 민족 계통의 사립학교가 설립되었다. 역사상 처음으로 공문서에 한글을 쓰고, 학교에서는 국어 교과목을 지정하는 등 한글의 위상이 높아지고 성경 번역 등으로 한글이 널리 보급되었다.

정치 및 경제 제도가 개혁되는 가운데 근대적 산업이 일어나고 철도시설, 광산채굴, 전기시설, 전화가설, 체신제도 개설 등이 이루어졌다. 이러한 산업은 대부분 미국, 영국, 프랑스, 독일, 일본 등 외국의 제도를 본받은 것이다. 이 중 일본이 주도한 것은 부산과 나가사키 간 해저전선부설권, 부산과 인천 간 전선부설권, 부산 절영도 저탄소貯炭所설치권, 해안어획권, 인천 월미도 저탄소설치권, 경부 철도부설권 등이며, 일본은 미국으로부터 경인 철도부설권까지 입수하였다.

2. 관립한성일어학교

1) 발전 과정

강화도조약(1876) 이후 한국과 일본의 교류가 어느 때보다도 많아지자 언어 소통의 어려움을 줄이기 위해, 일본 공사의 권고로 외국어학교관제가 반포(1895)되기 이전인 1891년 7월 일어학당이 서울 매동에 설립되어 운영되었다. 일본에서 오카쿠라 요시자부로岡倉由三郎(1868~1936)가 교관으로 초빙되어 2년 동안 근무하였다. 1893년 8월에는 나가시마 간지로長島嵒次郎가 후임 교관이 되어 1904년까지 일어학교 주임을 맡았다. 일어학당은 1894년 정식으로 일어학교라 불리게 되었다.

일어학교는 1895년 5월 관립일어학교라고 명명되었고 1896년 주자동에서 중구 교동으로 이전하였다. 일어학교는 1906년 9월 학교 소재지(한성)가 명시된 관립한성일어학교로 개칭되었고 동년 10월에 교관 김한규가 학교장으로 임명되었다. 1908년 관립한성일어학교가 관립한성외국어학교로 통합되어 본과에 일어부로 편입되었다. 1906년 관립한성일어학교에 야간부가 설치되었다. 1908년 5월 속성과(1년)가 개설되어 일어를 가르쳤으며 이 과정은 1909년 10월 일어속성과라는 명칭으로 확정되었다.

정부는 일본해외교육회가 1896년 4월 15일 설립한 경성학당을 인수해 1906년 6월 관립한성제2일어학교라고 칭하였으나 이 학교는 경제적인 이유로 1907년 1월 관립한성일어학교에 합병되었다. 1895년 6월에는 인천에 관립인천항외국어학교지교(분교)가 설치되었고, 1907년 4월에는 사립평양일어학교가 관립으로 바뀌어 관립평양일어학교로 개편되었다.

일어학교는 다른 어학교와는 달리 1년 과정의 속성과도 있었고 서울 외에 인천과 평양에도 관립학교가 설치된 것으로 보아 당시 일어 수요가 많았다는 사실을 알 수 있다.[3]

2) 교과과정

다른 외국어학교와 마찬가지로 일어학교도 초기 교과내용이 문헌에 구체적으로 제시된 것이 없다. 1897년 6월 24일부터 26일까지 시

3 이 책에서는 일어속성과, 그리고 인천과 평양의 일어학교도 관립학교이므로 다루기로 하여 일어학교를 서술한 분량이 다른 어학교보다 많음을 밝혀둔다.

행된 관립일어학교 학기말시험 과목을 통하여 당시 교과목을 확인할 수 있다〔이성옥(역) 2006, 226〕. 1학년 시험 과목은 독서, 번역, 서취(받아쓰기), 회화, 체조였고, 2학년 시험 과목은 독서, 번역, 서취, 회화, 지리, 산술, 체조, 3학년 시험 과목은 독서, 번역, 서취, 지리, 산술, 체조, 역사, 이과였다. 학년이 올라갈수록 학과목이 늘어남을 확인할 수 있다. 즉 2학년에는 지리와 산술이 1학년 과목에 추가되고, 3학년에는 2학년 과목에 역사와 이과가 추가되었다. 한편, 이들 과목에서 1890년도 후반의 교과과정이 독서, 받아쓰기, 회화, 번역을 다루는 언어습득 과목과 지리, 산술, 역사, 이과, 체조 등 언어 외 습득 과목으로 구성되었음을 알 수 있다.

공식적으로 일어학교 학과목이 게시된 것은 관립한성외국어학교 일람(1909)에서이다. 일람(22~24)에 제시된 1908년도 일어부 교과과정과 매주 수업시간표가 표 22와 같다. 일어부에서는 17과목〔수신, 독방, 역해, 회화, 서취, 담론, 반역(번역), 작문, 문전(문법), 수학, 지리, 역사, 이과, 법제경제, 부기, 한문, 체조〕을 주 28시간씩 교수하였다. 1908년도에는 다른 어학부에 없는 수신 과목에서 인간의 도덕에 관하여 각 학년마다 1시간씩 다룬다. 독해에서는 일상생활에서 알아야 할 문자와 보통문, 운문과 시를 다루며 3학년이 되면 그 외 법령에 관한 문장도 다룬다. 회화 과목과 담론 과목이 나뉘었다. 회화는 일상 문자, 보통문, 운문, 시가를 1, 2학년에서 3시간씩, 3학년에서는 법령문도 함께 2시간씩 다룬다. 담론에서는 각 1시간씩 1학년에서 간단한 담화를, 2, 3학년에서는 담화와 연설을 배운다. 번역의 경우 1학년에서는 일어에서 한국어로의 번역만 1시간 다룬다. 2, 3학년에서는 일어에서 한국어로, 또 한국어에서 일어로의 번역을 2시간씩 다룬다. 받아쓰기는 일상문을 표준으로 1학년에서 2시간, 2학년에서 1시간, 3학년에서 1시간을 다룬다. 작문은 2, 3학년에 1시간씩 있으며 2학년에서는 기사문, 일상생활에서 쓰이는 경축사, 초대문, 증여문, 조회, 권유문 등을 다루고, 3학년에서는 기사문, 논설문, 일용문, 공용문(강의, 보고, 조회, 품신)을 다룬다. 문법은 3학년에서 문자론, 품사론, 문장론을 1시간 다룬다.

수학에 시간배당이 많은 편으로, 1학년에서는 정수, 소수, 등수를 5시간씩, 2학년에서는 약수, 배수, 분수, 합산, 비례를 4시간씩, 3학년

표 22. 일어부 교과과정표(1908)

科/級	第一年級	每週教授時數	第二年級	每週教授時數	第三年級	每週教授時數
修身	人倫道德의 要旨	一	人倫道德의 要旨	一	人倫道德의 要旨	一
日語 讀方	日常須知의 文字及 普通文	四	普通文韻文詩歌	三	普通文, 韻文, 美文, 詩歌, 法令文	三
日語 譯解	仝上	四	仝上	三	仝上	二
日語 會話	仝上을 標準	三	仝上을 標準	三	仝上을 標準	二
日語 書取	仝上을 標準	二	仝上을 標準	一[4]	仝上을 標準	一
日語 談論	簡單한 談話	一	談話及演說	一	仝上	一
日語 反譯	日文韓譯	一	日文韓譯, 韓文日譯	二	日文韓譯, 韓文日譯	二
日語 作文			記事文, 日用文 (慶吊, 招待, 贈遺, 照會, 勸誘 等)	一	記事文, 論說文, 日用文, 公用文 (講題, 照會, 報告, 稟申 等)	一
日語 文典					文字篇, 品詞篇, 文章篇	一
數學	整數, 小數, 諸等數	五	約數, 倍數, 分數, 步合算, 比例	四	代數, 幾何	三
地理	本國地理	一	東洋地理	一	萬國地理	一
歷史	本國歷史	一	東洋歷史	一	萬國歷史	一
理科			動物, 植物, 礦物, 地質及自然現象, 人身生理衛生	二	物理化學上現象, 元聚及化物, 實用物器械의 構造作用	二
法制經濟					財貨, 財政, 私法, 公法	二
簿記					商用簿記	二
漢文	經傳	二	經傳	二		
體操	普通體操, 兵式體操	三	普通體操, 兵式體操	三	普通體操, 兵式體操	三
合計		二八		二八		二八

에서는 대수와 기하를 3시간씩 다룬다. 지리에서는 1학년에서 본국(한국)지리, 2학년에서 동양지리, 3학년에서 만국(세계)지리를 각각 1시간씩 다룬다. 역사에서는 1학년에서 한국역사, 2학년에서 동양역사, 3학년에서 세계역사를 각각 1시간씩 다룬다. 이과에서는 2학년에서 동물, 식물, 광물, 지질, 자연현상, 인체생리와 위생을 2시간, 3학년에서 물리, 화학, 원소와 화학물질, 기계 구조를 2시간 다룬다. 법제경제에서는 3학년에서 재화, 재정, 사법, 공법을 2시간 다룬다. 부기에서는 3학년에서 상업용 부기를 2시간 다룬다. 한문에서는 1, 2학년에서 경전을 2시간 다루며 이 경전이 『맹자』임을 교과서 배당표(표 26)에서 확인할 수 있다. 체조는 1, 2, 3학년에서 3시간씩 일반(보통)체조와 군대식 체조를 배웠다.

1908년도 일어부에서는 다른 언어부보다 많은 과목이 제공되었다. 법, 경제, 부기 수업이 제공된 것은 이 분야에서 일어를 많이 필요로 했기 때문이다. 그리고 교과내용도 다른 언어부보다 구체적이며 단계적으로 명시되었다. 즉, 작문에서 일용문 중에 경축사, 초청문, 증여문, 조회, 권유 등을, 이과에서 자연현상, 원소, 인체생리, 위생, 실용기기의 구조와 작용 등을 상세히 지정하였다. 문법에서는 문자편, 품사편, 문장편을 다루며 역사와 지리에서도 1학년에 한국, 2학년에는 동양, 그리고 3학년에는 세계역사와 지리를 단계적으로 다룬다. 일어부 교과과정이 타 언어부의 모델을 제시하였다고 볼 수 있다.

표 23에 학부고시 14호에 제시된 1909년도 일어부 교과과정과 매주 수업시간표를 제시한다. 표 23에서 1909년도의 교과목, 교과내용, 수업시간 등이 1908년도와 조금씩 차이가 있음을 확인할 수 있다.

---

4 일람 23쪽에 서취의 수업시간(1시간)이 3시간으로 잘못 기재되어 있다. 이 경우 2학년 전체 수업시간은 30시간이 되어야 한다. 일람 33쪽에 제시된 일어부 교과서 배당표에 보면 서취 과목이 2학년에서 1시간으로 되어 있다(표 23).

표 23. 일어부 교과과정표(1909)

學科/學年		第一年級	時數程度	第二年級	時數程度	第三年級	時數程度
修身		實踐道德	一	仝上	一	仝上	一
日語	讀方譯解	日常须知의 文字及普通文	八	仝上	六	仝上及近古文	五
	會話	讀方譯解 準據	四	仝上	五	仝上	三
	書取	讀方譯解 準據	二	仝上	一	仝上	一
	反譯	日文韓譯 韓文日譯	三	仝上	三	仝上	三
	作文文典			口語文, 文語文	一	仝上及品詞篇, 文章篇	二
國語及漢文		講讀作文	三	仝上	三	仝上	二
數學		算術, 珠算	四	仝上	四	代數, 幾何	四
歷史 地理		本國歷史, 本國地理	二	外國歷史, 外國地理	三	仝上 仝上	三
理科				博物, 生理	二	物理, 化學	二
法規及經濟						現行法規及經濟 의 大要	二
簿記						官廳及商用簿記	二
體操		學校體操	三	仝上	三	仝上	三
隨意科 英語				文字及簡易 普通文	(一)	簡易普通文	(一)
合計			三O		三二 (一)		三三 (一)

1908년도 수업시간이 매주 28시간이던 것이 1909년도에는 1학년이 30시간, 2, 3학년은 수의 과목(영어 1시간)을 포함하여 주당 33시간 내지 34시간으로 늘어났다.

또 경전을 다루는 한문이 국어 및 한문 과목으로 바뀌었다. 수신 과목내용은 1908년도 인륜도덕에서 1909년도에는 실천도덕으로 바뀌었다. 독방과 역해는 한 과목(독방역해)으로 통합되어 일상생활의 문자와 문장을 다루며 3학년에서 내용이 근고문(근대의 고전문)이 추가되나 시간배당(3년 동안 19시간)에는 변함이 없었다. 회화와 담론은 1909년도에 회화 과목으로 통합되었고 일상문, 보통문 위주로 3년동안 12시간이 배당되었다. 번역은 1908년보다 1학년에서 2시간, 그리고 2, 3학년에 1시간씩 늘어났고 1학년 때부터 일문한역과 한문일역을 다루었다. 작문과 문법으로 나뉘었던 과목이 1909년도에 작문문전 과목으로 통합되었다. 2학년에서 구어체와 문어체를 1시간, 3학년에서 품사론과 문장론을 2시간 다루었다. 국어 및 한문 과목에서 강독과 작문을 1, 2학년에서 3시간, 3학년에서 2시간 다루었다. 이로써 1909년도에는 정식으로 국어를 다루는 교과목이 생겼으며 이 과목의 시간이 한문과 함께 8시간이다.

수학에 시간배당이 여전히 많고(3년에 12시간) 산술과 주산, 대수와 기하를 다루었다. 1, 2학년에서 주산을 배운다는 것이 새로운 점이며 3학년에서 대수와 기하를 다루는 것으로 보아 다른 언어부보다 수학에서 고차원적인 것을 배웠다. 이는 일어학교에서 부기를 다루는 것과 무관하지 않다. 역사와 지리 과목이 통합되고 1학년에서 본국역사와 지리를 2시간, 2, 3학년에서 외국역사와 지리를 3시간씩 배웠다. 이과 과목에서는 2학년에서 박물과 생리, 3학년에서 물리와 화학을 다루었다. 법규 및 경제 과목은 3학년에서 현행 법규 및 경제 개요를 2시간 다루었다. 부기는 3학년에서 관청과 상업용 부기를 2시간 배웠다. 체조에서는 일반 체조를 매 학년 3시간씩 하였다. 일어부에는 선택 과목으로 영어를 문자와 간단한 보통문 위주로 다루었다.

1908년, 1909년 일어부 교과과정에서 언어습득 과목의 내용과 비율을 표 24와 같이 정리하였다. 1908, 1909 두 학년도에서 1, 2학년의 언어습득 과목 비율은 평균 60%가 넘으며 3학년에서는 이 비율이 50% 이하로 낮아진다. 3학년에서 법, 경제, 부기 등에 관한 과목을 배우기 때문이다. 두 학년도에서 독해가 차지하는 비율이 제일 높고 시간(3년간 19시간)이 일정하게 유지된다. 그 다음으로 회화(11 내지 12시간)와 번역 시간(5 내지 9시간)의 비율이 높은 편이다. 1909년도에 회화와 번역 수업시간이 늘었다(1 내지 4시간). 작문, 문법 시간(3시간)은 두

표 24. 일어부 언어습득 과목(1908, 1909)

1908년				1909년			
과목	시수			과목	시수		
	1학년	2학년	3학년		1학년	2학년	3학년
독방 역해	4 4	3 3	3 2	독해	8	6	5
회화 담론	3 1	3 1	2 1	회화	4	5	3
받아쓰기	2	1	1	받아쓰기	2	1	1
번역	1	2	2	번역	3	3	3
작문		1	1	작문/문법		1	2
문법			1				
한문	2	2		국어/한문	3	3	2
				영어 (수의과)		(1)	(1)
계 %	17 60.7	16 57.1	13 46.4	계 %	20 66.7	19(1) 60.6	16(1) 50.0

학년도 모두 큰 비중을 차지하지 않는다. 1909년도에 한문 과목이 국어와 한문 과목으로 변경되고 수업시간도 4시간 늘어났다. 1909년도에는 전반적으로 문법, 받아쓰기 시간이 줄고 국어, 회화, 번역 과목 시간이 늘어난 것, 경전을 다루지 않고 일상문장 위주로 수업한 것을 고려하면 교과목이 보다 실용적으로 바뀌었음을 확인할 수 있다. 다른 언어부의 교과내용과 비교해볼 때 1909년도 1학년 일어부의 언어습득 과목 비율(66.7%)은 영어부와 같고 한어부(64.5%), 법어부(63.3%)보다는 높다. 일어부 교과과정의 두 학년도 언어 외 습득 과목의 내용과 비율은 표 25와 같다. 언어 외 습득 과목은 두 학년도에서 큰 변경이 없다. 역사와 지리 과목이 통합되었고 법제의 명칭이 법규로 바뀌었다. 이 과목들 중에서 수학(12시간)의 비중이 제일 높고 그 다음이 체조(9시간)이다. 역사와 지리 과목은 1909년도에 2, 3학년에서 수업시간이 1시간씩 늘어났다. 이과, 법, 경제, 부기, 수신, 체조 시간은 1908년도와 변함이 없다.

표 25. 일어부 언어 외 습득 과목(1908, 1909)

1908년				1909년			
과목	시수			과목	시수		
	1학년	2학년	3학년		1학년	2학년	3학년
수신	1	1	1	수신	1	1	1
수학	5	4	3	수학	4	4	4
역사	1	1	1	역사/지리	2	3	3
지리	1	1	1				
이과		2	2	이과		2	2
법제/경제			2	법규 및 경제			2
부기			2	부기			2
체조	3	3	3	체조	3	3	3
계	11	12	15	계	10	13	17
%	39.3	42.9	53.6	%	33.3	39.4	50.0

3) 교재

일람(33~35)에 제시된 1908년 일어부 배당 교과서는 표 26과 같다. 독방과 역해 과목에서는 1학년에 학부가 편찬한 『일어독본』 5~8권, 『심상(초등)소학독본』 8권, 『고등소학독본』 1, 2권이 배정되었다. 2학년에는 『심상소학독본』 8권부터 『고등소학독본』 4권까지 배정되었다. 3학년에는 『고등소학독본』 5~8권, 『실업보습 대국민독본』이 배정되었다.

수학 과목에서는 문부성에서 저술한 『고등소학산술서』 1권이 1학년에, 같은 책 2권이 2학년에, 같은 책 3권이 3학년에 배정되었다. 지리는 1학년에 『대한지지』가, 2학년에는 문부성에서 저술한 『소학지지』 2권이, 3학년에는 같은 책 4권이 배정되었다. 역사는 1학년에 『대한역사』, 2학년에 사이토 히쇼齊藤斐章가 쓴 『통합역사 동양부』, 3학년에 같은 책 『서양부』가 배정되었다. 이과에서는 2학년에 네기시 후쿠야根岸福彌가 쓴 『이과 교과서 박물편』, 3학년에 같은 책 『이화편』(물리·화학편)이 배정되었다. 법제경제는 오카도 유스케岡戶諭介가 쓴 『법제교과서』와 『경제교

표 26. 일어부 교과서 배당표(1908)

科/級	第一年級	每週教授時數	第二年級	每週教授時數	第三年級	每週教授時數
修身	口授	一	口授	一	口授	一
讀方	學部編纂日語讀本 自五卷至八卷, 尋常小學讀本八卷, 高等小學讀本 一, 二卷	四	寻常小学读本八卷 부터 高等小学读本 四卷까지	三	高等小學讀本 五, 六, 七, 八卷, 實業補習大國民讀本	三
譯解	仝前	四	仝前	三	仝前	二
會話	口授	三	口授	三	口授	二
書取		二		一		一
談論		一		一		一
反譯		一		二		二
作文				一		一
文典						一
數學	文部省著作高等 小學算術書 一卷	五	仝二卷	四	仝卷 三	三
地理	大韓地誌	一	文部省著作 小學地誌 二卷	一	仝卷 四	一
歷史	大韓歷史	一	齊藤斐章著 統合歷史東洋部	一	仝西洋部	一
理科			根岸福彌著 理科教科書 博物篇	二	仝理化篇	二
法制 經濟					罔戸諭介著 法制教科書 全 經濟教科書 全	二
簿記					筆記	二
漢文	孟子	二	孟子	二		
體操		三		三		三
合計		二八		二八		二八

과서』가 배정되었다. 한문은 1, 2학년에 『맹자』가 배정되었다.

일어학교에서는 다른 학교에 비해 편찬된 교과서가 많고 편찬자들도 다양하다. 일어 교과서 『초등소학독본』, 『고등소학독본』은 (한국)

학부가 편찬한 것이며, 수학과 지리 교과서는 일본 문부성에서 직접 저술한 것이고, 역사, 이과, 법, 경제 교과서는 일본인이 개발한 교과서이다. 앞서 일어과 교과과정에서 내용을 구체적이고 단계적으로 제시하고 또 각 과목의 교과서도 정확하게 제시한 것을 보면 당시 학부가 다른 언어보다 일어 교육을 보다 중시한 것을 알 수 있다.

이들 교과서 중 『일어독본』 1~8권,[5] 『대한지지』와 『대한역사』에 대해 간단히 알아본다. 『일어독본』은 보통학교 학도용으로 총 8권으로 되어 있고 학부가 1907년 편찬하였다. 1권은 39과로 되어 있다. 1과에서 선생先生, 학생學生, 학교學校 등, 그리고 2과에서 지紙, 필筆, 묵墨 등의 한문을 제시한 후에 3과부터 일본어ィ가 제시된다. 각 과는 짧은 단어에서 시작하여 문장으로 이어지며 일상생활과 연관된 테마(방향, 해와 달 등)를 다루고 그림에 한국인이 등장하기도 한다. 2권에서 4권까지는 1907년 발행하고 1908년 인쇄된 것으로 실생활과 밀접한 주제를 다룬다. 2권에서는 동서남북, 아침, 저녁시기, 사계절, 날짜, 날씨, 편지쓰기 등, 3권에서는 서울과 부산 간의 여행, 기차타기, 집구조, 시장에서 물건사기, 농부의 농사짓기 등, 4권에서는 병원, 물품팔기, 신체, 청력, 급행열차, 기차역, 사진 등을 다룬다. 이들 실생활에 관한 주제는 현재 언어 교과서에서 다루는 것과 아주 유사하다.

당시 보통학교 학생이 쓰던 교과서 『일어독본』 중 5권에서 8권을 일어학교에서 독해 교과서로 사용하였다. 국립중앙도서관 전자도서관에 소장되어 있는 이들 책에 대해 간단히 알아보면, 『일어독본』 8권은 1907년 발행된 것이고 5~7권까지는 1908년에 대창서림에서 발행된 것이다. 『일어독본』 5권은 30과로 구성되어 있고 각 과의 주제는 신학년, 나무의 싹, 바닷물, 눈, 설탕과 소금, 화폐, 동물, 한국, 한국의

5 앞서 이미 언급하였듯이 당대에는 1권을 권1로 표시하였다. 이 책 본문에서는 현 관례대로 1권, 2권 등으로 표시하나 그림 설명에서는 당시 관례대로 표시한다.

해안, 세관, 저금 등에 관한 것이다. 각 과는 간단한 일어 텍스트로 시작하여 텍스트의 길이가 조금씩 길어진다. 간혹 그림, 한국과 일본의 지도가 첨가되었다. 어떤 과에서는 연습문제가 나온다. 『일어독본』 6권은 22과로 구성되어 있고 텍스트가 2~3페이지로 상당히 긴 편이다. 각 과의 주제는 공기, 홍수, 삼림, 공원, 지구, 물과 육지, 낮과 밤, 겨울 식물, 과일과 야채, 동물과 식물, 우편배달부에 관한 것이며 간혹 삽화가 들어 있다. 『일어독본』 7권은 20과로 구성되어 있고 각 과의 주제는 눈과 비, 조선과 일본의 교통, 동물과 식물, 서적주문, 일본의 수도 도쿄, 재판소, 적도, 별 등이며 간혹 삽화가 들어 있다. 『일어독본』 8권은 20과로 구성되어 있고 각 과의 주제는 물가, 지폐, 천진조약, 청일전쟁, 이웃나라, 선물, 은행, 분업, 경성과 도쿄 사이, 러일전쟁, 군대, 졸업식, 교장의 연설 등이다. 한국과 일본의 지도, 아시아의 지도와 함께 다른 삽화가 포함되어 있다.

일어학교에서는 사용하지 않았지만 보통학교에서 교과서로 사용하였던 『일어독본』 1권에서 4권의 주제는 학생 주변의 실생활에 관한 것이나 권수가 올라갈수록 각 과가 다루는 주제가 다양해지고 어려워진다. 일어학교에서 사용한 5권에서 8권의 주제는 위에서처럼 저금, 화폐, 지구, 육지, 동식물 등에 관한 실용적인 주제 외에 일본의 수도, 한국과 일본의 교통 등에 관한 지역사정을 다루고 청일전쟁, 러일전쟁, 천진조약 등 일본에 관한 정치적 주제, 그리고 군대, 재판소 같은 내용도 다룬다. 『일어독본』 교과서는 언어습득뿐 아니라 당대의 은행, 화폐, 교통 등 근대적인 문물, 정치, 전쟁, 군대 등에 관한 지식을 학생들에게 전달하였다. 오늘날 언어습득을 위한 교과서가 언어에만 집중하지 않고 각 나라의 지역사정, 문화를 함께 알리고자 하는 경향을 이미 당대 일어 교과서에서 확인할 수 있는 것이다. 나아가서 이 교과서가 학생들에게 일본과 중국, 러시아와의 전쟁, 천진조약 등 일본의 정치 상황을 학생들에게 전달하려는 의도를 알 수 있다. 영어학교에

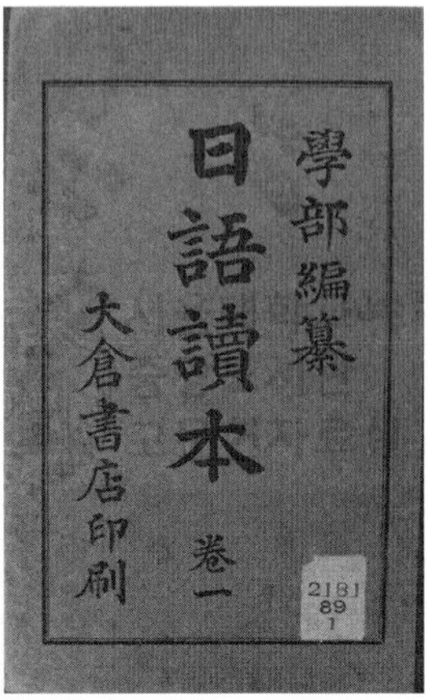

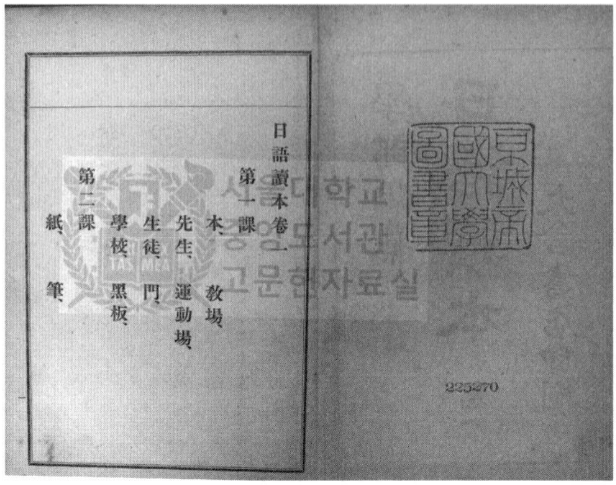

그림 26a (왼쪽). 학부 (편), 『일어독본』 권1 (1907)의 속표지
그림 26b (오른쪽). 학부 (편), 『일어독본』 권1 (1907)의 제1과

서 사용된 영어 교과서가 순수하게 언어를 다루는 것과는 많은 차이가 있다.

일어학교에서 지리 과목에 사용하였던 교과서 『대한지지』는 두 권으로 이루어졌으며, 현채가 1901년 편집한 것으로 국한문 혼용으로 되어 있다. 한국의 지리에 관한 책으로 위치, 지질, 기후, 연혁, 구획, 토산물 등을 설명한 후에 경기도, 충청도, 전라도, 경상도, 황해도, 평안도, 강원도, 함경도의 수도, 위치, 경계, 지세, 연혁을 소개하고 있다. 이 책을 근거로 당시의 지리 교재의 내용을 알 수 있다.

일어학교에서 역사 과목에 사용하였던 교과서 『대한역사』 상권은 1908년 헐버트와 오성근이 공동으로 저작하여 당대 헐버트가 편찬한 헐버트 시리즈의 첫 번째 책Hulbert Series No.1으로 되어 있다. 오성근이 서문에 국문으로 된 한국역사가 없어 헐버트가 편찬역술을 위임하였다고 밝힌 것으로 보아 오성근이 홀로 저술한 것으로 추정된다. 이 책은 헐버트가 원하는 대로 전국의 남녀노소 누구나 널리 배울 수 있도

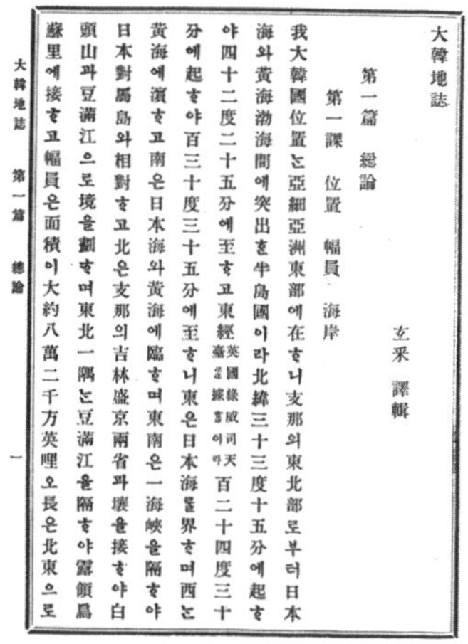

그림 27a (왼쪽). 현채(역편), 『대한지지』(1901)의 속표지
그림 27b (오른쪽). 현채(역편), 『대한지지』(1901)의 제1편, 제1과
대한민국의 아시아에서의 위치를 국한문 혼용으로 설명하였다.

록 순 국문으로 저술되었다. 상권 목록에 단군조선에서 고려까지 다루고 있다. 하권에서는 조선시대의 역사를 다루었다고 하나 하권은 현재 확인되지 않고 있다. 표지 뒷면에는 다음과 같이 영어로 책의 제목, 저자, 가격 등이 제시되었다.

> HISTORY OF KOREA from ancient times to the beginning of the present dynasty By Rev. H. B. Hulbert, and Prof. O. Seung Keun, 1908, Hulbert Series, No.1. Price: yen 1.20.

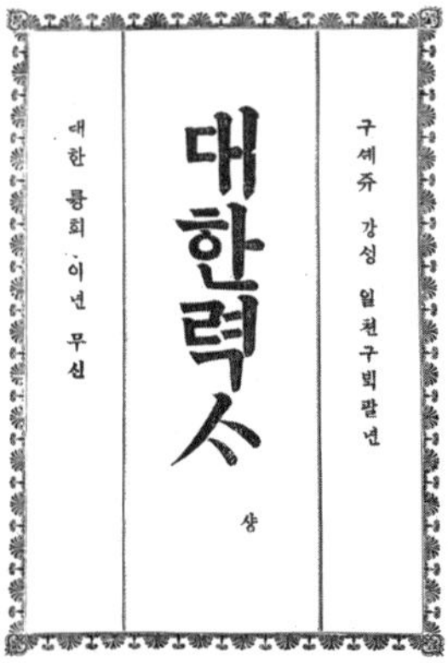

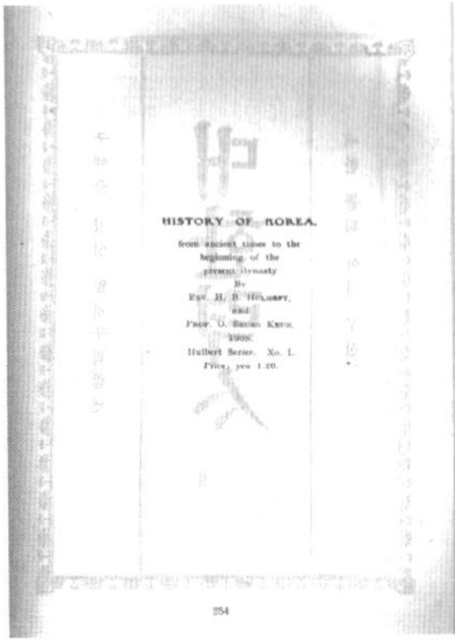

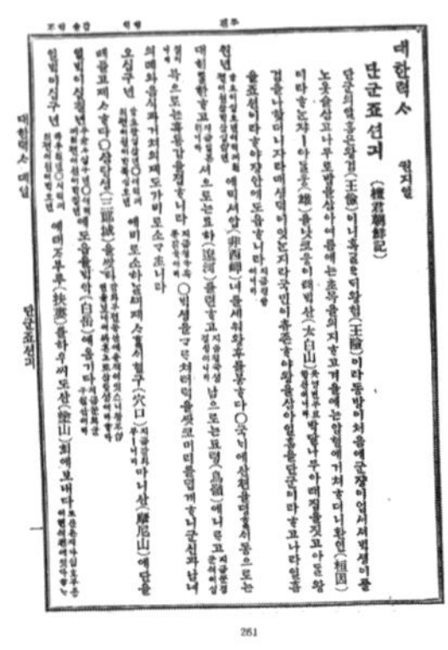

그림 28a(왼쪽). 헐버트와 오성근(공저), 『대한력사』 상(1908)의 속표지

그림 28b(가운데). 헐버트와 오성근(공저), 『대한력사』 상(1908)

『대한력사』 속표지 뒤쪽에 영어로 책제목, 저자, 연도, 가격 등이 적혀 있다.

그림 28c(오른쪽). 헐버트와 오성근(공저), 『대한력사』 상(1908)

『대한력사』의 1권의 내용 「단군조선기」이며 한글로 되어 있고 인명, 지명 등의 한문은 괄호에 적혀 있다.

4) 교사

1895년부터 1906년까지는 외국어학교 교장이 일어학교도 담당하였다. 1906년 10월부터 1907년 9월까지 김한규가 관립한성일어학교장을 지냈고 이어서 1907년 9월 김석기가 일어학교장으로 임명되었으나 1908년 1월에 일본인 미츠지 츄조가 관립한성외국어학교장이 되었다. 이 외국어학교장은 같은 해 5월 구마모토 시게키치隈本繁吉로 교체되었다. 일어부에는 교장 겸 학원감으로 다나카 겐코田中玄黃가, 교수로 시라이 시게토白井重任, 무나가타 가모시로宗像鴨四郎가, 부교수로 노무하라 이와토라信原岩虎가 활동하였다.

1908년 5월부터 교장직을 맡은 구마모토 시게키치는 후쿠오카 현에서 태어났고 도쿄 제대 사학과를 나왔다. 그는 일본 문부성 도서심사관보를 거쳐 고등사범학교의 교수로 재임하였고, 조선 정부 학부의 서기관으로 초빙되어 관립한성외국어학교장을 겸임하였다. 그는

1911년 대만 총독부의 학무과장으로 있다가 일본으로 돌아가 제6고등학교장을 지냈다. 다나카 겐코는 1907년에는 교관으로, 그 이후에는 관립한성외국어학교장으로 근무하였으며, 이어 평양일어학교의 후신인 평양고등보통학교의 교장을 지냈다.

(1) 한국인 교사

1897년부터 1906년까지 일어학교의 한국인 교관, 부교관으로 현보운, 고희린, 박영우, 김한규, 김사중, 김동우, 조원규, 주영환, 노재연, 권영우, 최재익, 유제달이 있었으며 이들은 대개 관립일어학교를 졸업하거나 수학한 사람들이었다. 1906년 9월부터 1907년 8월까지는 최재익, 권영우, 유제달, 김한규, 서상팔, 조중환, 홍병선, 문주선, 박종열, 유일선, 박종훈, 곽중근, 김진준, 정대현, 정운식, 어용선, 박태서가 교관으로 근무하였는데 이들도 대부분 일어학교를 졸업한 이들이었다. 이들은 짧게는 1개월에서 길게는 8년 이상 근무하였다. 최재익, 권영우, 박종열, 박종훈, 김진준, 정대현은 외국어학교가 통합된 이후 일어부에서 교수 또는 부교수로 활동하였다.

(2) 외국인 교사

일어학교의 외국인 교관으로는 1893년에 오카쿠라 요시자부로와 나가시마 간지로가, 1904년에 나가야마 오토스케長山乙介가 활동하였다. 1907년에는 와타세 스네키치渡瀨常吉, 마쓰모토 마사타로松本雅太郎, 기요사키 하쓰오淸崎初雄, 다나카 겐코가 근무하였다.

이 중 오카쿠라 요시자부로는 1891년 일어학당이 설립되자 초대 교관으로 부임하여 1893년까지 2년간 근무하였고 재임 기간 중 성과 있는 일어교육을 하였다. 1887년 도쿄 제대 문과대학 선과에 입학해 1890년에 졸업한 오카쿠라 요시자부로는 대학에서 언어학, 국문학을 전공하여 유구어琉球語, 아이누어, 조선어를 배우고 비교언어학, 일본문법에도 관심이 많아『일본신문전日本新文典』이라는 책을 쓰기도 했다. 그는 일어학교에서 수업을 시작한 지 3개월 되었을 때 통역을 폐지하였다. 일어 수업을 한 지 일 년 반이 지나자 일본신문을 읽을 수 있는 학생이 나왔고 3년이 지나자 수 명의 통역관이 배출되었다. 그는 일본으로 돌아간 후에 조선어와 영어 연구를 계속하면서 영어, 일본어, 조선어 교사로 활동하였다. 조선의 근대화를 위해 일어교육의 실리적인 측면을 강조하여 중학교에서 외국어 과목으로 일어를 가르칠 것을 제안하기도 하였다.

나가시마 간지로는 1893년 8월 일어학교에 부임해 1904년 4월 해임되었다. 도쿄에서 언어학과 영어를 공부한 그는 정치학, 사회학 등 인문학에도 관심이 많았으며 교육 경험도 있었으나 월급 관계로 불만을 품고 1903년 가을 이후 수업을 소홀히 하였다. 그의 후임으로 1904년 나가야마 오토스케[6]가 왔으며 1906년 12월 해임되었다.

5) 학생

1891년에서 1911년까지 일어학교의 입학생, 재학생과 졸업생 수는 표 27과 같다. 1907년 이후 일어부 입학생이 급증한 것은 을사늑약 이후 각 분야에서 일본의 영향력이 커져 일어의 필요성이 증대하였기 때문이다. 1910년 3월 10일 마지막 외국어학교 학생 모집이 있었고 일어부 모집인원은 1학년 200명과 2학년 소수였다. 1910년 이후에는 더 이상 외국어학교 학생을 모집하지 않았다. 1911년 말 외국어학교가 폐지될 당시 일어부의 재학생 수는 총 168명이었다(1학년 61명, 2학년 59명, 3학년 48명).

6 학부와 나가야마 오토스케의 계약서에 의하면 계약 기간은 1904년 4월 15일부터 3년, 급여는 매월 80원으로, 2년째 되는 해부터는 20원이 증액되었으며 주택 임대비는 매월 20원이었다.

일람(48~55)에 제시된 일어학교 졸업생의 취업 현황을 보면 이들이 사회 각계 분야에서 활동한 사실을 확인할 수 있다. 사원, 교사, 비서, 군인, 경관, 의사, 주사, 서기, 번역관, 은행원, 기사, 법관양성소 주사, 판사, 세관원, 학부위원, 자영업(의사) 등 다양하게 활동하였다. 이 중 특히 교사나 교관, 강사 또는 (재판소나 학부 등) 번역관으로 많이 활동하였다는 것을 확인할 수 있다. 이 외에 일본이나 외국으로 유학하는 학생도 있었다. 정부가 도쿄의 게이오 의숙과 의탁 교육에 관한 계약을 체결하여 일어학교 학생인 경우 일본 유학의 길이 수월하였으며 1895년에 일어학교 학생 28명이 일본에 파견되었다. 당시 유학생의 95% 이상이 일본 유학생이며 이들은 초기에 정치, 법률, 경제, 상과

표 27. 관립한성일어학교 입학생, 재학생, 졸업생 수(1891~1911)

연도	입학생	재학생	졸업생
1891	–	100	–
1894	40	–	–
1896	–	30	–
1897	–	86	11
1898	–	100	–
1899	10	–	–
1900	8	–	–
1901	20	57	4
1902	16	–	–
1903	14	–	7
1904	72	–	11
1905	49	–	8
1906	46	88	9
1907	201	–	35
1908	250	–	34
1909	174	203	35
1910	136	–	52
1911	–	168	93
계	1,036	832	299

등 사회과학계의 교육을 많이 받았으나 후기에는 기술계 학교에 많이 진학하였다. 일어부 학생들은 동창회를 조직하여 1908년 10월 18일 동대문 밖 영도사에서 모임을 가지기도 하였다.

1903년부터 1920년까지의 관료들을 조사한 연구(김영모 1972, 39~40)를 보면 3,208명의 관료 중 외국어학교 출신이 241명(7.5%)이고 이 중 일어학교 출신은 145명, 영어학교는 46명, 한어학교는 20명, 법어학교는 16명, 덕어학교는 10명, 아어학교는 3명이다. 즉, 외국어학교 출신 관료 중에서 일어학교를 졸업한 사람이 51%를 차지한 것을 볼 수 있다. 외국어학교 졸업생의 취업 상황을 보면 교원과 주사(관리)가 가장 많고(40%) 그 다음이 서기, 번역관, 기수였다(27%).

재판소와 감옥의 번역원 등으로 취직이 증가한 것은 1907년 사법사무가 행정사무에서 분리되면서 재판소와 감옥이 신설되었는데, 일본인이 주요직에 배치되어 일어의 필요성이 증가되었기 때문이다. 1908년도 졸업생 중에는 특히 탁지부(재무부) 부사가 많은데 이는 일본인 재정고문이 재정 개혁을 단행함에 따라 일어가 가능한 사람이 필요했기 때문이다.

1907년과 1909년에는 학부대신이 관립외국어학교 졸업자를 의정부와 내각서기관장에 채용하도록 요청하였다. 1907년에는 관립한성영어학교 졸업생 3명, 관립한성일어학교 졸업생 35명, 관립인천일어학교 졸업생 13명, 관립한성법어학교 졸업생 3명을 추천하였고 1909년에는 관립한성외국어학교 졸업생 중 32명이 관리를 지망하였다(김영모 1972, 41).

6) 일어속성과

1908년 5월 외국어학교에 속성과가 생겼다. 속성과의 과목은 일어였고 수업연한은 1년, 정원은 50명이었다. 속성과의 입학자격은 보통

수준의 국어 및 한문을 해독할 수 있는 15세 이상의 신체 건강하고 품행이 방정한 학생이었다. 1909년 10월 속성과를 일어속성과라 개칭하였고 본과의 정원은 900명, 일어속성과는 100명 이내로 하였다. 일어속성과 재학생은 1909년 46명이었고 졸업생은 1909년 5월에 37명, 그리고 1910년 3월에 34명이었다.

(1) 교과과정

일람(43~44)에 제시된 1908년도 일어속성과 교과과정은 표 28과 같다. 1년 과정의 일어속성과에 독방과 역해가 10시간, 회화 6시간, 번역 3시간, 받아쓰기 1시간이 배당되어 수업시간은 1주일에 총 20시간이었다. 독해와 받아쓰기는 일상생활에서 쓰는 문자와 쉬운 보통문 정도였다. 회화에서는 일상생활의 대화와 간단한 연설을 다뤘다. 번역에서는 일어에서 한국어로의 번역과 한국어에서 일어로의 번역을 다루었다.

1909년 10월 학부고시 제14호에 제시된 일어속성과 교과과정과 수업시수는 표 29와 같다. 1909년도 교과과정과 수업시수는 주당 23시간으로 1908년도보다 3시간 늘어났고 문법(문전)이 추가되었다. 독방역해가 한 과목이 되어 주당 11시간으로 일상생활에서 쓰이는 문자와 문장을 다뤘다. 회화와 문법이 한 과목(회화문전)으로 통합되어 8시간씩 배웠다. 번역과 받아쓰기의 내용과 시간은 1908년도와 변함이 없다.

일어속성과에서는 당시에 보통학이라 불렀던 역사, 지리, 이과, 수학, 경제, 부기 등의 과목을 다루지 않았다. 또한 언어습득의 기저가 되는 과목인 국어나 한문도 별도로 제공되지 않고 일어 과목만을 1주일에 20시간 내지 23시간 다루었다. 앞서 관립한성외국어학교 일어부에서 일어 습득에만 국한된 과목이 15내지 17시간인 것과 비교해 보면 속성과 과정이 나름대로 보다 집중적이라 할 수 있다.

표 28. 일어속성과 교과과정과 교과서 배당표(1908)

學科	每週敎授時數	程度及敎科書	課程
讀方	六	學部編纂日語讀本自四卷至八卷, 高等小學讀本 自一卷至二卷	日常의 文字及近易한 普通文
譯解	四	仝上	仝上
會話	六	仝上을 準據	普通의 對話, 及簡單한 演說
反譯	三	仝上	日文韓譯, 韓文日譯
書取	一	仝上	讀方을 準據

표 29. 일어속성과 교과과정표(1909)

學科	時數	程度
讀方譯解	一一	日常须知의 文字及普通文
會話文典	八	讀方譯解 準據
反譯	三	日文韓譯, 韓文日譯
書取	一	讀方譯解 準據

(2) 교재

표 28에서 속성과에서 사용한 교과서를 확인할 수 있다. 일어속성과에서 독해 교과서는 학부가 편찬한 『일어독본』 4~8권과 『고등소학독본』 1~2권이 사용되었으며 이 교과서는 회화, 번역, 받아쓰기에도 이용되었다.

3. 관립인천일어학교

1) 발전 과정

1895년 6월 인천에 외국어학교 지교가 설립되었다. 이 학교가 공식적으로 관립인천항외국어학교지교이고 일반적으로 관립외국어학교 인천지교 또는 인천지교(분교)라고 불렀다. 이 학교의 목적은 일본어를 가르치고 신지식을 전달하여 각 부의 주사(사무원)와 소학교 교원을 양성하는 것이었다. 1899년 6월 인천지교에 1년 과정의 야학속성과가 생겼으며 입학조건은 8세 이상 16세 이하의 품행이 단정하고 신체 건강하며 한국어를 아는 학생이었다. 야학속성과의 재학생은 27명이었으나 졸업생이 4명밖에 되지 않아 속성과는 1900년 6월 폐지되었다.

1904년 4월 인천항외국어학교지교가 분교가 아닌 인천일어학교로 바뀌었고 이 학교는 1906년 8월에 관립인천일어학교로 개칭되었다. 1908년 이후 관립인천일어학교는 외국어학교령의 취지에 따라 실업교육에 비중을 많이 두게 되어 1909년 5월 관립인천실업학교로 개편되었다. 그 이유는 1906년 9월 이후 보통학교와 고등학교에서도 일어를 필수 과목으로 가르쳤기 때문에 굳이 인천학교와 평양학교에서 일어교육만을 할 필요가 없다는 것이었다. 관립인천실업학교는 1912년 4월 공립인천상업학교로 되었고 이 학교는 인천상업중학교를 거쳐 현재의 인천고등학교가 되었다.

2) 교과과정

인천일어학교에서 1895년 제시한 4년제 교과과정은 표 30과 같다(이나바 쓰기오 1997, 443). 관립인천일어학교 교과과정에서 일어습득 과목의 비율이 15~30% 정도로 낮은 편이다. 반면에 언어습득 이외 교과목인 역사, 지리, 수학, 이과, 미술, 정치, 경제, 법률 등의 비율은 70~85%로 높은 편이고 이 비율 중 산술이 가장 높았다. 따라서 인천일어학교 교과과정은 정치, 경제, 법률 등 실업 계통 과목을 강조하려고 계획하였던 것으로 보인다.

그러나 이 교과과정은 계획한 대로 이행되지 않았다. 1900년 1월 부교관 이용인이 취임하기 전까지 일본인 교관이 혼자 가르쳤고 초기에 통역 제도가 없어지자 실제로는 교육내용이 축소되었다. 개교 3년

표 30. 관립인천일어학교 교과과정표(1895)

学科＼学年	第1学年		第2学年		第3学年		第4学年	
修身	口授	1	同上	1	同上	2	同上	1
日語	読書, 会話, 書取作文, 翻訳	10	同上	8	同上	6	同上	5
算術	加減乗除	6	四則分数	6	小数比例	6	級数求数	6
地理	万国	4	同上	3	同上	2	同上	2
歴史			万国	3	同上	3	文明史	2
理科	動植物	4	生理物理	4	化学・金石	4	農業大意	4
図面	自在	2	同上及用器画	2	同上	1	同上	1
政治							政治大意	2
経済					経済大意	2		
法律							法律大意	2
簿記					商業	2	銀行, 官省	3
体操		6		6		6		6
合計		33		33		34		34

표 31. 관립인천일어학교 교과과정표(1897)

第1学年	
修身	口授
会話	翻訳, 書取, 習字, 画学
算術	珠算, 加減乗除, 筆算, 加減乗除
読書	尋常小学 新体読本
体操	兵式

第2学年	
修身	口授
読書	尋常小学 新体読本
算術	珠算, 加減乗除, 筆算, 四則, 分数, 小数
地理	朝鮮, 日本
歴史	朝鮮, 日本
文章	日用往復文
体操	兵式

第3学年	
修身	口授 東西蒙求
読書	高等小学 新体読本
算術	珠算, 加減乗除, 筆算, 比例
地理	小学外国地理
歴史	万国近世史
理科	小学理科新書
文章	記事, 論說, 日用往復文
体操	兵式 擊劍

만인 1897년에 1회 졸업생이 나오게 된 사실을 보아도 인천일어학교 4년제 교과과정이 실행되지 않았음을 알 수 있다. 1897년 9월 일본인 교관이 인천 영사에게 제출한 인천일어학교에 관한 보고서에 언급된 교과과정 내용은 표 31과 같다(이나바 쓰기오 1997, 444). 인천일어학교 학과목의 수업시간은 기재되지 않았고, 독서나 이과에서는 교과목 내용에 교재(『심상소학 신체독본』, 『고등소학 신체독본』, 『소학이과신서』)를 제시하였다. 각 학년 공통 과목은 수신, 일어, 산술, 체조였다. 일어는 1학년에서 회화와 독서 과목을, 2, 3학년에서는 독서와 문장이라는 과목을 가르쳤다. 1학년 독서 과목은 교재 『심상소학 신체독본』을 중심으로 수업이 이루어졌고 회화라는 과목에서는 번역, 받아쓰기, 쓰기 연습이 이루어졌다. 2학년에서는 회화 과목 대신 문장 과목에서 일상생활에 쓰이는 서간문을 다룬다. 3학년에서는 문장 과목에서 기사, 논설문, 일상 서간문을 다루었다. 역사와 지리 과목에서는 조선과 일본의 역사와 지리를 배웠다. 독서는 『고등소학 신체독본』, 그리고 역사와 지리는 『만국근세사』와 『소학외국지리』라는 교재를 중심으로 배웠다. 3학년에서 이과 과목은 『소학이과신서』라는 교재를 사용하였다. 언어습득 과목에서 1학년에서는 회화, 독서를 중심으로, 2학년에서는 독서, 문장을 중심으로, 3학년에서는 문장 중에서도 기사, 논설, 서간문 등 수준이 높은 것을 중심으로 다룬 것을 보면 언어습득 교육

이 단계적으로 이루어진 것을 확인할 수 있다.

3) 교사

인천일어학교의 교장은 처음에 인천감리(세관장)인 박세환이 겸직하였다. 학교장은 1895년부터 1909년까지 여러 번 바뀌었는데 이재정, 강화석, 서상교, 하상기, 유찬, 서병규, 김윤정이 교장을 지냈다.

(1) 한국인 교사

인천일어학교의 한국인 교관으로는 1900년부터 1908년까지 이용인, 이근호, 최정하, 서병협, 정규명 등이 있었다. 이 중에 이근호, 서병협과 정규명이 일어학교 졸업생 출신이다. 초기에는 수업에 통역이 있었고 통역을 신명기가 맡았으나 1897년 이후에는 비용 절감을 이유로 통역을 두지 않았다.

(2) 외국인 교사

일본인 교관으로는 1895년 5월 이와사키 고타로岩崎厚太郎가 초빙되어 1910년까지 근무하였다. 이와사키 고타로는 학교 경영에 어느 누구보다도 열정적이었고 일어뿐 아니라 일본 문화를 전달하는 등 사회교육에도 적극적이어서 당대 인천 교육계의 지도자 역할을 하였다. 1901년에는 인천에 거주하는 일본인들의 일반 교육에도 힘썼으며 한국과 일본 간의 우호적인 관계를 항시 염두에 두었다. 그는 1905년 한국에 있는 일어학교 연합회를 서울에서 개최하는 데에도 관여하였고 이후 1908년 1월 관립인천일어학교학감으로 임명되었다. 1909년 5월 인천일어학교가 관립인천실업학교로 바뀌게 되자 인천실업학교 학감이 되었고 1910년 7월 퇴임하여 고향 치바로 돌아갔다.

니시무라 히데오西村秀雄는 1908년 부교관으로 임명되었고 1908년

그림 29. 관립인천일어학교 학생들과 교사 이와사키 고타로(1894)[7]
1894년 또는 1895년경 관립인천일어학교 학생들과 일본인 교사 이와사키 고타로이다.

1월부터는 부교수로 3학년 상업과를 가르쳤다. 시게타 가오루茂田香奇도 1908년 4월에 부교수로 초빙되어 실업과 상업을 가르쳤다.

4) 학생

인천일어학교의 입학조건은 외국어학교관제에 따라 만 15세 이상 23세 이하의 학생이어야 했다. 1기생 30명의 평균 연령은 14세 이상이었다. 수업료를 징수하지 않고 학용품을 지급하는 특혜에도 불구하고 인천일어학교는 호황을 누리지 못하였다. 1895년에서 1909년까지 인천일어학교의 재학생과 졸업생 수는 표 32와 같다. 1895년 30명이던 재학생 수가 1897년에는 53명으로 늘어나 오전, 오후 두 반으로 나누

7 정성길 씨의 소장자료에는 사진을 찍은 해가 1894년으로 되어 있으나 일어교사 이와사키 고타로가 1895년에 초빙된 것으로 보아 1895년도의 것으로 추정된다.

표 32. 관립인천일어학교 재학생, 졸업생 수(1895~1909)

연도	재학생	졸업생
1895	30	–
1897	53	9
1899	59(27)	–(4)
1901	–	1
1903	–	7
1904	20	2
1905	60	5
1906	60	9
1907	–	13
1908	–	7
1909	69	10
계	351(27)	63(4)

*괄호 안의 숫자는 야학속성과 학생의 숫자이다.

어 수업이 진행되었다. 1899년에는 1학년이 18명, 2학년이 14명이었고 6월 야학속성과 27명을 합하여 전체 학생 수가 59명이 되었다. 야학속성과가 1900년 폐지되면서 1904년 5월에는 학생 수가 20여 명으로 줄었다. 1905년에는 인천일어학교 재학생 수가 60명, 1909년에는 69명으로 증가하였다. 그러나 서울에 있던 관립한성일어학교 입학생 수가 1907년 201명, 1908년 250명인 데 비교하면(표 27) 인천일어학교의 학생 수는 훨씬 적은 셈이다. 인천일어학교의 졸업생 수는 1897년부터 1909년까지 총 63명이었다. 인천일어학교에서도 서울에서와 마찬가지로 재학생의 수(351명)가 졸업생보다 훨씬 많았다. 인천일어학교의 1회에서 8회까지 졸업생들은 교원, 해관 업무, 철도 사무원, 운수업, 은행원, 통역관보, 주사 등의 업무에 종사하였다.

4. 관립평양일어학교

일본의 동아동문회라는 단체가 1899년부터 운영했던 사립의 평양일어학교를 1907년 4월 정부가 인수하여 관립평양일어학교로 되었고 교장은 평안도 관찰사가 겸임하였다. 이 학교는 1907년 3월 오니시 유하치大西祐八를 교사로 채용하고 1908년 1월에 신도 요시오眞藤義雄를 학감으로 임명하였다.

1908년과 1909년에 관립평양일어학교에서 학생을 모집하였다. 응시 자격, 시험과목은 관립한성외국어학교 규정에 준하였고 수업연한을 3년, 학생 정원을 200명으로 하였다. 입학시험 과목은 국어, 한문, 산술, 일어, 역사, 지리, 이과였다. 관립보통학교 졸업자는 무시험으로 1학년에 입학할 수 있었다. 1908년에 1회 졸업식이 있었고 졸업생 수는 1908년에 12명, 1909년에 13명으로 총 25명이었다. 1회 졸업생 나영곤이 모교 부교관으로 채용되었다.

관립평양일어학교는 1909년 4월 관립평양고등학교로 개편되었으며 재학생 수는 117명이었다. 이 개편된 관립평양고등학교는 한일합병(1910) 이후 평양고등보통학교로 되었다. 관립평양고등학교에 신도 요시오와 오니시 유하치는 교수로, 나라키 스에자네楢木末實는 부교수로 발령되었으며 나라키 스에자네는 1909년 6월 관립한성외국어학교로 전출되었다〔이성옥(역) 2006, 260〕.

5. 사립학교

개화기 일어학교 수는 관공립학교와 사립학교를 포함하여 대략 230개교에 달하였다〔이성옥(역) 2006, 51 이하〕. 정부가 세운 6개 학교를 제외하면 대부분의 학교가 사립학교였는데 일본인, 한국인, 각 종교

그림 30. 관립인천일어학교 학생들(1898)
1898년 1월 촬영된 관립인천일어학교 학생들과 일본인 교사이다.

단체와 협회에서 세운 것이며 그중 일본인과 한국인이 함께 세운 학교도 17개교가 있었고 이들 학교를 중심으로 일어교육이 전국에서 널리 행해졌다.

이나바 쓰기오(1997)는 구한말에 설립된 일어학교를 네 종류로 구분하였으니, 조선 정부가 설치한 관립일어학교, 한국인 유지가 설립한 학교, 일본인과 한국인 유지가 함께 설립한 학교, 일본인 단체나 유지가 설립한 학교였다. 한국인 유지가 세운 학교로는 낙연洛淵의숙(보광학교), 개양開揚학교, 구시求是학교, 황주일어강습소, 목포일어학교, 육영중학교, 성천成川일어학교, 승명昇明학교가 있다. 일본인과 한국인 유지가 함께 세운 학교로는 을미의숙, 부산개성학교, 달성학교, 보동保東학교, 의성학교, 함흥학교(일진학교), 진명晋明학교가 있다. 일본인 단체에서 세운 학교로는 경성학당, 삼남학당, 성진학당, 평양일어학교, 초량학원, 광주실업학교, 군산소학교, 흥인일본어학교, 시습학숙, 개성학당, 대구일어속성야학교, 해주학당, 정화여학교, 개흥학교, 통도사명진학교가 있다. 일인 유지가 세운 일어학교로는 안성학교, 호서학당, 한남학당, 원흥학교, 화성학교, 일어금성학당, 통영일어학교, 해주일어야학교가 있다. 이 사립학교들의 숫자만 보더라도 당대 일어교육의 수요가 많았고 또한 일어교육의 공급이 많았음을 알 수 있다.

정리하면, 조선은 이미 고려, 조선시대에도 사역원을 통해 일어교육을 실시했으나 개화기에 와서 근대식 수업형태와 제도를 갖추게 되었다. 이 시기에 정부에서 설립한 관립일어학교는 학교의 종류, 교과내용, 교재, 교수와 학생 등 모든 영역에서 다른 외국어학교보다 우위에 있었다. 일어교육은 서울에서 (영어를 제외한)다른 언어교육보다 4년이나 앞서(1891) 실시되었고 서울뿐 아니라 인천과 평양에도 관립학교가 설치되었다. 또한 정규 과정 외에 일어속성과, 제2일어학교, 야학속성과 등의 과정도 다양하게 운영되었다. 일어교육이 외국어학교뿐 아니라 보통학교, 고등학교에서도 실시되었다. 입학생, 재학생, 졸업생의 수도 특히 1906년도 이후에는 다른 언어학교보다 훨씬 많았다. 교과목도 다른 어학교보다 부기, 경제 등 실생활에 필요한 것이 더 많이 제공되었고 가르치는 내용도 작문에서 증여문, 경축사 등 구체적으로 제시되었다. 각 교과목에 필요한 교과서도 정확하게 지시되었으며 교과서 편찬도 학부, 문부성, 일인이 직접 저술하는 등 다양하였다. 일어교육에 대한 정부의 관심이 높았음을 알 수 있는 사실이다.

200여 교 이상의 사립학교에서도 일어교육이 활발하게 실행되었다. 이러한 일어교육 상황은 당시의 사회 현황과 밀접하게 연관되어 있다. 일본이 학교, 은행, 관공서, 철도, 법원 등 근대 사회의 기구와 제도를 지휘, 감독하는 분야가 많아짐에 따라 일어 수요가 증가하였다. 일어가 서양 문물을 받아들이는 매개체로서 근대화 작업에 중요한 역할을 담당한 셈이다. 이 분야에서 취직과 출세를 위해 일어습득

이 유리하다는 인식이 사회에 팽배해 있었다. 1905년 을사늑약 이후 일어교육이 공개적으로 강화되어갔는데 각 외국어학교 교과과정에 일어가 수의과로 들어간 것, 일본인 학감 제도, 학부에서 인정한 교과서의 사용, 일본인 교장 임명 등을 예로 들 수 있다. 1910년 한일합병으로 외국어학교가 폐지된 이후 일어교육은 보다 더 독점적인 위치를 차지하게 되었다.

6장

한어학교

1. 시대적 배경

중국 청나라(1616~1912)는 아편전쟁에서 영국에 패하면서 몰락하기 시작하였다. 태평천국운동(1851~1864), 청일전쟁, 8개국 연합군과의 의화단사변(1900) 등 계속된 전쟁으로 나라가 거의 와해될 지경이었으며 1910년대에는 외국의 식민지와 같은 상황에 처하였다. 청나라 대외 무역량의 약 65%와 해운의 85%가 외국, 특히 영국에 점유당하였다. 자국의 문제조차 해결할 능력이 없던 중국은 조선에 관계할 여력이 없게 되었고, 이 세력의 공백 기간에 일본이 조선에 영향력을 행사하게 되었다. 아편전쟁 이후 서양과의 상거래는 더욱 활발해졌고 선교사가 들어왔다. 영국이 상업에 주력하는 한편 프랑스는 기독교 선교에 주력하여 1844년 북경에 교회를 설립하게 되었고 천주교를 내륙으로 확장시켜 나갔다. 미국을 위시한 여러 나라의 개신교 교파가 해안지대를 근거지로 선교 활동을 시작했다. 선교사들은 학교, 병원, 고아원 등을 운영하여 근대 교육과 사회복지에 기여하였다.

중국은 이 무렵 근대화를 시도하였으며 이 시도는 양무운동, 변법

운동, 혁명운동의 3단계로 진행되었고 이 중 양무운동이 외국어교육과 밀접하게 연관된다. 양무운동洋務運動이란 중국이 자국의 무력함을 극복하기 위해 서양 문물을 배워서 국가를 근대화하려는 운동이었다. 이 운동은 동치중흥同治中興(1861~1874)으로부터 청일전쟁까지 30여 년간 계속되었으며 이 시기에 조선에서도 개화가 시작되었다.

중국은 1885년 천진조약으로 영국, 미국, 프랑스, 러시아 4개국과 외교관계를 맺었다. 청 정부는 1861년 총리각국통상사무아문(총리아문)을 두어 서양과 외교, 통상을 비롯하여 무기 수입에 이르기까지 광범위한 개혁을 시도하였다. 이 양무운동을 주도한 것은 일종의 농민운동인 태평천국운동을 진압한 증국번曾國藩(1811~1872), 좌종당左宗棠(1812~1885), 이홍장이었다. 이들은 외교문제뿐 아니라, 군함과 대포, 함대 등 군사시설과 군수공업을 강화하고 광산채굴과 공업발전을 서둘렀다. 이러한 공업기관의 부속기관으로 중국 정부는 번역관, 수사학당水師學堂(1880)과 무비학당武備學堂(1885) 등의 교육기관을 설치하여 서양의 군사학과 과학기술을 전수하고 이를 위한 인력도 양성하였다.

중국은 외교관 양성을 위해 총리아문에 1862년 동문관을 설치하여 영어, 불어, 독어, 러시아어, 일어 등의 외국어를 가르쳤다. 이를 모델로 하여 1883년 조선에도 동문학이 설립되었다. 동문관에서는 우수한 학생을 선발하여 미국이나 영국, 독일 등지로 유학을 보냈다. 1872년 미국으로 유학생을 보냈고 1877년에는 영국과 프랑스에 학생 30명을 보내 국제법 등 서양제도를 배우게 하였다. 이 중 한 사람이 마건충으로, 조선이 1882년 조미수호조약문, 조영수호조약문을 작성할 때 통역을 했다. 그는 예수교학교에서 영어를 배운 뒤 프랑스에 유학하여 국제법을 전공하였다.

중국 정부는 행정권의 일부를 서양인에게 넘겨주게 되었는데 바로 상해에 있는 해관이었다. 중국 해관은 관세 징수, 우편, 통신, 항만시설, 외교와 해군건설에도 관여하였다. 1880년대 해관에 서양인 직원이 600명 있었고 중국인이 2,000명 있었으며 중국인은 대개 고위직이 아닌 서기, 통역 업무를 맡았다.

일본은 갑신정변 이후 조선에 대한 청의 주도권 행사를 약화시키려는 노력을 하고 있었다. 청의 이홍장과 일본의 이토 히로부미가 천진조약을 맺어 청일 양군이 조선에서 철수하기로 하였다. 그러나 청의 원세개袁世凱(1859~1916)는 통상사무전권위원으로 조선 내정에 간섭하였으나 청의 영향력은 오래가지 못하였다. 청일전쟁에서 청나라가 패함으로써 양국의 세력 관계가 뒤바뀌게 되었다. 중국이 역사상 처음으로 그들이 섬 오랑캐島夷라고 부르던 일본에게 패한 것은 충격이었다. 두 차례 아편전쟁 이후 부국강병을 주장하며 군함과 군사력을 증강한 양무운동의 노력도 실패하게 되었다. 입헌군주제로 정치체제를 바꾸려는 무술정변戊戌政變(1898)의 시도가 있었지만 이 역시 성공하지 못하였다. 이어서 산동지방에서 일어난 독일 선교사 케틀러Clemens A.F. von Kettler의 피살 사건을 계기로 서양의 공관을 습격하는 의화단사변이 일어나면서 청나라는 1911년 손문孫文(1866~1925) 등이 주도한 국민 혁명군에 의해 붕괴되었다.

이와 같이 1840년부터 1919년까지 80여 년 동안 중국에서는 서양의 영향을 받아 문화와 교육에 커다란 변화가 일어났다. 청 정부는 1861년 총리아문이 설치된 후 13, 14세의 총명한 학생을 뽑아 외국의 언어와 문자를 배우게 하였다. 중국 최초의 신식 외국어학교는 앞서 언급했던 북경의 동문관이다. 동문관에서는 외국어 외에 자연과학도 가르쳤으며, 주요 목적은 서양 서적을 읽고 번역하여 서양을 배우는 것이었고, 수업연한은 8년이었다.

1862년 동문관에 영문관이 설치되어 영국 선교사 버든John Shaw Burdon이 영어를 가르쳤고 중국인 교사 서수림徐樹琳이 통역을 맡았다. 1863년 법문관이 설치되어 스모렌베르그Smorenberg가 프랑스어를, 또 아문관도 설치되어 포포프A.Popoff가 러시아어 수업을 맡았다. 1872년에는 덕문관이 설치되어 티투스킨Titouskin이 독일어 수업을(후커 1986, 16), 그리고 1896년에는 일문관이 설치되어 일어 수업을 하였다. 영문관과 마찬가지로 각 어문관에는 번역을 위한 중국인 교사 1명과 조교 수 명을 두어 학관 사무를 맡게 했다. 1863년에는 미국인 선교사 마틴William Alexander Parsons Martin이 영어교육을 맡았는데 그는 1869년에는 전체 사무를 담당하게 되었고 초대 교장이 되었다.

중국은 1872년부터 1875년까지 네 차례에 걸쳐 10세 전후의 어린 학생 120명을 미국 샌프란시스코로 유학을 보냈다. 유학 기간 동안 경비 일체를 중국 정부가 부담하고 졸업 후 미국에서 2년 더 머물 수 있도록 유학 비용을 제공하며 유학 후에는 총리아문에 임용하는 조건이었다. 이들 중 50명 정도가 하버드 대학, 예일 대학, 컬럼비아 대학, 매사추세츠 공과대학에 진학하였다. 이 계획은 10년 후에 중단되었으나 유학생들은 미국의 군사력과 과학기술을 배우고 돌아와서 중국의 근대화에 크게 기여하였다. 한국의 동문학교에서 영어를 가르친 당소위도 이 유학생 중 하나였으며 그는 후에 중화민국 초대 총리가 되었다.

한편, 조선 정부에서는 근대화를 위한 시도로 1881년에 김윤식 등 젊은 학도 38명을 포함한 69명의 사절단인 영선사를 중국에 파견하였다. 이 사절단은 서양의 신무기 제조법을 배워 국가의 부강책을 강구하는 임무를 갖고 있었다. 이들은 1882년에 중국의 기기, 화학, 전기 제도를 다루는 학당에 배치되었으나 학습부진, 질병 등으로 10월에는 모두 귀국하게 되었다. 이들 중에서 고영철, 박영조 두 사람만이 서양어를 배울 수 있었다. 고영철[1]은 이때 배운 영어 실력으로 1883년 미국 보빙사 일행의 수행원으로 발탁되었다. 그는 미국에서 돌아온 후

1 고영철은 역관 집안 출신으로 고영철의 형 고영희는 학부 협판으로 덕어학교 입학식에서 연설을 하였다(9장 참조). 고영희의 아들 고희경은 1896년 육영공원에 입학하고 고종의 통역관으로 임명되었으며 또 다른 아들 고희동은 한성법어학교 출신으로 서양화의 개척자로 알려져 있다.

동문학교에서 영어를 가르쳤다.

한국에서 중국어교육은 삼국시대부터 시작하여 교육의 역사가 어느 언어보다도 길다. 한국의 정치·외교가 개화기에 이르기까지 중국 일변도였던 관계로 언어교육도 질적이나 양적인 면에서 중국 고전, 한문 위주로 진행되었다. 신라시대에는 왜전이 이미 설치되었고 상문사祥文師라는 관직을 두어 한어(중국어)를 관장하게 하였다. 중국의 수나라(581~617)와 당나라(618~907) 시대에는 고구려, 백제, 신라를 포함한 각국의 많은 유학생들이 중국어와 중국 문화를 배웠으며 당시 당나라 수도 장안은 중국어 교육의 중심지였다. 신라의 최치원은 12세에 중국에 와서 18세에 중국 과거시험에 합격하여 신라로 돌아가 활동을 한 것으로 잘 알려져 있다. 태봉(901~918)시대에는 사대史臺라는 관부에서 외국어를 교육하였다. 고려(918~1392)시대에는 1276년 통문관通文館이 설치되어 한어를 가르쳤으며 통문관이 설치되기 이전에는 역어도감譯語都監에서 역관교육이 실시되었다. 송나라, 원나라와 명나라 시기에는 중국어교육이 그 전 시대처럼 성행하지는 못하였으나 여전히 고려, 조선, 일본 등에서 온 유학생이 중국으로 몰려들었다.

조선에는 1393년 사역원이 설치되어 고려시대의 역학, 역관교육이 지속되었으며 이 역관교육은 사역원이 1894년 갑오개혁으로 폐지될 때까지 500여 년 간 유지되었다. 사역원은 조선시대 왜어(일어), 몽고어, 여진어를 비롯하여 한어를 교육하고 연구하며 통역·번역 인재를 양성하는 국가기관이었다. 이 4개 언어의 학습을 사학四學이라 하였고 청나라가 세워진 후 여진학은 청학(만주어학)이라 불렸다.

조선시대 과거제도의 잡과에 역과가 있었으며 역과는 조선의 외교정책에 필요한 역관의 능력을 평가하였다. 역과에 한어, 몽어, 여진어, 왜어의 4과가 있었고 한어가 가장 중시되었다. 역과의 한어 시험을 위해서는 사서四書(『논어』, 『맹자』, 『중용』, 『대학』)를 통달하고 『노걸대老乞大』, 『박통사朴通事』, 『직해소학直解小學』 등을 익혀야 했다.

『노걸대』와 『박통사』는 조선시대 널리 쓰인 북경 구어口語로 된 회화 학습서였다. 『노걸대』는 세종(1397~1450) 때 편찬된 것으로 명종(1534~1567) 때 새로 보충 간행되었고, 중국으로 물건을 팔러 가는 고려 상인이 도중에 중국 상인을 만나 같이 여행을 하면서 주고받는 이야기이다. 『박통사』는 중종(1488~1544) 때 최세진이 번역한 것으로 숙종(1661~1720) 때 다시 수정 간행되었으며 기초적인 회화뿐 아니라 문화적인 면도 포함된 상당한 수준의 회화서라 할 수 있다. 『직해소학』은 조선 정종(1357~1419) 때 귀화인인 설장수偰長壽가 쓴 한어 학습서로 『소학小學』을 중국어로 직접 해석한 책이다(강신항 2000, 95~96).

조선 후기에는 실용적인 중국어학습을 위해 어휘집도 간행되었다. 사역원에서 1690년 간행된 『역어유해譯語類解』에는 한자로 표제어가 나오고 교정음이 외국어 발음표기 방식에 따라, 그리고 한자의 뜻이 우리말로 기재되었다(한용수 2002, 2).

조선에서 한어를 포함한 언어교육은 경서를 외우고 해석하는 등 전통적인 방법을 유지하였다. 그러나 한어교육은 1894년 사역원이 폐지되고 근대 학교가 설립되어 본격적으로 근대식 교육이 이루어지면서 커다란 변화를 겪게 된다.

2. 관립한성한어학교[2]

1) 발전 과정

조선에서 근대식 중국어교육은 1891년 한어학교[3]의 설립과 함께 시작되었다. 한어학교는 일어학교와 마찬가지로 1891년 6월에 설치되었으며 견지동 우정국에 위치하였다. 처음에 세운 이 학교를 한어학당이라고 칭하기도 하였다. 그러나 한어학교는 청일전쟁에서 청국이 패함에 따라 1894년 6월 폐쇄되었고 1897년 5월 1일 관립한어학교로 3년 만에 다시 수업을 하게 되었다. 한어학교는 다른 외국어학교와 함께 1906년 지명(한성)이 들어간 관립한성한어학교로 개칭되었고, 1904년에 중부 박동으로 이전하였다가 1908년 4월 다른 어학교와 함께 관립한성외국어학교로 합치게 되어 한어부로 개편되었다.

한어학교의 교육목적은 중국어를 교육하는 것이고 교육연한은 1902년 3월까지는 3년, 그리고 이후부터 1906년 8월까지는 4년으로 연장되었으나 8월 이후 다시 3년으로 되었다.

1900년도에는 각 외국어학교에 한문 과목이 개설되었다. 한어학교의 학습평가는 다른 어학교와 마찬가지로 도강과 시험으로 행해졌고 도강은 하기와 동기로, 시험은 월말시험과 졸업시험으로 나누어 실시되었다.

입학생은 15세 이상 23세 미만이었고 입학시험 과목은 국문과 한문으로 독서와 작문이었다. 1897년 5월에서 1906년 1월까지 16회, 그리고 1908년에서 1910년까지는 매년 입학생을 모집하였으며, 만 12세 이상 보통학교를 졸업한 학생을 대상으로 했다(조문제 1979, 26~27, 40).

2) 교과과정

한어학교의 교과과정도 다른 어학교와 마찬가지로 초기에 한어, 보통학, 한문으로 독서와 작문, 그리고 본국역사와 지리였다. 한어 교과목에서 습자(글쓰기), 회화, 번역, 서취(받아쓰기), 작문이 훈련되었고

---

2 이 절의 내용은 2011년 발표한 「대한제국의 한어학교에 대한 연구」(『교육연구와 실천』 제77권, 67~85)를 수정·보완한 것이다.

3 당시 중국어학교를 한어(漢語)학교라고 하였다. 한어는 중국의 56개 민족 가운데 한족(漢族)이 사용하는 언어를 말하며 이 언어가 중국의 표준어이다. 이 표준어를 중국 대륙에서는 보통화(普通話), 대만에서는 국어(國語)라고 부른다.

수업시간은 매일 5시간이었다. 1906년 8월 27일 외국어학교령 공포 후 교과과정이 보다 구체적으로 제시되었다. 한어에서는 독해, 회화, 서취, 반역(번역), 사성, 증음을 다루었고 기타 과목으로 수신, 국어 및 한문, 수학, 역사지리, 이과, 체조, 일어(수의과)를 다루었다. 일람(27~29)에 기재된 1908년도 한어부 교과과정표를 표 33에 제시한다. 표 33에 제시된 1908년도 한어부 교과과정에서 몇 가지 표현을 설명하면 다음과 같다.

학어는 일상생활에 쓰이는 보통화普通話(표준어)로 된 교재나 텍스트를 읽고 이해하는 독해를 의미한다. 독법은 일상생활의 문장이나 텍스트의 구두점을 표시하는 원칙이다. 온습은 복습을, 증음은 음을 연습하는 것을, 담론은 문법을, 그리고 동국역사는 한국역사이다.

한어학교에서는 1908년 매주 28시간씩 3년 동안 중국어 수업이 이루어졌다. 독해(학어)는 매주 5시간씩 3년간 배운다. 번역에서는 일상 표준어를 위주로 중국어에서 한국어로 번역하는 것을 각 학년에서 1시간씩 다룬다. 회화를 1, 2학년에서 1시간, 3학년에서 2시간 배운다. 구독법을 3학년에서 1시간 다룬다. 담론에서는 일상어법과 문법을 배우나 정확한 시간은 확인할 수 없다. 한문 과목은 두 과목으로 나뉘어 3년 동안 배운다. 한 과목은 표준이 되는 문장을 일주일에 1시간씩, 또 다른 과목에서는 고전(경서)을 다루며 일주일에 3시간씩이다. 받아쓰기(서취)는 1, 2학년에서 1시간, 3학년에서 2시간 배운다. 사성과 증음(발음)을 합해 1, 2학년에서 2시간, 3학년에서는 사성四聲만 2시간 배운다. 복습(온습)이 1학년과 2학년에서 5시간씩 이루어졌다.

산술과 역사와 지리는 1~3학년에 각각 1시간씩 배당되었으며 역사와 지리에서는 한국역사와 지리가 다루어졌다. 작문을 매주 1시간씩 3년 동안 배운다. 체조는 일상생활에 필요한 보통체조를 각 학년에서 5시간씩 배웠다.

1909년 학부고시 14호에 교과목의 명칭, 시간, 내용이 다소 변경

표 33. 한어부 교과과정표(1908)

科/級	第一年級	每週教授時數	第二年級	每週教授時數	第三年級	每週教授時數
學語	日常須知及普通話	五	仝上	五	仝上	五
韓譯	仝前을 標準	一	仝上	一	仝上	一
漢文	仝前을 標準	一	仝上	一	仝上	一
書取	仝前을 標準	一	仝上	一	仝上	二
四聲	仝前을 標準	一	仝上	一	仝上	二
會話	仝前을 標準	一	仝上	一	仝上	
讀法			仝上		仝前을 標準	一
證音	仝前을 標準	一	仝上	一	仝上	
談論					日常語法及文法	
溫習		五		五		
算術	筆算整數	一	筆算整數, 小數	一	筆算小數, 分數	一
歷史	東國歷史	一	仝上	一	仝上	一
地誌	大韓地誌	一	仝上	一	仝上	一
漢文	經書	三	仝上	三	仝上	三
作文		一	仝上	一	仝上	一
體操	運動及普通	五	仝上	五	仝上	五
合計		二八		二八		二八

되어 교과과정이 다시 제시되었다. 1909년도의 한어부 교과과정은 표 34와 같다. 표 34에서 1909년도 교과과정에 과목 명칭과 수업시간이 변경된 것이 있다. 학어는 학화로, 증음은 정음으로, 담론은 문전으로, 번역은 반역으로, 지지는 지리로, 산술은 수학으로 기재되었다. 번역 과목은 한문한역韓文漢譯(한글에서 한문으로 번역)과 한문한역漢文韓譯(한문에서 한글로 번역) 두 종류로 나뉘었다. 동국역사는 본국역사, 즉 한국역사로 바뀌었다. 또 수업시간이 늘어나서 1학년 30시간, 2, 3학년에서는 수의과(일어)까지 합하여 34시간이다. 그리고 1909년도에는 수신, 국어 및 한문, 문전(문법), 이과, 수의과(일어) 과목이 추가되었다.

1909년도 교과과정에서 수신은 실천도덕으로 매 학년 1시간씩 다룬다. 독해(학화)는 1, 2 학년에서 10시간씩, 3학년에서 5시간 배운다. 회화는 1, 2학년에서 1시간씩, 3학년에서 3시간 배운다. 받아쓰기는 1, 2학년에서 1시간씩, 3학년에서 2시간씩 배운다. 번역은 한국어에서 중국어, 중국어에서 한국어로 매 학년 2시간씩 배운다. 사성은 1, 2 학년에서 1시간씩, 3학년에서 2시간 배운다. 구독법은 3학년에서 1시간 배운다. 음 연습(정음) 과목에서는 표준 자음을 1, 2학년에서 1시간씩 배운다. 문법은 1, 2 학년에서 1시간씩, 3학년에서 2시간 배운다. 1908년의 한문이 국어 및 한문 과목으로 바뀌어 1~3학년에서 법규와 작문을 3시간 배운다.

수학은 사칙과 소수를 포함하여 전 학년에서 5시간씩 배운다. 역

표 34. 한어부 교과과정표(1909)

學科 / 學年		第一年級	時數程度	第二年級	時數程度	第三年級	時數程度
修身		實踐道德	一	仝上	一	仝上	一
漢語	學話	日常须知의 文字及普通文	一〇	仝上	一〇	仝上	五
	會話	学话準據	一	仝上	一	仝上	三
	書取	学话準據	一	仝上	一	仝上	二
	反譯	韓文漢譯 漢文韓譯	二	仝上	二	仝上	二
	四聲	編四聲	一	編四聲	一	仝上	二
	讀法					句讀法	一
正音		普通字音	一	仝上	一		
文典			一	日常語法及文典	一	仝上	二
國語及漢文		法規, 作文	三	仝上	三	仝上	三
數學		四則	五	仝上及小數	五	仝上及小數	五
歷史 地理		本國歷史 本國地理	二	仝上 仝上	二	仝上 外國地理	二
理科				博物, 生理	一	物理, 化學	一
體操		學校體操	三	仝上	三	仝上	三
隨意科 日語				匿名及簡易口語文	(二)	簡易口語文	(二)
合計			三〇		三二 (二)		三二 (二)

사지리는 1, 2학년에서 한국역사와 한국지리를, 3학년에서 한국역사와 외국지리를 2시간씩 배운다.

이과에서는 2학년에서 박물(식물, 동물, 광물)과 생리를 1시간, 3학년에서 물리, 화학을 1시간 배운다. 체조는 매 학년 3시간씩 배운다. 수의과는 일어로 가타가나와 간단한 구어체를 2, 3학년에서 2시간 배운다.

1908년도와 1909년도 한어부 교과과정을 비교하여 언어습득 과목을 정리하면 표 35와 같다. 표 35에서 보면 1909년도에는 1908년보다 독해, 회화, 번역 시간이 늘어났고 문법이 추가되었다.

한문 과목이 1909년에는 국어가 포함된 과목(국어 및 한문)으로 변경되어 강독과 작문을 포함하여 1, 2, 3학년 모두 1주일에 3시간씩 제공되었다. 고전만을 다루는 한문은 1909년도에는 제공되지 않았다. 온습이라는 복습 과목은 1909년에는 없다. 음과 구두점 연습에 해당하는 사성과 구독법, 그리고 증음 시간은 1908년과 1909년도에 변동이 없다. 언어습득 과목이 두 학년도에 매주 20시간인 것은 변함이 없다. 이 언어 과목들을 전체 과목의 비율로 따져보면 1908년도에는 대략 70%이고 1909년도에는 62%에 해당한다. 언어습득 과목의 비율이 1909년도에 적어진 것은 수신, 이과 과목이 추가되고 또 수학 과목이 1시간에서 5시간으로 늘어난 것에 기인한다.

1908년도와 1909년도 한어부 교과과정을 비교하여 언어 외 습득 과목을 정리하면 표 36과 같다. 언어 외 과목으로 1909년도에 수신과 이과가 추가되고 수학 수업시간이 1908년도보다 대폭(매주 1시간에서 5시간으로) 늘어났다. 체조는 1909년도에 5시간에서 3시간으로 줄었다. 1909년도에는 한문 과목에서 강독과 작문을 배우고 고전 과목이 빠진 것을 고려해보면 한어교육이 일상어 중심으로 변화되었음을 알 수 있다. 그리고 한어학교 교육은 다른 외국어학교보다 발음 연습을 강조하여 사성, 증음, 독법 과목을 제공하였다.

표 35. 한어부 언어습득 과목(1908, 1909)

1908년				1909년			
과목	시수			과목	시수		
	1학년	2학년	3학년		1학년	2학년	3학년
독해	10	10	5	독해	10	10	5
회화	1	1	2	회화	1	1	3
받아쓰기	1	1	2	받아쓰기	1	1	2
번역	1	1	1	번역	2	2	2
사성	1	1	2	사성	1	1	2
구독법			1	구독법			1
증음	1	1		증음	1	1	
한문(경서)	3	3	3	문법	1	1	2
한문	1	1	1	국어/한문	3	3	3
작문	1	1	1				
				일어(수의과)		(2)	(2)
계	20	20	18	계	20	20(2)	20(2)
%	71.4	71.4	64.3	%	64.5	58.9	58.9

표 36. 한어부 언어 외 습득 과목(1908, 1909)

1908년				1909년			
과목	시수			과목	시수		
	1학년	2학년	3학년		1학년	2학년	3학년
				수신	1	1	1
수학	1	1	1	수학	5	5	5
역사	1	1	1	역사/지리	2	2	2
지리	1	1	1				
				이과		1	1
체조	5	5	5	체조	3	3	3
계	8	8	8	계	11	12	12
%	28.6	28.6	35.7	%	35.5	41.1	41.1

3) 교재

일람 37~39에 제시된 1908년도 한어학교에서 사용한 교과서는 표 37과 같다. 보면 독해 과목을 위해 1학년에는 『아세아언어집』 상권이, 2학년에는 『아세아언어집』 상권과 『관화지남官話指南』이, 3학년에는 『아세아언어집』 하권, 『관화지남』 전권과 『청어안내』가 교재로 제공되었다. 학년이 높아질수록 교과서가 한 종류씩 늘어났음을 알 수 있다. 번역 과목에도 위에 언급한 교과서들이 사용되었다.

산술에는 『산술신서』, 역사에는 『동국역사』, 지리에는 『대한지지』, 한문에는 『논어』 2권과 4권이 제공되었다. 작문 교과서의 "국한문교용 혹은 순 한문", 체조 교과서의 "운동 및 보통"이라는 명칭은 교재를 표시하기보다는 이 과목들의 내용을 표시하는 것 같다.

유감스럽게도 영어와 일어를 제외한 다른 외국어 영역에서 당대 사용된 교과서로 현존하는 것이 거의 확인된 바 없다. 그나마 한어학교 교과서 중에서 『관화지남』과 『아세아언어집』의 내용에 대해 참고할 수 있는 책들이 있어 아래에서 간략하게 설명하고자 한다.

『관화지남』의 중국어 원본은 확인할 수 없으나 1889년에 발행된 영어 번역본에서 교재의 내용을 알아 볼 수 있다. 당대 중국 공사관에서 업무를 맡았던 홉킨스L.C.Hopkins가 『관화지남』을 영어로 번역한 책*THE GUIDE TO KUAN HUA*이 상해에서 1889년 발행되었다. 책의 부제가 "A Translation of the 'KUAN HUA CHIH NAN' WITH AN ESSAY ON TONE AND ACCENT IN PEKINESE AND A GLOSSARY OF PHRASES"(베이징어 발음, 강세, 어휘목록이 포함된 번역)로 되어 있다. 책 표지에 홉킨스가 번역한 것을 상해의 Kelly & Walsh에서 발행한 것으로 기재되어 있다.

번역서 서문에서 홉킨스는 미스터 고Mr.Koh의 텍스트가 현대적이고 실용적이며 현존 베이징어로 아주 탁월하여 유용하다고 한 것으로

표 37. 한어부 교과서 배당표(1908)

科/級	第一年級	每週教授時數	第二年級	每週教授時數	第三年級	每週教授時數
學語	亞細亞言語集 上卷	五	亞細亞言語集 上卷, 官話指南	五	亞細亞言語集 下卷, 官話指南 全卷, 清語案內	五
漢譯	仝前	一	仝前	一	仝前	一
韓譯		一		一		一
書取		一		一		二
四聲		一		一		二
會話		一		一		二
讀法						二
證音		一		一		一
談論						一
溫習		五		五		
算術	算術新書	一		一		一
歷史	東國歷史 一	一		一	東國歷史 下卷	一
地誌	大韓地誌 一	一		一	大韓地誌 下卷	一
漢文	論語二	三		三	論語 四卷	三
作文	國漢文交用或純漢文	一		一		一
體操	運動及普通	五		五		五
合計		二八		二八		二八

보아 원본은 중국인 고씨가 작성한 것이다. 이 책의 1부Part I와 4부Part IV에 이르기까지 일상생활에서 쓰이는 간단한 대화에서 시작하여 3, 4부에는 긴 대화를 담고 있다. 4부 이후에는 베이징어의 발음과 강세 Essay on Tone and Accent in Pekinese, 그리고 어휘목록Glossary of Phrases을 싣고 있다. 이 어휘목록과 발음과 강세 부분은 홉킨스가 배우는 이에게 도움을 주고자 추가한 것이다.

각 부Part는 No. 1, 2, 3··· 등으로 나뉘었다. 각 번호No.에서 두 사람의 대화를 a, b로 나누어 제시한다. 예로 Part I, No.1의 대화를 다음과 같이 제시한다.

No. 1 a. What is your honoured surname?

b. My poor surname is Wu.

a. May I ask your eminent Style?

b. My humble Style is Tzu–ching.

a. How many distinguished brothers have you?

b. There are three of us.

a. And what province do you come from, Sir?

b. My lowly home is in the capital of Honan.

a. Is your residence situated inside the city?

b. Yes, inside the city.

a. I am delighted to make your acquaintance, and I must apologize for not having done so before.

대화에서 눈에 띄는 부분은 your honoured surname, my poor surname, my humble Style, distinguished brothers, my lowly home 등에서 밑줄 친 부분이다. 아마도 중국어 원문에 자신을 겸손하게 표시하고 상대방을 높이는 겸손과 경어 표현이 있었고, 이를 영어로 번역한 것이라 추측된다.

이러한 식의 대화는 일상생활의 여러 분야를 다양하게 다루며, 과가 높아질수록 대화의 길이가 길어지고 내용이 복잡해진다.

한용수(2000, 651)의 「한학교학연구」를 보면 일본이 근대 시기에 한어교육의 교재로 『증정아세아언어집增訂亞細亞言語集』과 『관화급취편官話急就篇』을 사용한 것을 알 수 있다. 이 교재들은 어법보다는 실용회화를 중심으로 구어를 강조하였다.

당대 조선의 한어학교에서 사용한 『아세아언어집』은 현존하는 것을 확인할 수 없었다. 그러나 이 한어학교 교과서의 내용을 일본 도쿄에서 출판된 『증정아세아언어집』을 참고로 하여 알아본다. 『증정아세

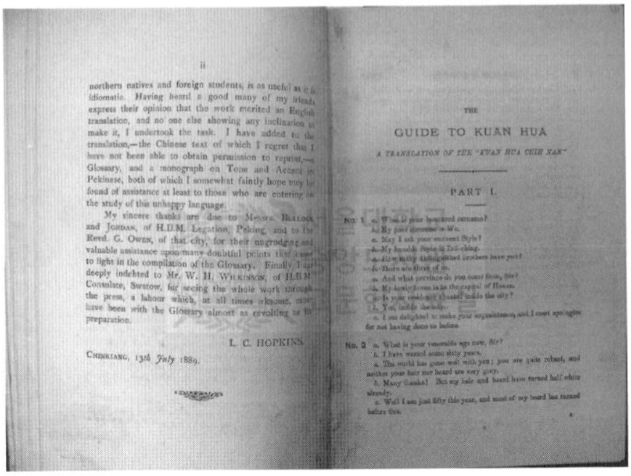

그림 31a (왼쪽). 홉킨스, L.C. (역), *The Guide to Kuan Hua* (1889)
1889년 주중 영사관 직원 홉킨스가 번역한 중국어 교과서(『관화지남』)의 속표지이다.
그림 31b (오른쪽). 홉킨스, L.C. (역), *The Guide to Kuan Hua* (1889)의 Part1 첫 페이지

아언어집』은 일본 육군 어학교관 히로베 세이廣部精가 편집한 책으로 도쿄의 청산당서방青山堂書房에서 1906년 발행한 것이다. 이 교과서는 지나어학(중국어) 교과서로 사용되었으며 1902년 처음 인쇄되어 1906년에 5판이 인쇄, 발행된 것으로 보아 일본에서 많이 사용된 것을 알 수 있다.

이 교과서에서 지나관화支那官話, 즉 중국 표준어를 다루며 5권을 한 책으로 엮은 것이다. 1권에 들어가기 전首卷에 중국의 발음, 음성, 글자 등을 자세히 설명한다. 각 권은 여러 장으로 구성되었고 각 장에 중국어 텍스트가 나온다. 1권에서 3권까지는 각 장의 텍스트가 나오기 전에 필요한 기본 단어를 발음과 성조와 함께 제시한다. 발음은 알파벳과 히라가나로 표시되었다.

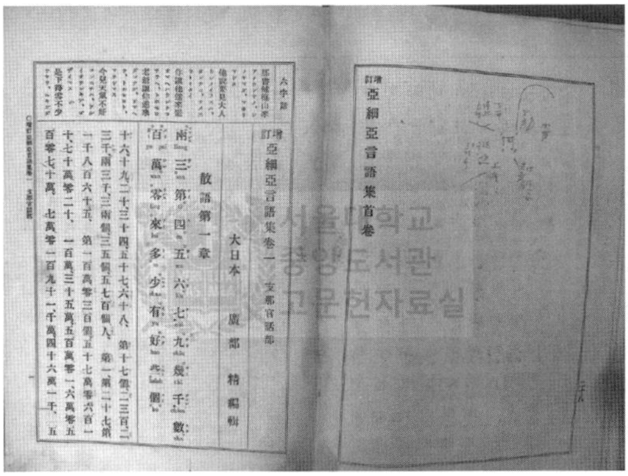

그림 32a(왼쪽). 히로베 세이(편), 『증정아세아언어집』(1906)
1906년 일본인 히로베 세이가 편집한, 일본 육군에서 사용된 중국어 교과서 『증정아세아언어집』 속표지이다.
그림 32b(오른쪽). 히로베 세이(편), 『증정아세아언어집』(1906)의 제1권, 제1장

4) 교사

1906년 7월 정교가 관립한성한어학교장을 겸임하였다. 이어 1906년 10월 부교관 오규신이 학교장으로 임명되었으나 1907년 8월 사임하자 부교관 유정렬이 학교장으로 임명되었다.

(1) 한국인 교사

한어학교 교관으로는 1906년에 안택중(1906.4~1906.5)과 최영년(1906.4~?)이 임명되었다. 『황성신문』(1901.1.18)의 기사를 보면 한어학교 졸업생이 학부에 청원한 내용이 있다. 학교를 졸업한 후 즉시 부교관으로 임명되는 칙령이 있음에도 불구하고 한 사람만 부임하게 되어 매우 유감이라는 내용이다. 이후 한어학교에서 1901년 1월 졸업자 4명과 7월 졸업자 6명 전원이 교관으로, 1903년 1월에는 졸업자 5명 중 3명이, 1905년 6월에는 졸업자 6명이 모두 교관으로 부임하였다.

1895년부터 1906년까지 외국어학교 부교관은 총 163명이었으며

이들 중에서 한어학교 부교관은 28명이었다(노인화 1989, 160). 이들 부교관은 유광렬, 이명칠, 정우흥, 오극선, 김영갑, 오규신, 안병덕, 방대영, 최항석, 이각, 서정준, 최홍순, 장의환, 김완규, 김순용, 한봉호, 김원배, 윤해영, 윤상국, 정원시, 황성재, 서극우, 이완종, 신최휴, 이완종, 최희재, 임국승, 김영제이다. 이들 중 오극선, 오규신, 유정렬, 김원배, 이명칠, 조병규 등이 한어학교 졸업생이었다. 한어학교 부교관 중에서 1년 미만 근무한 부교관이 21명, 1~2년 근무한 사람이 1명, 3~5년 근무한 사람이 2명, 5년 이상 근무한 부교관이 4명이었다. 3년 이상 근무한 부교관은 일어학교, 영어학교와 한어학교에 집중되어 있었다. 한어학교의 교관인 경우 평소에 얻은 한문 지식을 수업에 계속 응용할 수 있기 때문에 비교적 장기적으로 재직할 수 있었다.

(2) 외국인 교사

한어학교의 교사 고용계약서에 관해서는 한용수의 논문(2002, 6~7)에 자세히 언급되어 있다. 한어학교의 외국인 교관으로 1891년에 사이고査以稾가 초빙되어 중국어를 가르쳤다. 1894년 11월에 중국인 곽리진郭理珍을 한어학당 교사로 고용하는 계약서가 있으며, 계약기간 3개월, 급여 100원, 기타 준수사항을 규정하고 있다. 이 계약서는 계약기간이 3개월로 짧은 것이 눈에 띈다. 한어학교는 1894년 이후 수업이 중단되었다가 1897년 재개하여 청나라 사람 호문위胡文韋가 초빙되었다. 호문위는 재직 시 우여곡절이 상당히 있었다. 1901년 7월 21일 자 『황성신문』 광고를 보면 그가 지폐, 어음 등이 든 지갑을 잃어버렸다는 내용이 있다. 1902년 1월 29일 자 『황성신문』의 보도에 의하면 한어학교에서 한국인 교관 김남식이 호문위와 서로 치고받고 싸운 일이 있었다. 외국어학교장 조한벽이 조사하였고 김남식이 잘못한 것으로 판명되어 2개월 감봉을 받게 되었다. 1903년 1월 26일 자 『황성신문』의 보도에 의하면 학생과 (한국인)교관이 규칙을 제대로 지키지 않아 새 규칙을 정하였으며 위반 시 호문위가 교실에 게시하겠다는 보고 내용이 있다. 1904년 7월 호문위는 신병을 이유로 보고도 하지 않고 중국으로 귀국하여 5개월간 교육에 지장을 주었으며 종국에는 1904년 12월 해고되었다.[4] 1905년 3월에 두방역杜房域이 새로운 중국인 교관으로 임명되었다.

5) 학생

1891년 10월에 입학한 학생으로 김균정과 고희성, 김우행, 이필균이 있었다. 이들 중 김균정은 1898년에 번역관, 청국공사서기, 예식사무위원으로 활동하였고 고희성은 1894년 9월 영어학교를 수학하였으며 1897년 영어학교 교관으로 활동하였다. 김우행은 1895년에는 영어학교에 입학하였으며 1905년에는 교육관 강습소를 다닌 것으로 되어 있다. 이필균은 1893년 2월 한어학교를 우등으로 졸업하였다. 이 사실로 한어학교가 1891년에서 적어도 1893년까지 수업을 하였다는 것을 확인할 수 있다.

1891년에서 1911년까지 한어학교의 입학생, 재학생과 졸업생 수는 표 38과 같다. 1897년부터 1899년까지 한어학교에 매년 100명을 훨씬 넘는 학생이 입학하였으며 이 수는 다른 외국어학교를 능가하는 것이었다. 1899년 7월에는 3학급이 있었다(『독립신문』 1899.7.7). 1899년 이후 1906년까지는 학생 수가 줄었으나 그래도 상당수의 학생이 한어학교에 입학하였다. 1906년 이후에는 입학생 수가 많이 감소하였다가 1910년에는 다시 증가세를 보인다. 다른 외국어학교와 마찬가지로 입학생 수에 비해 졸업생 수가 훨씬 적다(입학생의 약 7.3%만 졸업).

---

4 학부와 호문위와의 계약서에 의하면 계약 기간은 1900년 5월 1일부터 3년, 급여는 매월 100원씩, 주택 임대비는 매월 20원이었다.

표 38. 관립한성한어학교 입학생, 재학생, 졸업생 수(1891~1911)

연도	입학생	재학생	졸업생
1891	–	35	–
1896	–	–	–
1897	120	40	–
1898	150	35	–
1899	141	–	–
1900	82	–	5
1901	70	32	10
1902	52	–	5
1903	34	–	5
1904	56	–	–
1905	63	–	6
1906	47	54	6
1907	27	–	–
1908	12	–	9
1909	17	38	9
1910	36	–	11
1911	–	12	–
계	907	246	66

일람(57~59)에서 1900년 7월부터 1906년 7월까지의 졸업생을 확인할 수 있다. 먼저 1900년 7월에 이각, 정우흥, 오극선, 최재승, 조재숙, 1901년 7월에 이원동, 신정휴, 김영갑,[5] 오규신, 최희재, 유정열, 1902년 12월에 임국승, 이명칠, 김원배, 윤해영, 김영제, 1905년 6월에 윤상국, 송병덕, 정완시, 황성재, 서극번, 서정준, 1906년 3월에 최홍순, 그리고 1906년 7월에 장의환, 김완규, 이민응, 김순용, 한봉호가 졸업하였다. 이 일람에는 1903년 졸업생이 빠져 있고, 1906년에는 3월

5 1901년 7월 13일 자 『황성신문』에 7월 12일 졸업식에서 김영갑이 교사의 연설을 학부대신에게 전하는 데 언어가 좋지 않아(아마도 번역이 좋지 않아) 졸업증서와 시상품을 반납하였다는 기사가 있다.

그림 33. 관립한어학교 학생들과 교사 호문위(1900)

과 7월에 두 번 졸업식이 있었다.

1908년 외국어학교가 통합된 이후 한어부 졸업생은 1908년 3월에 손희성, 윤선호, 조변규, 유봉열, 이유상, 김구영, 강용주, 고희태, 최영호, 1909년 5월에 권태익, 이기향, 왕희림, 안성한, 목원봉, 정구동, 조원성, 한효석, 이정구, 1910년 3월에 심세택, 정래진, 정은섭, 이성구, 이한종, 김세환, 정유진, 이희종, 김형기, 조유환, 이상철이었다.

한어학교 졸업생들은 여러 직책으로 활동하였다(일람 57~59). 돌산군수(오극선), 회사 사무원(신정휴), 시종원 시종(김영갑), 본교 부교관(오규신, 유정열, 이명칠, 김원배), 사립학교 교사(임국승, 정완시, 정영시, 최홍순, 장의환), 탁지부 기수(안병직), 순사(서정준), 학부 서기관(이민응) 등이 그 예이다.

3. 사립학교

개화기에 영어와 일어뿐 아니라 중국어교육도 관립학교는 물론, 개인이나 사설단체에서 운영되는 학교에서 활발히 이루어졌다. 소인희와 이주연(2011)은 당대의 신문(『독립신문』, 『황성신문』, 『대한매일신보』, 『해조신문』, 『매일신보』)을 근거로 한어 사설 교육기관에 대해 자세히 조사하였다. 1899년 한어학교 학생이었던 김완규가 수하동 소학교 내에 한어야학이라 하여 야간에 중국어를 가르쳤다. 1900년에 사립광성학교私立光成學校가 설치되어 중국어와 상업을 전문으로, 즉 산술, 부기, 상법, 재정, 무역 등을 가르쳤다. 광화신숙廣化新塾이 1906년에 설치되어 한어와 일어, 영어도 가르쳤다. 충남 제천군의 유지들이 보흥학교를 설립하여(1906) 한문, 일어, 법어, 산술을 가르쳤다.

관립한어학교 내에서도 한어야학이 있어서 중국어와 산술을 가르쳤으며 이 야학은 한어학교 교관 이명칠이 1906년 설치한 것이다. 이 야학이 학부의 인가를 받아 중동학교로 개편되어 1906년 12월 개교식을 갖게 된다. 이 중동학교의 교장이 오세창이었고 이 학교에서는 한어와 일어, 그리고 산술을 가르쳤으며 한어교육은 유광열이, 그리고 일어는 박재숙이 맡았다. 이 학교는 1910년부터 부기도 가르치게 되었다. 이 중등학교가 후에 현재의 중동고등학교로 발전하게 되었다.

이 외에 동양교야학, 순동의 사립소학교에서도 일어와 중국어 교육을 실시하였다. 그리고 황성기독교청년회 학관 내, 그리고 종로의 청년회 학관 내에서도 중국어를 배울 수 있었으며 이 학교의 교사는 관립한어학교 출신 김우행이었다. 평양의 삼어야학三語夜學에서 한어, 일어, 영어를, 그리고 함경북도 회령의 사민야학회四民夜學會에서는 한문, 한어, 일어, 그리고 산술을 배울 수 있었다. 평양의 감리교회에서도 일어, 영어 외에 중국어를 가르쳤다. 이제까지 언급한 한어학교에서 야학(야간학교)이 성행한 것이 눈에 띈다. 1908년 8월 칙령 제62호로 사립학교령이 공포되면서 사립학교가 제재를 받게 된 사실이 상대적으로 설치가 수월한 야학을 성행케 하는 계기를 마련해주었다. 종로청년회관, 황성기독교청년회 회관, 사립광성학교에서도 야학이 이루어졌다.

사립학교와 야학교육의 호황은 짧은 시일 내에 중국어를 배워 취업을 하려는 욕구와 무관하지 않았고 한문에 익숙한 조선 학생들의 한어 실력이 중국어교육에 많은 동기를 부여하였다고 생각할 수 있다. 또한 사립한어학교에서 특이한 점은 관립한어학교 출신의 학생이나 교관들이 사립학교 또는 야학을 설치하여 교육하였던 것이다. 이들은 어려서부터 한문교육을 받아 한문에 능통하고 그런 후에 한어학교에서 연속적으로 중국어 수업을 받은 관계로 중국어를 가르칠 수 있는 능력과 자질을 갖추었다고 평가할 수 있다.

정리하면, 근대 교육이 시작되기 전 한국의 전통적인 교육은 주로 중국 고전을 중심으로 음독하고 해석하는 식으로 이루어졌다. 즉 언어학습은 한자로 된 책을 우리말 음으로 읽고 외우는 것이었다. 평가면에서는 그 전날 배운 것을 다음 날 암기하는 '강'이라는 제도가 있었으며 우열에 따라 등급이 정해졌다.

19세기 말에 행해진 근대식 한어교육은 교육내용, 형태, 방법 면에서 전통적인 교육과 많이 달랐다. 정해진 학급, 시간 엄수, 외국인 교수, 점수화된 평가제도 외에, 일상어와 연관된 음, 회화, 번역, 받아쓰기 등을 연습하고, 산술, 역사, 지리 등 일반 상식을 학교에서 배웠다.

당시 한어교육은 여섯 외국어 중에서 무시할 수 없는 위치를 차지하였다. 한어학교는 일어학교와 마찬가지로 1891년에 설립되었다. 한어교육은 청일전쟁으로 1894년부터 3년 동안 중지되었지만 1897년에 재개되었다. 반면에 러시아어교육은 러일전쟁으로 1904년 중단된 이후 다시 재개되지 못하였다.

입학시험에는 한문으로의 독서와 작문이(국문으로 된 독서와 작문과 함께) 초기부터 외국어학교가 폐쇄될 때까지 실시되었다. 다른 외국어학교에서도 한문교육이 이루어진 것은 한문 지식이 문서 작성, 교류, 번역 등에서 필수적이었기 때문이다. 당시에 국한문 혼용 서류를 쓰기 시작하였으나 여전히 한문으로 된 공문서가 대부분이었다.

초기에 한어학교의 입학생이 다른 일어학교나 영어학교보다 훨씬 많았고 매년 꾸준히 입학생이 있었던 것으로 보아 한문 지식이 어느 때보다 많이 요구된 것을 알 수 있다. 한어학교에서 저학년의 언어습득에 대한 훈련은 초기에서 후기까지 지속되었고 언어 외 과목은 고학년에서 교육되었다. 읽기, 쓰기, 말하기 기능을 위한 언어습득을 위한 교과목은 내용이 그다지 변경되지 않고 수업시간도 크게 변하지 않았다. 통역, 번역 실무를 위해 한어교육에서는 발음 훈련이 특히 강조되었다.

7장

법어학교[1]

1. 시대적 배경

조선 정부는 1882년 이후 미국, 영국, 독일, 이탈리아, 러시아 등과 외교관계를 수립하였고 프랑스와는 1886년 외교통상조약을 맺게 된다. 다른 나라에 비해 프랑스와의 외교통상조약은 늦은 편인데 프랑스 국내외 사정과 조선에서의 포교 사업과 연관이 있다. 프랑스는 프러시아와의 전쟁(1871)에서 패한 뒤 독일을 견제하기 위해 러시아와 군사동맹을 추진하고 있었고 또한 조선 정부의 천주교 박해로 인해 프랑스 선교사들이 희생당하는 사건이 있어서 양국의 공식적인 외교 관계가 지연되었다.

조선의 천주교는 1784년 창설 당시부터 북경의 프랑스 선교사와 인연이 있었다. 한국에서 처음으로 천주교에 입교한 이승훈(1756~1801)이 종교와 수학에 관한 지식을 배우려고 찾아간 곳이 북

1 이 장의 내용은 2012년 발표한 「대한제국 법어학교에 관한 연구」(『어학연구』 제48권 제1호)를 수정·보완한 것이다.

경의 천주교회 북성당(북당)이었다. 1703년에 세워진 이 북성당에 프랑스 예수교 선교사들이 활동하고 있었다. 이승훈은 이곳에서 1784년 프랑스 신부 그라몽Louis de Grammont으로부터 한국인 최초로 영세를 받았다. 1787년 프랑스 라페루즈 함대는 동해를 탐사하며 울릉도를 발견하여 다즐레 섬Ile de dazelet이라 명명하였고 제주도 남쪽 해안선을 측정하였다.

프랑스의 파리 외방전교회Société des Missions Étrangères de Paris[2]는 1831년 조선교구를 설정하여 선교사를 통해 조선에 기독교를 전파하였다. 1836년에 모방Pierre Maubant(1803~1839) 신부, 1837년에 샤스탕Jacques Honore Chastan(1803~1839) 신부, 앵베르Laurent Marie Joseph Imbert(1796~1839) 주교가 조선에 들어와 김대건(1821~1846), 최양업(1821~1861), 최방제(1820?~1839)를 사제로 길러내었고 이 사제들은 라틴어, 프랑스어와 서양의 학문을 배웠다. 1855년 충청북도 제천에 배론 신학당(배론 성요셉 신학당)이 세워졌으며 여기에서 프랑스 선교사들은 라틴어와 서양의 신학문과 한문을 가르쳤다.

배론 신학당의 전공 과목은 신학과와 라틴어과로 나뉘었고 철학과 신학이 중심 교과였다. 그 외에 동물, 식물, 지리, 의술, 과학 지식과 농사, 축산 등 일반 상식을 가르쳤다. 이러한 상황을 고려해보면 한국인들이 서구어 중에서 처음으로 배운 언어는 라틴어와 프랑스어라고 추측된다. 당시 프랑스 신부가 프랑스어를 썼을 것이라 추측되며 영어가 학습어였다는 기록은 확인되지 않았다. 배론 신학당은 10년 동안 지속되었으며 1866년 병인박해로 프르티에Jean Antoine Pourthie(1830~1866) 신부와 프티니콜라Michael Alexandre Petitnicolas(1828~1866) 신부가 순교함으로서 폐교되었다. 이 신학당에서 신학 외에 일반 상식도 가르쳤던

2 이 전교회는 1658년 파리에 창설되었고 교황청의 포교 정책에 따라 포교지에 신부들을 선교사로 파견하였다. 선교사 양성을 위해 1664년에 이 외방전교회에 신학교가 설립되었다.

그림 34. 배론 신학당(1866?)
1855년 충청북도 제천에 세워진 한국 최초의 신학당이다. 이 배론 신학당은 1855년에서 1866년까지 철학, 신학 등을 가르쳤다.

사실로 보아 한국 근대 교육의 모태라고 할 수 있다.

또 프랑스 선교단은 용산 근처에 신학교를 설립하였고 라틴어로 수업을 진행하였다. 로세티C.Rossetti[3]에 의하면 파리 외방전교회에 소속된 파리 선교단이 관리하는 이 학교가 탁월했고, 두 고아원에 속한 300명 이상의 소년들에게 교육을 실시하였다.

조선의 천주교는 초기부터 정치와 사회 상황과 맞물려서 신해박해(1791), 을묘박해(1795), 신유박해(1801), 을해박해(1815), 정해박해(1827) 등 엄청난 박해를 받기 시작하였다. 1839년에도 박해 사건(기해

3 로세티(Carlo Rossetti, 1876~1948)가 1904년에 쓴 *Corea e Coreani* I권을 의미한다. 이를 1996년 서울학연구소에서 번역(『꼬레아 꼬레아니』)하였다. 이 책에서는 이 번역서를 참고하였고 이 부분은 번역서의 312쪽에서 인용되었다. 2012년 서울역사박물관에서는 개관 10주년 기념 국제교류전으로 4월 26일부터 7월 1일까지 '로세티의 서울(Seoul in Rossetti's Eyes/La Seoul di Rossetti 1902~1903)'이라는 전시회를 열었다. 이 전시에서 로세티의 두 저서(I, II)가 모두 공개되었으며 로세티의 책 II권은 당대 본인이 찍은 사진들을 정리한 것이다. 2012년 서울역사박물관 전시회에서는 이 책들 이외에 영어학교와 덕어학교 사진, 헐버트의 『사민필지』, 중학교 교과서인 『만국지리』도 전시되었다.

박해)이 있었으며 이때 위의 세 프랑스 신부(모방, 샤스탕, 앵베르)도 새남터에서 처형되었다. 프랑스 정부는 1846년 이 사건을 계기로 조선에 군함을 파견하여 선교사 처형에 대한 해명과 책임을 요구하고 다른 한편으로는 조선과의 교류 방법을 모색하고자 하였다.

1866년 프랑스의 로즈Pierre Gustave Rose/Roze 극동함대 사령관이 갑곶진, 광성진 등 강화도를 침공하였으나 문수산성, 정족산성에서 막대한 피해를 당하고 퇴각하였다(병인양요). 프랑스는 이때 아시아 지도, 외규장각 도서(의궤 포함)[4] 및 기타 물품을 프랑스로 반입하였다.

박해에도 불구하고 프랑스 선교사들은 조선 선교를 포기하지 않았으며 1876년에는 다섯 명의 선교사가 조선에 잠입하는 데 성공했다. 이들 중 리델Felix Clair Ridel(1830~1884) 주교가 발각되어 체포되었는데, 조선 정부는 이번에는 그를 처형하지 않고 중국으로 추방하였다. 조선과 프랑스 간의 긴장 상태가 이전보다 누그러진 상황을 보여주는 사건이다.

1886년 6월 조선과 프랑스는 조불수호통상조규에 조인했다. 조규 체결 이후 1887년 프랑스 외무성은 콜랭 드 플랑시Victor Collin de Plancy(1853~1924)를 주한 프랑스 총영사로 임명하였으며 1888년에는 플랑시가 프랑스 정부 초대 대표로 서울에 오게 되었다. 그는 1891년 6월 프랑스로 귀국할 때까지 한국에서 어느 다른 외교관보다 해관, 우편, 광산 등의 분야에서 적극적으로 활동하였다. 조선 정부가 조약을 맺은 후에도 재정난으로 재외 공관도 설립하지 못하자 플랑시는 고종에게 파리에 대한제국 명예총영사관을 설립할 것을 적극 권유하였다.

4 조선시대 의궤는 왕실과 국가의 의식과 행사를 개최하기 위해 준비하고 실행하고 마무리하는 과정을 기록한 것으로 2007년 유네스코 세계기록유산으로 지정되었다. 프랑스 국립도서관에 근무하는 박병선 씨가 1979년 외규장각 도서를 프랑스 국립도서관에서 발견하고 이를 반환시키려는 노력을 꾸준히 하였다. 국립중앙박물관은 외규장각 의궤 특별전을 '145년만의 귀환, 외규장각의궤'라는 제목으로 2011년 7월 18일~9월 18일 전시하였다.

그리하여 대한제국 명예총영사제도가 생겼으며 1897년 6월 룰리나C. Roulina가 파리 명예총영사로 임명되고 1898년 9월에는 오디네Odinet가 르아브르 명예총영사로 임명되었다(홍순호 1984, 116).

1895년 10월에는 조선에 법어학교가 설립되고 외국인 교사로 에밀 마르텔이 초빙되었다. 플랑시는 프랑스 자본을 끌어들여 그리유A. Fives Grille를 대표로 하는 그리유Cie Fives-Grille 상사를 설립케 하여 광산지질조사와 철도부설권 획득에 주력하였으며 1896년 4월 서울과 의주 간의 경의선 철도부설권을 획득하였다. 그는 1898년 11월 조선 정부를 설득하여 만국 우편협정에 가입케 하고 1898년 11월 클레망세E. Clémencet를 농상공부 우체국장 겸 우체교사로 임명하게 하였다. 1901년 4월에 조선과 프랑스 사이에 우체조약이 조인되었다.

1903년 1월 조선 정부가 평양 탄광의 채굴권을 프랑스에게 주기로 함에 따라 프랑스 기사들이 내한하였다. 1900년부터 1904년까지 철도와 광산 기술자를 포함한 14명이 조선 정부의 중요직에 고용되었다. 드 라페리에르De Lapeyrière, 부르다레E. Bourdaret, 르페브르G. Lefèvre, 퀴빌리에L. Cuvillier, 레미옹L. Rémion(이상 궁내부), 크레마지L. Crémazy(법부), 페이외G. Payeur, 루이L. Louis(이상 군부) 등이 주요 인물이었다.

플랑시 총영사는 1899년 살르벨르M. Salebelle를 조선 정부에 추천하여 조선 왕궁 건축기사로 고용케 하였으며 살르벨르는 궁전 내부 시설, 개축에 관한 일을 담당하였다. 또한 라포르트E.Laporte는 1883년 제물포, 부산에서 세관 관리로 근무하였으며 1901년에는 인천 세관으로 옮겨 1905년까지 조선 정부에서 20여 년 간 일하였다. 이러한 정황을 살펴보면 1900년을 전후해 조선의 우체, 철도, 세관, 건축, 법률 등 분야에 프랑스의 영향력이 컸음을 확인할 수 있다. 이러한 사실은 법어학교의 학생 모집, 취업 면에 영향을 미치게 되었다.

프랑스 선교사들은 한국어의 언어, 역사, 문화, 법률 분야에도 관심이 많았고 1850년경 이후로는 한국어를 체계적으로 연구하였다. 다블뤼Marie Nicolas Antoine Daveluy(1818~1866) 신부는 중국어, 한국어와 프랑스어 사전인 『중한불사전中韓佛辭典』을, 푸르티에 신부는 한국어, 중국어 라틴어 사전인 『한중나사전韓中羅辭典』을, 프티니콜라 신부는 3만 이상의 라틴어와 10만에 가까운 한국어 어휘를 실은 라틴어-한국어 사전인 『나한사전羅韓辭典』을 편찬하였다. 그러나 이들 작업은 1866년 병인박해로 유실되고 말았다. 다블뤼 신부는 조선의 역사와 문화에 관한 『조선사 비망기』와 『조선 순교자 비망기』(1862)를 작성하여 본부로 보냈다. 다블뤼 신부는 20여 년을 한국에 체류하여 한국어를 잘하였고 우리의 생활과 풍습을 많이 알고 있었다. 달레Charles Dallet는 다블뤼 신부의 이 두 비망기를 1874년에 『한국천주교회사Histoire de l'Eglise de Corée』로 간행하였다. 이 비망기는 현재 『교회와 역사』라는 천주교 회지에 「한국순교자 역사 비망기Notes pour l'histoire des Martyrs de Corée」라는 제목으로 2013년 현재까지도 번역, 발간되는 중이다.

선교사들은 1880년에는 『한불자전韓佛字典, Dictionnaire Coréen-Francais』, 1881년에는 『한어문전韓語文典, Grammaire Coréenne』을 편찬하여 일본의 요코하마에서 출판하였다. 『한불자전』은 한국어-프랑스어 사전이며 『한어문전』은 한국어 문법에 해당한다. 이 책들은 프랑스 신부뿐 아니라 다른 언어 출신의 외교관, 교사 등에게도 한국어 학습에 많이 이용되고 참고가 되었을 것이다.

동양학 전문가인 쿠랑Maurice Courant(1865~1935)[5]은 1890년에서 1892년까지 프랑스 공관의 서기 및 통역관으로 근무하였다. 그는 도쿄의 프랑스 공사관으로 전임된 후 당대 한국의 문헌을 정리하여 『한

5 쿠랑은 1885년 파리 출신으로 소르본(Sorbonne) 대학 부속 동양어학교에서 중국어와 일본어를 전공한 후 외무성에서 통역관으로 근무하였다. 1899년 외무성을 떠났으며 1912년 리옹 대학에서 중국 고전 음악사로 문학박사를 받았다. 그는 리옹 대학 교수, 아카데미 회원이었으며 파리 국립도서관 소장 한국, 중국, 일본 도서의 분류목록을 작성한 것으로 유명하다. 1900년 파리 만국박람회에 대한제국이 참가하는 데에도 많은 공헌을 하였다.

국서지Bibliographie Coréenne』를 3년(1894~1896)에 걸쳐 3권으로 편찬하였다. 『한국서지』는 훈민정음, 용비어천가 등 1890년까지 한국에서 나온 3,800여 종의 책을 소개한 것으로 서구에 최초로 한국의 서지문화를 체계적으로 알린 셈이었다. 쿠랑은 프랑스로 귀국한 후 1890년에서 1899년까지 발행된 한국 책들을 추가하여 『증보편Supplement』을 1901년에 간행하여 총 4권의 『한국서지』를 완성하였다.[6] 쿠랑은 한국 서적을 정리하면서 서적의 필사, 인쇄술, 한글 자모의 발명에 많은 감명을 받았으며 서론에서 한국인의 명석함을 높이 평가하고 있다. 또 하나의 주지할 만한 사실은 이 『한국서지』에서 한자 발음을 중국식이 아니라 앞서 언급한 『한불자전』, 『한어문전』의 표기법에 따라 한국 발음으로 표기하였다는 점이다. 이 『한국서지』는 1904년 파리에서 간행된 앙리 코르디에Henri Cordier의 『중국서지Bibliotheco Sinica』(1904) 및 1929년 독일 라이프치히에서 간행된 오스카 나호트Oskar Nachod의 『일본서지Bibliographie von Japan』(1929)와 함께 서양의 동양서지학계에 중요한 위치를 차지한다(홍순호 1984, 110~111).

조선에는 1895년 법관양성소가 설립되었고 크레마지(1837~1910)는 1900년 대한제국의 법률 고문으로 한국 관리들에게 국제법을 가르쳤다(최석우 1986b, 91). 크레마지는 1837년 마다가스카르 섬 근처에서 출생하였으며 파리 법대에서 박사학위를 받았다. 그는 판사로 활동하였고 정년 퇴직 후 변호사로 개업하던 중 1900년 5월 내한하여 법부 고문이 되었다. 그는 재임 중(1900.5~1905.8)에 『대한형법』을 프랑스어로*Le Code Pénal de la Corée* 번역, 출판하였고 귀국 후 1906년에 『대한형법보충편Texte Complémentaire de Code Pénal de la Corée』을 발행하였다. 그

6 국립중앙박물관은 2012년 11월부터 쿠랑이 『한국서지』를 쓰기 위해 수집한 고서 254책의 목록과 원본을 한국고전적종합목록시스템(www.nl.go.kr/korcis)을 통해 공개하였다. 이 고서들은 최근 프랑스의 국립 고등교육 연구기관인 콜레주 드 프랑스(Collège de France)에서 발견되었다.

는 재한 프랑스인들[7] 중에서 가장 높은 관직에 있었고 학식이 많고 청렴결백한 성품으로 덕망이 높았다.

프랑스의 인류학자 샤를르 바라Charles Varat 탐사단은 1888년 한국에 와서 유물을 입수하였다. 1892년 이 수집품이 기메 박물관Musée Guimet으로 이관되었으며 기메 박물관은 1893년부터 한국실을 개관하였다. 바라는 1893년 『세계일주Le Tour du Monde』에 「한국여행기Voyage en Corée」를 발표하였다.

1900년 4월 15일부터 11월 5일까지 파리에서 만국박람회가 개최되었는데 조선 정부는 장신구, 의류, 도자기, 나전칠기, 병풍, 가구, 책, 악기 등을 출품하였다. 쉬프렌 가Avenue de Suffren에 한국관이 있었으며 『서울의 추억Souvenir de Séoul』이라는 팸플릿에 대한제국관을 소개하였다. 이때 세계 최고最古 인쇄 금속활자본 '직지'(1377)가 전시되었다. 이때 출품된 전시품은 박람회 폐막 후 수송비용이 없어 조선 정부가 프랑스에 기증하였다. 이 전시품 중에서 악기들은 프랑스 국립음악원 악기박물관에 보관되어왔다. 이 악기들 중 11점이 112년 만에 고국으로 돌아와 2012년 국악박물관에 전시되었다.[8]

대한제국이 1900년 만국박람회에 참여한 사실은 당시 혼란한 정치, 사회 상황과 재정난 속에서도 한국을 세계에 알리고자 하는 열의와 소망을 읽게 해준다. 이러한 적극적인 참여 의식이 100여 년 후인 1993년 대전 엑스포와 2012년 여수 세계박람회를 개최할 수 있는 터전을 마련하였다고 평가할 수 있다.

개화기에 외국, 특히 일본으로의 유학생이 많았으며 프랑스로 간

---

7 1902년 재한 외국인은 21,783명이었고 이 중 일본인이 16,142명, 중국인 약 5,000명, 미국인 269명, 영국인 104명, 프랑스인 79명, 독일인 42명, 벨기에인 약 20명, 기타 유럽인이 30명 정도였다(홍순호 1984, 17 재인용).

8 국악박물관은 국립국악원의 부설기관으로 재개관 특별전 '1900년 파리, 그곳에 국악'이라는 제목으로 이들 악기를 2012년 8월 7일부터 10월 7일까지 공개하였다.

그림 35. 세계만국박람회의 한국관 홍보(1900)
프랑스 잡지 *Le petit Journal*(1900.12.16)에 게재된 한국관 홍보에 관한 부분이다.

최초의 유학생 중에 홍종우(1850~1913)가 있었다. 그는 춘향전, 심청전을 번역하여 1895년 파리에서 발간하였다. 1904년 8월 외부대신 윤치호와 하야시林權助 주한 일본 공사 사이에 외국인 고빙협정이 체결되어 외국인 관직의 임기가 만료되면 연장이 되지 않고 일본인으로 대치되기 시작하였다. 1905년 11월 18일 을사늑약이 체결되자 조선의 외교권이 박탈되면서 영국 공사관에 이어 프랑스 공사관도 폐쇄되었다. 그동안 임명되었던 프랑스인들은 거의 귀국하고 법어학교 교사 마르텔과 법부 고문 크레마지만 남게 되었다.

2. 관립한성법어학교

1) 발전 과정

관립법어학교는 1895년 10월 5일 서울에 설치되었다. 처음에는 가르칠 장소가 없어 정동 프랑스 공관 앞 외국인 교관 마르텔의 집(식당)

에서 수업하였다. 법어학교가 설치된 시기는 명성황후가 시해된 시점(1895.10.8) 바로 전으로 국내 정황이 아주 혼란하여 법어학교의 장소가 제대로 정해지지 못하였다. 이후 법어학교는 아어학교와 같이 수하동 도화서로 옮겼다가 1896년 5월 북부 박동, 전 육영공원이 있던 자리(현 중동고등학교)로 다시 이전하였다. 법어학교는 1906년 9월 관립한성법어학교로 명칭이 바뀌었고 1907년 6월 중부 교동에 있던 전 사범학교로 이전하였다. 1908년 4월 관립한성외국어학교에 합병되어 법어부로 개편되었다.

사립학교로는 충북 제천군 유지들이 1906년 3월에 설립한 보흥학교에서 일어, 영어, 한어와 함께 프랑스어를 가르쳤다.

2) 교과과정

다른 외국어학교와 마찬가지로 초기 법어학교 교과내용에 관해서는 구체적으로 제시된 것이 없으나 법어학교를 방문한 이탈리아 공사대행이었던 로세티[9]의 저서 『꼬레아 꼬레아니』에서 법어학교의 구체적인 수업내용을 확인할 수 있다〔서울학연구소(역) 1996, 308~309〕. 로세티가 법어학교를 방문한 시기는 1902년이다. 그가 저서에서 법어학교 학생이 처음에는 14명이었던 것이 100여 명으로 늘어나 6학급으로 나뉘었다고 했기 때문이다〔서울학연구소(역) 1996, 308〕. 입학생이 100여 명으로 된 것은 1902년인 것을 다음 학생 부분 통계(표 44)에서 확인할 수 있다. 1902년과 1903년에 서울에 체류한 로세티는 외국어학교를 방문하고 난 후 법어학교 수업내용을 다음과 같이 설명한다.

---

9 로세티는 1902년 7월 한 달간 친구이자 주한 이탈리아 공사인 프란체세티(Count Ugo Francesetti di Malgra, 1877~1902)를 방문하기 위해 서울로 왔다. 로세티는 이 공사의 갑작스러운 죽음(장티푸스로 인한)으로 1902년 12월부터 1903년 5월까지 공사대행을 맡았다. 이 기간에 한국의 여러 학교 중 법어학교도 방문하여 이 학교의 수업에 대해 자세한 설명을 남겼다.

1. 프랑스어 쓰기와 말하기 수업(독서, 필기, 받아쓰기, 문법 분석, 작문, 문장론, 회화, 프랑스어에서 한국어로 번역하는 것, 한국어에서 프랑스어로 번역하는 것)

2. 산수(사칙연산, 비례산, **메트로법**, **평면기하학**과 **입체기하학**, **부기**).

*주의: 굵은 글자는 마지막 학년에서 배우는 것이다.

3. 지리학(마지막 학년에서)

모든 교과목이 프랑스어로 진행되었으며 수업은 매일 아침 10시부터 12시 30분까지였다. 오후에는 한국어 교관이 매일 2시간씩 한문을 가르쳤고 수비대의 장교와 함께 한 시간씩 체육 수업이 있었다.

로세티는 법어학교 과정이 여섯 과정으로 되어 있고 이 과정을 제대로 다 마치려면 3~4년이 필요하다고 하였다. 여섯 과정을 다 마친 학생들은 대개 공직에서 일하게 되었으며 당시 우체국 직원이었던 클레망세는 법어학교 졸업생 40명 이상이 중요한 공직에서 일한다고 하였다(궁중의 통역관, 외부 통역관, 광산, 철도위원회 직원, 페테르부르크, 파리, 베를린 공사의 비서 등). 또한 법어학교에서는 마지막 학년의 몇몇 학생들에게 법학교와 우편학교에서 특별 과정을 제공하여 법부와 우편 관료로 양성하였다. 1902년 법어학교는 교육체계가 대단히 실용적이고 엄격하였으며 클레망세는 한국에서 프랑스어교육을 성공적으로 실시할 수 있는 것에 긍지를 느낀다고 전한다〔서울학연구소(역) 1996, 310~311〕.

일람(29~31)에 게재된 1908년도 법어부 교과과정표를 표 39에 제시하고 내용을 알아본다. 1908년도 수업시간은 1학년에서 3학년까지 매주 28시간이다.

독해는 1학년에서는 일상생활의 문장을, 2, 3학년에서는 역사, 지리에 관한 훌륭한 언행이나 업적에 관한 글을 다루었다. 받아쓰기(서취), 회화, 번역은 일상문을 매 학년 2시간씩 다루었다(단 회화는 1학년에

표 39. 법어부 교과과정표(1908)

科/級	第一年級	每週教授時數	第二年級	每週教授時數	第三年級	每週教授時數
讀方	日用普通文	二	普通文, 歷史, 地誌, 嘉言, 善行	二	仝上	二
譯解	仝前	二	仝前	一	仝前	一
書取	仝前을 標準	二	仝上	二	仝上	二
會話	仝前을 標準	一	仝上	二	仝上	二
反譯	仝前을 標準	三	仝上	二	仝上	二
作文	日用文体及記事文	二	仝上	二	仝上	二
文法	釋義	一	大意	一	仝上	一
算術	筆算, 加, 減, 乘, 除	四	筆算四則雜題	四	算術四則幾何學	三
佛語撰文			初級佛語撰文	一	中級佛語撰文	一
地誌					普通地誌	一
歷史	本國歷史	二	仝上	二	仝上	二
地誌	萬國地誌	一	仝上	一	仝上	一
作文	漢文日用文体及記事文	一	仝上	一	仝上	一
漢文	經傳	二	仝上	二	仝上	二
體操	遊戲普通體操及兵式體操	五	仝上	五	仝上	五
合計		二八		二八		二八

서 1시간만 다루었다). 번역(반역)은 일상문을 1학년에서 3시간, 2, 3학년에서 2시간씩 다루었다. 작문은 두 과목으로 나뉘었다. 한 과목에서는 매 학년 1주일에 2시간씩 (아마도 불어로) 일상문과 기사문을, 다른 과목에서는 한문으로 일상문과 기사문을 1시간씩 다루었다. 문법은 전체 의미를 파악하고 해석하는 방식으로 매 학년 1주일에 1시간씩 다루어졌다. 불어선문은 2학년에서는 초급을, 3학년에서는 중급을 1시간씩 다루었다. 교과과정에서 교과목 명칭은 불어선문이라 하여 (법어 대신) 불어라는 단어를 사용하였다.

산술에서는 사칙연산을 1, 2학년에서 4시간씩 다루었고, 3학년에서는 기하가 추가되어 3시간씩 배웠다. 역사에서는 한국(본국)역사를 매 학년 2시간씩, 지리(지지)에서는 세계(만국)지리를 매 학년 1시간씩 다루었고 3학년에서는 보통지리를 1시간 더 배웠다. 한문에서는 경전, 즉 『맹자』를 매 학년 2시간씩 다루었다. 체조에서는 보통체조와 군대식 체조를 매 학년 5시간씩 하였다.

다른 어학부의 교과과정과 비교하면 법어부의 주당 수업시간(28시간)이 영어부와 덕어부(29시간)보다 1시간 적다. 법어부에는 다른 언어부에서는 없는 프랑스 역사에 나오는 유명한 인물의 언행이나 업적에 관한 것을 다루는 불어선문 과목이 있었다. 체조 시간(3년간 15시간)이 다른 언어부(영어부, 덕어부 3년간 9시간)보다 많이 배당되었다. 산술 역시 영어부보다 많이 배당되었다(법어부는 3년간 11시간, 영어부는 3년간 8시간).

학부고시 14호에 제시된 1909년도 법어부 교과과정은 표 40과 같다. 1909년도 교과과정은 1908년도와 전체적으로 비슷하나 세부적인 면에서 조금 차이가 난다. 1909년도에는 수신, 습자(쓰기), 이과, 일어(수의과) 교과목이 늘어났다.

매주 수업시간이 1학년은 30시간, 2, 3학년은 일어 포함 34시간으로 늘어났다. 교과목 명칭이 바뀌어 문법은 문전으로, 산술은 수학으로, 지지는 지리로 바뀌었다. 수신 과목에서는 3년 동안 매주 1시간씩 도덕을 다루었다.

독해는 일상생활에서 쓰이는 문장을 다루었으며 많은 시간(3년간 17시간)이 배당되었다. 1908년도에 다루었던 유명한 사람들의 언행과 업적에 관한 불어선문이 1909년도에는 없다. 받아쓰기와 회화 수업에서는 일상문을 다루었으며 받아쓰기는 매 학년 3시간씩, 회화는 1학년에서는 1시간씩, 2, 3학년에서는 2시간씩 다루었다. 회화 배당 시간이 영어부, 한어부와 마찬가지로 적었다. 번역 과목은 보다 자세하게 프랑스어에서 한국어로, 또 한국어에서 프랑스어로 명시되고 매 학년 2시간씩 행해졌다. 번역에서는 프랑스어에 법문이라는 용어를 사용하였다. 작문과 문법이 한 과목으로 통합되어 1, 2학년에서는 보통

표 40. 법어부 교과과정표(1909)

學科/學年		第一年級	時數程度	第二年級	時數程度	第三年級	時數程度
修身		實踐道德	一	仝上	一	仝上	一
法語	讀方譯解	日常须知의 文字及普通文	五	仝上	七	仝上	五
	會話	讀方譯解 準據	一	仝上	二	仝上	二
	書取	讀方譯解 準據	三	仝上	三	仝上	三
	反譯	法文韓譯, 韓文法譯	二	仝上	二	仝上	二
	作文, 文典	簡易普通文, 初等文典	三	普通文仝上	四	普通文, 高等文典	四
	習字	草書	二				
國語及漢文		講讀作文	三	仝上	二	仝上	三
數學		四則	五	仝上, 小數	五	分數	三
歷史 地理		本國歷史 本國地理	二	仝上 仝上	二	仝上 外國地理	五
理科				博物, 生理	一	物理, 化學	一
體操		學校體操	三	仝上	三	仝上	三
隨意科 日語				假名及簡易 口語文	(二)	簡易口語文	(二)
合計			三〇		三二 (二)		三二 (二)

문과 초급 문법을, 3학년에서는 보통문과 고급 문법을 다루었다. 습자 수업에서는 초서를 1학년에서 2시간씩 다루었다. 한문 과목이 국어 및 한문 과목으로 변경되고 강독과 작문을 다루었다.

수학에서는 사칙연산, 소수, 분수를 다루었다. 역사와 지리 과목이 합쳐져 한국역사와 한국지리를 1, 2학년에서 2시간씩, 3학년에서는 한국역사와 외국지리를 5시간씩 다루었다. 이과에서는 2학년에서 박물(동물, 식물, 광물), 생리학을, 3학년에서는 물리, 화학을 각각 1시간씩 다루었다. 체조 과목에서는 학교 체조를 매 학년 3시간씩 하였다. 일어가 수의과로 되어 2, 3학년에서 가타가나와 간단한 구어체를 2시간씩 배웠다.

표 41. 법어부 언어습득 과목(1908, 1909)

1908년				1909년			
과목	시수			과목	시수		
	1학년	2학년	3학년		1학년	2학년	3학년
독해	4	3	3	독해	5	7	5
회화	1	2	2	회화	1	2	2
받아쓰기	2	2	2	받아쓰기	3	3	3
번역	3	2	2	번역	2	2	2
작문	2	2	2	작문/문법	3	4	4
문법	1	1	1				
불어선문		1	1				
작문	1	1	1	국어/작문	3	2	3
한문	2	2	2	쓰기(습자)	2		
				일어(수의과)		(2)	(2)
계 %	16 67.5	16 67.5	16 67.5	계 %	19 63.3	20(2) 64.7	19(2) 61.8

표 42. 법어부 언어 외 습득 과목(1908, 1909)

1908년				1909년			
과목	시수			과목	시수		
	1학년	2학년	3학년		1학년	2학년	3학년
				수신	1	1	1
수학	4	4	3	수학	5	5	3
역사	2	2	2	역사/지리	2	2	5
지리	1	1	2				
				이과		1	1
체조	5	5	5	체조	3	3	3
계 %	12 32.5	12 32.5	12 32.5	계 %	11 36.7	12 35.3	13 38.2

두 학년도 법어학교 교과과정에서 눈에 띄는 것은 프랑스어에 관한 용어 사용이다. 1908년도에서 사용된 불어라는 명칭이 1909년도에는 법어로 대치되었다. 두 학년도(1908년, 1909년)의 교과목을 언어습득 과목과 언어 외 습득 과목으로 분류하여 표 41, 42에 정리한다. 법어부

의 두 학년도 언어습득 과목을 제시한 표 41에서 법어부 언어습득 과목이 전체 교과목의 대략 67.5%(1908) 내지 약 62%(1909)를 차지한다. 1909년도에 독해, 받아쓰기, 작문 시간이 늘어났으며 문법 시간이 작문에 포함되었다. 작문에서 1908년도에 다루었던 기사문이 없어지고 쉬운 보통문으로 바뀌었다. 두 학년도에서 회화 배당 시간(주 5시간으로 3년 동안)은 변함이 없다. 유명한 작가들에 대한 강독(불어선문)은 언급한 대로 1909년도에는 없어졌다. 법어부의 두 학년도 언어 외 습득 과목을 제시한 표 42에서 언어 외 습득 과목은 대략 32.5%(1908), 35% 이상(1909)을 차지한다. 1908년도에는 역사에서 한국역사만, 그리고 세계지리를 전 학년에서 배우던 것이 1909년도에는 외국지리를 3학년에서만 배운다. 수학에서는 1909년도에 소수, 분수가 추가되었고 시간배당(매주 5시간)이 많은 편이다. 1909년도에 이과 과목이 추가되었다. 다른 언어부와 비교해보면 법어부에는 1908년도에 불어선문이라는 과목이 있었던 점이 특징적이며 체육에 많은 시간(3년에 15시간, 영어부에서는 9시간)이 배당되었다.

3) 교재

로세티는 1902년에 법어학교 학생에게 제공되는 교과서 등 학습 자료가 너무 부족하다고 하였다. 선교사들과 마르텔이 사비로 교재를 구입하고 벽에 거는 지도도 부족하며 학부에서 제공하는 지필묵도 제한되어 있고 최근에 식비도 폐지되었다고 전한다. 한불중 사전도 각 반마다 겨우 한 권씩이었다고 알려준다〔서울학연구소(역) 1996, 340〕.

일람(39~41)에서 제시한 1908년도 법어부 교과서 배당표를 중심으로 내용을 설명한다(표 43). 독해 과목에서는 1학년에는 『불어독본 초급』, 2학년에는 『불어선문 초급』, 3학년에는 『불어선문 중급』이 교과서로 배정되었다. 교과서 명칭에서 법어 대신 불어라는 단어를 사용하였다. 불어선문 과목에서도 2, 3학년에서 『불어선문 초급』과 『불어선문 중급』이 사용되었다. 이들 과목에 사용되었던 교과서는 현존하는 것이 확인되지 않았다. 작문 과목에서는 『한문』이라는 교과서가 있었다. 한문 과목에서는 중국 고전 『맹자』가 다루어졌다.

산술에서는 각 학년마다 『보통산술서』 교과서가 배정되었다. 지리에서는 『중등만국지지』 1권이 다루어졌다.

법어학교에서 사용된 언어 교과서가 현존하지 않은 관계로 이 학교에서 사용했던 지리 교과서 『중등만국지지』에 대해 간단히 알아본다. 『중등만국지지』는 1902년 학부가 발행하였으며, 세 권으로 된 교과서로 중등학교에서 사용되었다. 초등학교용으로는 『초등만국지리대요』가 따로 있었다. 『중등만국지지』는 주영환朱榮煥과 노재연盧載淵이 일본인 야스 쇼에이矢津昌永가 저술한 『만국지지』를 번역한 책으로 국한문 혼용으로 되어 있고 세계지리에 해당하는 교과서였다. 주영환과 노재연이 번역한 것을 현채가 교정하였다. 현채는 개화기에 가장 활발하게 저술과 출판활동을 한 사람이었다. 앞서 일어학교에서 사용된 『대한지지』도 현채가 1901년 번역, 편찬한 것이다.

『중등만국지지』의 1권에서는 서론과 아세아(아시아)를, 2권에서는 구라파(유럽)를, 3권에서는 아프리카, 아메리카, 대양주 등을 다룬다. 1권 서론에서 지구와 천체, 인종, 종교, 국가 등에 관해 설명한다. 이후 아세아주 총론에서 지형, 연해, 기후, 국가 체제, 주민, 종교 등을 다룬 다음 아세아 각국(중국, 일본, 대만, 베트남, 인도네시아, 인도, 말레이시아, 파키스탄, 아랍, 터키 등)에 관해 설명한다.

2권 구라파 총론에서 역시 위치, 지역, 해안, 지세, 기후, 토산물, 인종, 언어, 종교, 교육, 국가, 국력 등을 다룬 후에 각 나라를 설명한다. 발칸 반도, 오스트리아, 헝가리, 독일, 스웨덴, 러시아, 영국, 네덜란드, 벨기에, 프랑스, 스위스, 스페인, 포르투갈, 이탈리아, 그리스 등에 관한 것이다.

표 43. 법어부 교과서 배당표(1908)

科/級	第一年級	每週教授時數	第二年級	每週教授時數	第三年級	每週教授時數
讀方	佛語讀本初級	二	佛語撰文初級	二	佛語撰文中級	二
譯解	仝前	二	仝前	一	仝上	一
書取		二		二		二
會話		一		二		二
反譯		三		二		二
作文		二		二		二
文法			口授	一	口授	一
算術	普通算術書 第一學年用	四	仝上第二學年用	四	高等算術書 第三學年用	三
佛語撰文			佛語撰文初級	一	佛語撰文中級	一
地誌					普通地誌初級	一
歷史	口授	二	口授	二	口授	二
地誌	中等萬國地誌 卷一	一	仝上	一	仝上	一
作文	漢文	一	仝上	一	仝上	一
漢文	孟子	二	仝上	二	仝上	二
體操		五		五		五
合計		二八		二八		二八

3권에서는 아프리카, 아메리카, 대양주로 구분하여 우선 아프리카 총론에서 위치, 연해, 지세, 사막, 기후, 토산물, 인종 등을 다룬 후 동부, 남부, 중부 아프리카로 나누어 각국을 소개한다. 북아메리카와 남아메리카 총론에서 역시 위치, 해안, 지세, 하천, 기후, 토산물, 국력 등을 다룬 후 캐나다, 미국, 중앙아메리카와 남아메리카 각국을 소개한다. 대양주 총론에서는 위치 등을 다루고 오스트레일리아, 뉴질랜드 등을 다룬다.

이 책에서 인명과 지명은 국한문 혼용을 하였고 영문알파벳을 병기하기도 하였다. 예를 들어 유럽의 경우 '歐羅巴'EUROPE라 표기하였다. 또한 그림도 첨가되었는데 예를 들어 지구의 공전과 자전을 설명하면서 사계절이 바뀌는 그림(1권, 7쪽), 그리고 1권, 9쪽에는 지구를

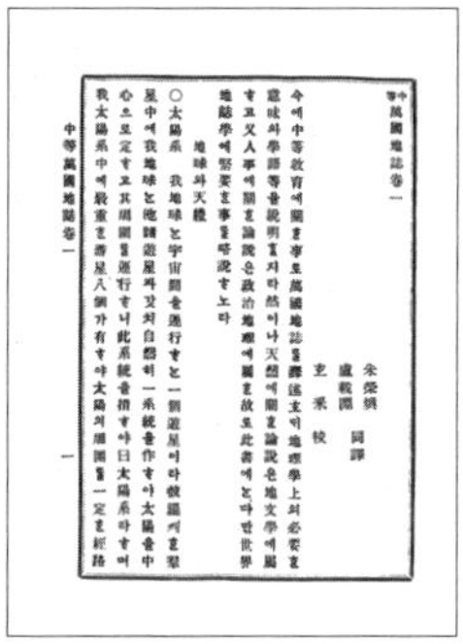

그림 36a (왼쪽). 주영환과 노재연(역), 『중등만국지지』 권1 (1902)
1902년 주재환과 노재연이 번역한 세계지리 교과서 『중국만국지지』 권1 속표지이다.
그림 36b (오른쪽). 주영환과 노재연(역), 『중국만국지지』 권1 (1902)
『중국만국지지』 권1의 1면의 내용으로 국한문 혼용으로 되어 있다.

적도, 북극권, 남극권으로 구분하는 그림이 들어 있다. 교과서에 나름대로 시각적인 효과를 꾀하고자 하였음을 알 수 있다. 특이한 점은 아프리카를 설명할 때 야만미개한 지역이라 한 점이다. 이들 교과서에 세계 문화를 야만, 미개, 문명으로 구분한 것은 당대 서구 중심의 문명관에 입각한 것이고 이러한 문명관은 현대의 시각에서는 적절치 않다고 볼 수 있다. 그러나 이 교과서가 조선의 인근 국가인 중국, 일본을 넘어서 당시 조선 사회에 거의 알려지지 않은 유럽, 아메리카, 아프리카, 오세아니아 등 전 세계를 알려준 사실은 획기적이었다. 이러한 교과서를 통해 조선 사회의 주변국을 바라보는 시각 또는 개념이 그때까지 지속되었던 중국 중심에서 벗어난 계기가 되었으며, 학생들의 시야를 넓게 하는 데 기여하였다고 볼 수 있다.

4) 교사

(1) 한국인 교사

법어학교의 한국인 교관으로 이종화, 이기철, 이능화, 나현구, 김상천, 이범주가 근무하였다. 1895년부터 1906년까지 법어학교 부교관으로 10여 명이 임명되었으며 김용덕, 안우상, 김한기, 진학선, 한길수, 유명우, 박용선, 홍순택, 최상목, 이경석, 김조현, 김면수 등이다. 이종화와 이기철은 1897년 11월부터 근무하였고 1901년과 1898년 이후 각각 공사관 참서관(서기관)으로 근무하였다. 이능화는 1900년에 교관, 1904년에는 교과주임, 1906년에는 교장, 1908년에서 1911년 폐교될 때까지 학감으로 지냈다. 김한기는 1900년에서 부교관, 교관으로 재임한 후 1910년 자진사퇴하였다. 나현구는 1906년에서 1907년 교관으로 근무하였다. 김상천은 1907년 3월에서 5월까지 2개월 근무하다 사퇴를 하였다. 이범주는 1907년부터 부교관으로 근무하다 1911년 총독부 군서기로 활동하였다. 법어학교에서는 본교 졸업생을 교관으로 임명하는 제도를 별로 활용하지 않았다〔이성옥(역) 2006, 254〕.

법어학교에서 특출했던 사람은 한국인 교관 이능화였다. 그는 일찍이 한문을 사숙하고 영어학교, 한어학교, 법어학교와 일어학교에서 수학하였다. 어학뿐 아니라 교육학과 심리학 강의도 들었다. 그는 1897년 11월 법어학교와 영어학교의 교관으로, 1906년 이후 법어학교 학교장으로, 1908년 통합 이후에는 학감으로 1911년 학교가 폐교될 때까지 근무하였다. 그는 번역위원으로도 활동을 하였고 1907년에는 국문연구소 위원으로 활약하였다. 1903년 『승정원일기』(1월 28일 자)에 의하면 의정부 외무대신이 번역위원으로 법어학교 교관 이능화를 치하할 것을 청하는 기사가 있다. 1906년 『고종시대사』 6집(6월 1일 자)을 보면 이능화가 국문일정법 의견서를 학부에 제출한 사실이 있다. 이능화는 국학에도 조예가 깊어 『조선불교통사』(1918), 『조선기독교 및 외교사』(1928), 『조선도교사』(사후 1959) 등의 저술을 남겼다. 1898년 『협성회회보』(1월 22일 자)를 보면 법어학교 교사 마르텔과 교관 이능화와 부교관 이종엽과 김면수가 학생들을 열심히 가르치고 학생들도 매우 열심히 공부한다는 보도가 있다.

(2) 외국인 교사

법어학교에서는 개교 시부터 폐교 시까지 마르텔이 외국인 교사로 근무하였다. 마르텔(1874~1949)은 1874년 12월 일본 요코하마에서 태어났으며[10] 그의 아버지는 요코하마 우체국에 근무하다 가족과 함께 중국 상해로 이주하였다. 이후 그는 상해에서 천진으로 이주하여 프랑스 상사에서 근무하였다.

마르텔은 중국 천진에서 프랑스 중학교를 마치고 프랑스로 돌아갔다. 그는 광산기사가 되기 위해 생 에티엔느St. Etienne에서 4년제 대학인 광산학교Ecole de Mine à St. Etienne를 졸업하였다. 그는 동양에서 외국인 광산기사의 대우가 좋기 때문에 중국에서 광산기사가 되려고 하였다. 그런데 당시 조선에서 금광채굴권에 대한 구미 각국의 쟁탈전이 시작되어 미국이 운산 금광채굴권을 허가받았고 영국, 프랑스, 독일 등도 적극적으로 금광채굴권 교섭에 뛰어들고 있었다. 이러한 와중에 광산학교를 졸업한 마르텔은 프랑스 정부에 긴히 필요한 인물이었다.

마르텔은 프랑스에서 광산학교를 졸업하자 곧바로 중국 천진으로 다시 돌아왔다. 그는 조선 정부에서 1895년 법어학교를 설립하자 플랑시 공사의 추천으로 외국어학교 교관이 되었다.[11] 그는 광산에 관한 지식을 인정받아 1898년 이후로는 교관으로 활동하는 것 외에 궁

10 마르텔의 아버지는 프랑스 세관 관리 알폰소 마르텔(Alphonse Martel)이었고 어머니는 일본인 루이제 곤도(近藤)였다.

11 학부와 마르텔과의 계약서에에 의하면 계약 기간은 1895년 8월부터 1년으로 급여는 매월 120원, 주택 임대비는 매월 20원이었다.

내부 목공국과 건설, 토목 및 광산 분야에서 겸직을 하게 되었고 이에 대한 보수도 추가로 받았다. 마르텔은 일어와 중국어에 능통하였고 영어, 독어에도 일가견이 있어서 정부의 중요한 정치 교섭에 통역, 번역을 맡았고 일본과 중국에 파견되는 경우도 흔하였다.

프랑스는 1896년 경의선 철도부설권을 획득하였다. 1899년 6월 조선 정부의 광산기술자 초빙계획에 따라 프랑스 기사 페이외와 부르다레가 내한하자 마르텔은 1900년부터 이들과 함께 광산측량작업에 참여하였다. 프랑스는 1901년 평안북도 창성 광산개발권을 획득하였다.

마르텔은 1905년 대한제국 국가를 작곡한 독일인 군악대장 프란츠 에커르트Franz Eckert(1852~1916)의 장녀 아멜리Amelie와 결혼하였다. 마르텔은 1901년 무관학교가 개설되자 이 학교에서도 프랑스어를 가르쳤다. 그는 1911년 법어학교가 폐지될 때까지 16년 간 교사로 근무하였다. 그는 한국 주재 시 공로를 인정받아 1906년 조선 정부로부터 태극장을 하사받았다.

1911년 이후 마르텔은 프랑스로 귀국하여 1914년에서 1919년까지 일차대전에 참전하였다. 1920년 그는 다시 한국으로 돌아와 영문기관지 『서울프레스Seoul Press』에 번역인으로 근무하였고 경성제대 예과와 동성상업학교에서 프랑스어를 가르쳤다. 그도 이차대전 중 일제의 외국인 탄압을 피할 수 없었으며 1943년 한국에서 강제로 추방된 뒤 천진에 체류하였다. 그는 1947년 2월 다시 내한하여 지내던 중 1949년 9월 서울에서 73세 나이로 사망하였으며 그의 시신은 양화진 외국인 묘지에 안장되었다. 마르텔은 한국 체류 시 한국인과도 교류가 꽤 있었다. 그는 1895년 내한한 초기부터 명성황후의 조카인 민영환의 동생 민영찬(1874~1948) 일가와 지속적으로 교류가 있었으며 민씨 집안의 자녀들에게 영어와 프랑스어를 개인 교수한 것으로 알려져 있다.

그림 37(왼쪽). 관립법어학교 교사 마르텔과 한국인 교관들

그림 38(오른쪽). 에커르트의 딸 엘리자베트와 멘징의 서울에서 결혼사진(1907.12.28)[12]

맨 앞줄 오른쪽에 마르텔 부부와 그의 첫째 딸이 안겨 있는 것이 보인다. 신랑, 신부 왼쪽에 모자를 쓴 사람이 덕어교사 볼얀이다.

5) 학생

1895년 법어학교 개교 후부터 1911년까지 법어학교의 입학생, 재학생, 졸업생 수는 표 44와 같다. 표 44에서 눈에 띄는 사실은 법어학교의 입학생 수가 1898년부터 1903년까지 영어학교보다 많다는 것이다. 영어학교 입학생 수는 1898년 30명, 1899년 20명, 1900년 47명, 1901년 58명, 1902년 53명, 1903년 62명이었다. 1904년 이후로는 영어학교 입학생 수가 법어학교보다 많았다.[13] 시대적인 배경에서 설명했듯이 우편, 통신, 공업 계통을 대부분 프랑스인이 관리하여 프랑스어를 배워 이 분야에 취업하려는 학생이 많았기 때문이다. 실제로 1898년 12월 프랑스인 클레망세가 우정국 고문으로 초빙되자 법어학

---

12 벨로는 그의 저서(Below 1998)에서 이 사진이 에커르트(Anna-Irene Eckert)의 결혼식이라 하였다. 그러나 이 사진의 소장자 크나이더(Hans-Alexander Kneider)에 의하면 이 사진은 에커르트의 딸 엘리자베트와 멘징 씨의 결혼사진이라 한다.

13 1904년부터 영어학교 입학생 수는 69명(1904년), 62명(1905년), 67명(1906년), 97명(1907년), 94명(1908년), 96명(1909년), 106명(1010년)이었다(표 21).

교 학생들이 우정국에 가서 일하게 되었다. 로세티에 의하면 학생들의 학급 배정에 객관적인 근거가 없었다〔서울학연구소(역) 1996, 311〕. 외국어학교를 졸업하려면 5년이 필요하였지만 어느 누구도 실제로 4년 이상 머문 적이 없었고 학생들은 직업을 얻을 수만 있다면 주저 없이 학교를 떠난다고 하였다.[14]

법어학교는 6회에 걸쳐 졸업생 26명이 배출되었다. 1906년 1월에 1회 졸업식이 있었고 7월에 2회 졸업식이 있었다. 1회 졸업식에서는 한길수, 2회에는 박용선, 최상목, 홍순택, 진학선, 박용구, 유명우, 이경석, 김용덕, 3회에는 오경환, 정연교, 김홍렬이 졸업하였다. 1908년 외국어학교 통합 이후 불어부 졸업생에 이윤재, 민완식, 백찬(이상 우등 졸업), 최봉교, 박태신, 임응철, 전재풍, 주재풍이 있었다. 1909년에는 강한중, 김영권, 이용환, 김석배, 1910년에는 박성원, 이택영이 졸업하였다. 김한수는 법어학교를 졸업한(1906?) 후 천주교에 입교하여 뮈텔Mutel 주교의 비서로 활약하였는데, 살아 있는 교회의 백과사전이라고 불릴 정도로 매사에 정확하고 박식하였다.[15] 법어학교 출신인 방승헌은 1898년 주영, 주독, 주 벨기에 공사관[16]의 서기 겸 번역관으로, 김우식, 정기학, 이신우, 최병옥 등은 법관양성소의 교관으로 활동하였다.

정리하면, 개화기 시기의 법어학교는 1900년을 전후로 정치적, 사회적 상황과 밀접히 연관되어 호황을 누렸다. 프랑스는 일찍이 18세기 후반부터 포교 사업을 통해 여러 차례 박해를 받으면서도 한국과의 교류를 시도하였다. 파리 외방전교회 선교단들은 어느 서양인보다

---

14 외국어학교 초기 서양어의 수업연한이 5년으로 정해진 것을 확인할 수 있는 부분이다. 그러나 로세티가 언급하였듯이 이 수업연한이 그대로 실행되지 못하였던 사실 역시 알 수 있다.

15 천주교 서울대교구 발행 2011년 10월 2일 자 『서울주보』에 연재되는 「서울대교구 근·현대 신앙의 증인(4)」에 김한수(라우렌시오, 1886~1950?)에 관한 글이 있다.

16 당시 공사관이 유럽 내 한 곳에만 있어 여러 나라 업무를 겸임하였다.

표 44. 관립한성법어학교 입학생, 재학생, 졸업생 수(1895~1911)

연도	입학생	재학생	졸업생
1895	18	–	–
1896	34	17	–
1897	42	35	–
1898	62	100	–
1899	73	–	–
1900	81	–	–
1901	98	37	–
1902	100	–	–
1903	90	–	–
1904	52	–	–
1905	45	–	–
1906	30	44	9
1907	25	–	3
1908	3	–	8
1909	9	13	4
1910	21	–	2
1911	–	5	–
계	783	251	26

도 한국 사회 및 문화와 한국인에 대한 선지식을 많이 가지고 있어서 한국 사회를 이해하는 데 보다 수월하였다. 또한 당시 프랑스 신부들은 종교를 넘어서서 언어적인 면에도 관심이 많아 한국어 사전, 문법서 편찬 등 훌륭한 업적을 남겨 현재까지도 연구의 대상이 되고 있다. 이들이 설립한 신학교 등에서 라틴어와 한문교육이 한국 최초로 시행되어 프랑스는 한국의 외국어교육에 선도적인 역할을 한 셈이다.

플랑시 공사의 외교 수완으로 조선 정부의 요직에 프랑스 제도와 인맥이 연결되어 있었다. 프랑스 교사 마르텔의 적극성과 이능화라는 유능한 한국 교관이 법어학교를 이끌어가면서 재학생, 졸업생들의 취업이 초기에 활발하게 이루어졌다. 그러나 1906년 이후 입학생, 졸업

그림 39. 관립법어학교 학생들(1901)
1901년도 법어학교 학생들이며 학생 수가 많은 것이 눈에 띈다.

생이 현저히 줄게 되는데 이 또한 당시 정치적인 상황과 밀접하게 연관되어 있다.

법어학교의 교과과정에서 프랑스어에 관한 명칭을 불어(1908), 법문(1909)이라 하였다. 교육내용은 다른 어학교와 마찬가지로 언어습득 과목과 언어 외 습득 과목으로 구분되었다. 언어습득 과목의 비율이 두 학년도에 걸쳐 전체 교과목의 62% 이상을 차지하며 이 비율이 1학년에서 3학년까지 지속되었다. 언어습득 과목에서 프랑스의 유명한 인물들의 업적을 다루는 불어선문 과목이 1908년에 있던 것이 특징적이다. 언어 외 습득 과목은 당시에 절실히 필요했던 일반 상식을 위한 과목(산술, 역사, 지리, 체육 등)이었다.

8장

아어학교

1. 시대적 배경

한국과 러시아의 관계는 1654년과 1658년에 조선과 청군이 연합하여 만주 혼동강과 흑룡강에서 러시아군과 접전한 것이 처음이며 이를 나선정벌羅禪征伐이라 부른다. 근 250년간 몽고의 지배에서 벗어난 러시아가 세력을 확장하기 위해 중국의 흑룡강 유역까지 진출하자 청국이 조선 정부에 파병을 요구하여 조선과 청이 함께 러시아군을 토벌한 사건이다. 조선과 러시아 간의 교류가 다시 이어진 시기는 러시아가 연해주를 점유하기 시작한 19세기 중반이다. 러시아 군함이 1848년에 대마도, 서천, 북청 앞바다에, 그리고 1849년에는 이원 앞바다에 출현한 사건이 있었다. 1854년 러시아 군함 팔라다Pallada호가 한국 수역을 조사하던 중 4월 남해의 거문도에 들르게 되었으며 이 팔라다호에 러시아 작가 곤차로프Ivan Goncharov(1812~1891)가 동승하였다. 곤차로프는 후에 『전함 팔라다The Frigate Pallada』(1858)라는 항해기에 러시아 군함이 남해의 거문도를 거쳐 동해안 영흥만에 상륙한 사실과 주민 및 관헌들과의 접촉을 통해 보고 들은 체험을 기록하였다. 당시 팔라다호에는 중국어 통역사 고스케비치와 중국어에 능통한 아바쿰 D.C. Chestnoj Avvakum(1804~1866) 신부가 타고 있었으며 이들은 필담을 통해 조선 주민과 의사소통을 하였다.

1860년 11월 중국과 러시아 간 북경조약이 체결됨에 따라 러시아가 연해주 지방을 차지하게 되자 조선은 러시아와 국경을 접하게 되었다. 러시아는 두만강변에 나타나 통상을 요구하였고 1865년에는 경흥부에까지 온 일이 있었다. 1863년 13가구의 한인이 기근을 면하려고 러시아 극동의 포시에트 지방으로 넘어갔다는 기록이 있다(권희영 1999, 43). 러시아령으로 한인의 이주가 시작된 시기를 1860년 중반기로 보고, 1869년 조선에 대기근이 있어서 11월과 12월 사이에 4,500여 명의 조선인이 러시아 국경으로 넘어갔다(유정화 2012, 143~144). 러시아는 1869년 12월 한인 이주민에 관한 처벌, 보상, 귀환 문제로 경흥부를 방문하여 2차에 걸쳐 면담을 하였으며 이때 조선인 최운보, 한인국이 통역을 맡았다. 러시아 측에서는 석탄광, 건축장, 항구시설 등에 노동력이 필요하였으며 한인들은 이에 동원되었다.

당시 러시아의 첫 한국학자인 미하일 파블로비치 푸칠로M.P.Pucillo는 한인 이주민과 긴밀한 관계를 가졌으며 한인들에게 개인적으로 그리고 행정적인 면에서 많은 도움을 주었다. 그는 한인들의 풍속과 언어를 연구하였고 1874년 페테르부르크에서 처음으로 『러한사전 시도Orut Russko-Koreiskogo Slovar』라는 최초의 사전을 편찬하였다(권희영 1999, 47). 1870년경 한인 이주민의 수는 이미 8,000에서 9,000명에 이르렀다.

1884년 조선과 러시아 간 조로수호통상조약이 체결되고 1888년에는 조로육로통상장정이 체결되었다. 이로써 러시아령의 한인들이 법적 권리를 취할 수 있는 기회가 마련되었다. 1894년에 러시아령으로의 이주민은 모두 9,980여 명에 이르렀다(권희영 1999, 54). 이후에도 한인들은 러시아에 이주해갔으며 1895년에서 1901년 사이 이주민은 러시아인들과 동등한 권리를 갖고 러시아식 교육을 받은 것으로 알려져 있다(유정화 2012, 147).

청일전쟁과 러일전쟁으로 인해 러시아에서는 극동에 대한 관심과 연구가 고조되었다. 1884년 6월 조선과 러시아 간의 수호통상조약이 체결되어 두 나라 간에 외교관계가 성립되면서 러시아에서 조선의 역사, 경제, 정치에 관한 연구가 활발해졌다. 1851년 비추린Ia. Bichurin이 페테르부르크에서 펴낸 『중앙아시아 고대 민족 사료집Sobranie svedenii o narodakh, obitavsich v Srednej Azii v prevnija vremena』을 시작으로 앞서 언급한 푸칠로의 『러한사전』(1874), 1882년에는 안도K. Ando의 『한국개요Ocherki Korei』가 나왔다. 1888년에는 최초의 『한국사 개설Obshchii ocherk istorii Korei』이 편찬되었다. 1906년에는 쿠네르N.V. Kuner가 블라디보스톡에서 펴낸 『극동국의 상업지리학에 관한 연구Lektsii po kommercheskoi geografie stran Dal'nego Vostoka』와 1910년에서 1912년 사이에 펴낸 『한국개요Ocherki Korei』가 있다.

1724년 1월 표트르 1세가 페테르부르크에 세운 페테르부르크 대학에는 1897년부터 동양학부에 한국어 강좌가 개설되었고 1898년에는 최초의 한국어 교과서가 대학교재로 편찬되었다(유정화 2012, 148). 페테르부르크 대학의 한국어 강좌는 민경식과 김병옥이 맡아서 가르쳤다. 1899년에는 블라디보스톡의 동방문제연구소에 한국어 강좌가 개설되었다(권희영 1999, 180).

러시아에서 한국 관련 연구나 보고를 포함해 주목할 만한 개설서는 1900년 러시아 재무성(러시아 대장성)에서 편찬한 『한국지Opisanie Korei』이다. 이는 3부 1,250페이지 분량의 방대한 책으로 러시아의 한국학자들에게 중요한 입문서에 해당한다. 러시아 사회는 러일전쟁으로 일본과 만주와 더불어 한국에 대해 보다 많은 관심을 가지게 되었다. 당시 러시아 언론에 비친 한국인의 특성은 양면적이었다(Ermachenko 2005, 240). 이들은 조선인은 교활하고 남의 흉내를 잘 내며 반면에 의협심이 강하고 일본인에게 커다란 적대감을 갖고 있으며, 다른 한편으로는 평화로운 민족으로 무고하게 고통을 당하고 있으나 강국으로서 세력을 키울 수 있는 잠재능력을 가진 민족이라 평하였다. 1917년부터 1970년까지 러시아에서 한국학 연구가 활발하여 한국학 저서, 논문, 역서 등을 포함하여 2,319건의 연구가 있었으며 이 중에서 역사에 관한 연구가 989건에 달한다(김병찬 1984, 313). 1920년대와 30년대에 언어 연구도 있었으며 그리고리예프스키A.P. Grigorievsky의 극동지방 러시아-한어 방언 연구, 1920년대 폴리바노프E.D.Polivanov, 1930년대 홀로도비치A.A.Kholodovich의 언어 연구는 괄목할 만한 것이다(권희영 1999, 171).

조선에 개혁을 가져온 갑오개혁은 아어학교 설립(1896)과도 밀접한 관계가 있다. 이 개혁은 정치, 경제, 사회 영역에서 조선의 근대화를 추진하는 운동이었고 일본의 세력을 조선에서 강화하는 계기를 마련해주었다. 이에 대항하여 명성황후를 중심으로 이범진, 이완용의 친러 세력이 형성되었는데 이를 탐탁지 않게 생각했던 일본이 명성황후를 살해하는 을미사변(1895)이 일어났다. 뒤이어 김홍집을 수반으로 한 새 내각은 보다 급진적인 개혁을 추진하였다. 태양력 채용, 어린이에게 종두 실시, 소학교 설립(서울), 우체사무 개시, 친위대 조직, 단발령 등을 실시하고 국호를 건양(1896)으로 바꾸었다. 이러한 개혁은 백성들의 반대에 부딪혔고 전국적으로 의병과 무력 항쟁이 일어났다. 을미사변, 의병 운동 등으로 전국이 소란한 틈을 이용하여 러시아 공사 베베르Karl Ivanovich Waeber(1841~1910)는 1896년에 고종을 보호한다는 명목 아래 고종을 러시아 공사관으로 이주시켰다(아관파천). 이로써 친일 내각이 무너지고 재정고문, 군사교관 등을 위시하여 친러 내각이 설립되면서 정부는 러시아의 강력한 영향 아래 놓이게 되었다. 고종은 러시아 공사관에 1년여(1896.2.11~1897.2.20) 머물게 되는데, 이때 왕궁 수비 강화 목적으로 궁궐 수비대의 창설과 군사조직 재편성이라는 명목하에 러시아 군사고문과 훈련교관이 초빙되고 러시아 무기가 구입되었다. 아어학교도 이때 설치되었다. 1897년 고종은 경운궁(지금의 덕수궁)으로 거처를 옮기고 국호를 대한으로, 연호를 광무로 고치고 왕을 황제로 칭하여 대한제국을 세웠다. 조선 정부는 1896년 러시아 황제 니콜라이 2세(1868~1918) 대관식에 민영환을 단장으로 하는 사절단을 페테르부르크에 보냈으며 윤치호가 영어 담당 통역관이었다. 러시아 공사관에는 1896년 11월부터 통역관 직이 신설되었다. 1895년 10월 베베르가 원활한 외교활동을 위해 러시아 외무성에 통역관 증원을 요청하자 1896년 4월 러시아 재무성의 동의에 의해 황제가 재가하였다〔박종효(편역) 2002, 134〕.

당시 부국강병책으로 조선에는 1882년에 서양인 고문제도가 생겨 해외에서 직접 문물을 배워 도입하기까지 오랜 시간이 필요하므로 서양인을 고용하여 이들로부터 정치, 법률, 의술 등을 익히는 제도가 있었다. 이로써 1882년에서 1903년까지 초빙된 외국인 고문관은 330명으로 일본인이 92명으로 제일 많았고 미국인 54명, 러시아인 45명, 영국인 41명, 프랑스인 37명, 독일인 34명, 중국인이 11명, 국적 불명과 기타가 16명이었다(유정화 2012, 140~141). 이 통계로 미루어 보아 당시 러시아의 세력을 결코 무시할 수 없음을 알 수 있다. 러시아 고문관 45명 중 군사교관이 31명이었다. 러시아 군사교관 초빙을 최초로 주장한 사람은 독일인 묄렌도르프였으며 그는 최초의 서양인 고문관으로 1882년에서 1885년까지 통리아문의 협판으로 활약하였다.

고종은 궁궐수비를 강화하기 위해 러시아에 군사교관 파견을 요청하였고 이들의 파견은 1896년 11월과 1897년 8월 2차에 걸쳐 장교와 하사관 등 100여 명에 이르렀다(유정화 2012, 141). 군사교육 기간은 4개월이며 교육시행 2개월부터는 경비임무를 수행할 수 있었다. 이들 군사교관이 훈련한 조선군 의장대 사열식이 1897년 6월에 있었으며 이 사열식에 고종과 각 부 대신, 외국 외교대표단 및 많은 귀빈이 참석하였다. 모두들 사열식에 감격하였고 고종은 베베르와 러시아 군사교관단장에게 조선군을 성공적으로 교육한 것에 대해 감사를 하였으며 이들 군사교관단에게 충분한 보상을 하였다〔박종효(편역) 2002, 368〕. 이들 군사교관의 존재가 아어학교에서 교련, 조련수업을 하게 된 동기를 마련해준 셈이었다.

초빙된 러시아 고문관들은 재정 담당, 해관원, 기사, 군사교관, 교사 등으로 다양한 분야에서 활동하였다. 재정을 담당한 탁지부(현 경제부)의 알렉세예프E. Alexeive와 그의 비서관 가필드S. Garfield를 비롯하여 콜롭스키Kolosovsky 사관, 원산 해관장 라포르트E. Laport, 해관원으로 베콥스키Bekofsky, 그랜필드Granfield, 광산기사 네포로즈네프J. Neporozhnev, 건축기사 사바틴G. Sabatin,[1] 화학기사 메로A. Meiro 등을 들 수 있다. 아어학교 교사 비루코프도 초빙된 러시아 고문관 중에 한 사람이었다.

러시아 재정고문 알렉세예프는 해관을 관리하였고 그에 의해 설치된 한러은행은 각종 경제 이권을 위해 자본가들의 진출을 독려하며 특히 철도부설권과 삼림채벌권 획득에 집중하였다. 당시 러시아는 서울 외에 다른 도시에도 은행 지점 설치를 계획하였다. 한러은행 정관은 1897년 12월 발표되었으나 1898년 초에 서울 본점은 폐업했다〔박종효(편역) 2002, 241〕.

러시아는 경원, 종성의 광산채굴권, 인천 월미도 저탄소설치권, 압록강 유역과 울릉도 삼림채벌권, 부산 절영도 저탄소설치권을 갖게 되었다. 러시아가 각종 이권을 얻게 되자 관계 분야에 다수의 러시아 기술자와 노동자들이 조선으로 들어오게 되면서 러시아 통역인의 수요도 늘게 되었다. 최초의 러시아어 통역사들과 이들의 활동에 관해서는 유정화(2012)의 논문에 자세히 언급되었다.

1 사바틴은 당시 22년간 한국에 머물면서 러시아 공사관, 독립문, 덕수궁의 정관헌, 중명전 등을 설계하였다.

한편 서양에서 자유주의 사상을 배운 지식층들이 각종 단체를 조직하여 민족의 독립을 주장하는 운동을 펼쳐나갔다. 이 중 가장 활동적이었던 것이 미국으로 망명하였던 서재필이 고국으로 돌아와서 조직한 독립협회이다. 독립협회는 아관파천 후 러시아가 중요한 고문관직을 독점하자 이를 『독립신문』에서 비판하고 1898년 2월 만민공동회를 열어 재정고문관 알렉세예프와 군사고문관의 해고를 정부에 건의하였다. 이때 정부에서 활동하던 러시아인들이 철수하게 되고 한러은행도 폐쇄되었다. 또한 독립협회는 민중 계몽운동을 전개하였으며 토론회를 개최하였다. 외국어학교(덕어학교)에서도 토론회가 열렸다는 보도가 있다. 독립협회는 공식기관지로 『대조선독립협회회보』를 펴냈고 비공식 기관지인 일간신문으로서 『독립신문』을 펴냈다. 독립협회에 참여한 유교 혁신파의 신문으로는 『황성신문』이 있다. 이 신문들에는 외국어학교에 관한 보도가 상당수 나온다.

러시아가 극동에서 세력을 확장해나가면서 중국과 군사비밀협정을 맺고 만주에 철도를 부설하는 권리를 얻게 되었다. 1903년 중반에 일본과 러시아 간의 외교협상이 적극적으로 이루어졌다. 일본은 조선에 대한 권리뿐 아니라 만주에 대해서도 러시아와 동등한 권리를 요구하였다. 이 때문에 두 나라는 한국과 만주를 놓고 수차례 교섭을 시도했으나 양측이 타협을 이루지 못하였다.

그 와중에 일본 군함 11척이 1904년 2월 8일 제물포항에서 중국 여순旅順항으로 향하고 있는 러시아 소형함정 카레예치를 인천 팔미도 해상에서 공격함으로써 러일전쟁이 일어났다. 이날 밤 일본군이 제물포에 상륙하고 이튿날 새벽에 서울을 점령하였다. 2월 9일 팔미도 해상에서 러시아 군함 2척과 일본 군함 14척이 격렬한 전투를 벌였으며 러시아 군함이 일본 군함에 크게 파손되어 전투를 계속할 수 없었다. 러일전쟁은 1905년 9월 포츠머스Portsmouth 강화조약으로 끝이 났으며 일본이 한국의 정치, 군사, 경제 영역에서 독점적인 지위를 얻게 되었다. 일본군은 서울 점령 이후 2월 10일 러시아 공관 철수를 종용하였다. 러시아 군사교관과 재정고문은 소환되고 한러은행은 폐쇄되었으며 아어학교는 무기한 휴교에 들어갔다. 일본은 한국을 지도, 보호, 감리한다는 명목을 앞세워 1905년 11월 을사늑약을 맺었다. 일진회라는 친일단체가 조직되어 을사늑약의 필요성을 선전하였으며 외국어학교에서도 일진회 모임이 있었다. 러시아 공관이 철수됨에 따라 1904년 2월 파블로프Pavlov 공사를 비롯하여 공사관원, 그리고 아어학교 교사 비루코프를 포함한 러시아인들이 상해로 떠나게 되자 아어학교는 1904년 실제로 폐교하게 되었다. 이후 대한제국에서 러시아어교육은 더 이상 시행되지 않았고 교육내용에 대해서도 다른 외국어학교에 비해 남은 자료가 아주 적은 편이라 이 책에서 소상히 다루지 못함을 아쉽게 생각한다.

2. 관립한성아어학교

1) 발전 과정

관립아어학교는 1895년 5월 외국어학교 관제가 공포된 후 1896년 2월 24일 설립되었다. 아어학교는 법어학교와 같이 수하동水下洞 도화서圖畫署에 있었는데 이 두 학교는 1896년 5월 북부 박동 전 육영공원이 있던 자리(현 중동고등학교)로 이전하였다. 아어학교는 1896년 2월 25일 학생을 모집하고 26일 개교식을 했으며 3월부터 수업을 시작하였다. 당시 학부는 학교 건물을 제공하고 교사의 월급과 교재용 물품을 보조하였다. 1904년 러일전쟁이 일어나자 일본군이 아어학교 건물을 차지하였고 러시아인 교사 비루코프가 본국으로 돌아가자 수업이 중단되었다. 그 후 1905년 2월 15일 박동에 있던 아어학교에 중앙

그림 40. 러시아 공사관
정동에 있던 1900년도 전후의 러시아 공사관이며 현재는 이 건물의 일부분인 종탑만 남아 있다.

고등학교가 자리를 잡았다. 1908년에 외국어학교들이 관립한성외국어학교로 통합되는 과정을 아어학교는 겪지 않았다. 아어학교 교육은 1886년부터 1904년 2월에 폐교될 때까지 8년간 지속되었으며 1911년까지 존속하였던 다른 어학교보다 역사가 훨씬 짧았다.

관립아어학교 외에 1897년경 함경도 원산 근교와 경성鏡城에 사립 러시아어학교가 설치되었다(박종효 2008, 16~17). 원산에 있는 러시아어 학교는 블라디보스토크에 체류하였던 한국인 청년이 러시아어의 필요성을 느껴서 세운 것으로 학생이 20명 정도 되었다. 경성에 있던 러시아어학교는 러시아 탈영병에 의해 세워진 것으로 15명 정도의 학생이 배웠다. 이들 학교는 학업 환경이 매우 열악하였으며 정규학교라기보다는 일종의 서당 형식으로 러시아어를 배우고 가르쳤다. 주민들은 인접한 러시아 지역으로 취업, 이주를 목적으로 러시아어를 배워야 한다는 필요성을 인지하고 있었다.

2) 교과과정

아어학교의 존속기간(1896~1904)이 짧아 1908년에 관보에 구체적인 교과과정과 교재가 제시되지 않았다. 따라서 이 절에서는 아어학교의 일반적인 교육목표와 내용을 다루기로 한다.

외국어학교관제(1895)에 의하면 아어학교의 교육목표는 러시아어를 가르치는 것에 있었고 언어를 비롯하여 러시아의 기초적인 역사와 지리를 아는 인재를 양성하는 것이었다. 수학연한은 1900년 6월 17일 학부령에 의해 5년으로 규정되었으나 이 규정은 제대로 이행되지 않았다. 학기는 2학기제로 봄학기와 가을학기로 구분되었고 봄학기는 1월 4일에 시작하여 하기 휴학일까지, 그리고 가을학기는 가을 입학일에서 12월 30일까지였다. 이때 하기 휴학일과 가을 입학일의 정확한 날짜는 확인되지 않는다.

입학자격은 외국어학교학칙에 따라 15세 이상 23세 이하의 신체 건강한 학생이어야 하며 입학시험 과목은 국문과 한문으로의 독서와 작문이었다. 아어학교는 1896년에서 1904년까지 학생모집을 하였으며 입학연령은 모집시기마다 조금씩 다르고 대략 15세에서 30세 이하였다(조문제 1979, 31).

아어학교 수업시간은 매일 5시간이었으며 교과목은 외국어학교규칙에 따라 러시아어, 한문으로 독서와 작문, 본국의 역사와 지리, 그리고 보통학이었다. 러시아어 과목에 아어로 읽기, 쓰기, 받아쓰기, 문법이 있었고 보통학에 산술, 역사, 지리가 포함되었다.

러시아 공사 베베르가 1897년 8월 15일 외무성에 보낸 보고서에서 아어학교 교과목으로 러시아어로 쓰기, 읽기, 받아쓰기, 문법 등을 위시하여 수학과 지리 과목이 있었음을 확인할 수 있다. 1896년 봄에 입학한 학생들은 시간이 지나자 러시아어를 다소간 말하고 읽고 쓸 줄 알게 되었고 간단한 산술(더하기, 빼기, 곱하기, 나누기)과 러시아의 도시 명칭·위치 등을 이해할 수 있었다(박종효 2008, 14). 오구라 신페이(小倉進平 1928, 31)에 의하면 교사 비루코프는 조선 학생들은 지리와 역사에 흥미를 가졌고 산술에도 적응을 잘 하였다고 평가했다. 또 그들은 러시아 글자를 배웠으나 작문 실력은 미숙하였고 러시아어 발음은 우수한 학생들도 잘 하지 못하였다고 전하였다. 한국 학생들이 러시아어 발음, 작문에 어려움을 많았던 것과 러시아의 지리와 역사에 관심이 많았다는 사실을 보여주는 대목이다.

학급편제는 학생의 인원수와 학력수준에 맞추어 교장이 교직원과 상의하여 결정하였으며 초창기에는 3반으로 편성되었다(『독립신문』 1899.7.7). 1897년에 아어학교는 학업성취도와 수학기간에 따라 초급, 중급, 상급반으로 나뉘었다(박종효 2008, 15). 초급반은 약 1개월 정도 다닌 학생들로 러시아어를 읽고 쓸 줄 알며 몇몇 단어를 알았다. 중급반은 6개월 정도 다닌 학생들로 러시아어로 읽고 쓸 줄 알며 동사 변화와 규칙 등 몇 가지 문법 지식을 알고 있었다. 상급반은 1년 이상 다닌 학생들로 러시아어로 말할 줄 알며 받아쓸 수 있고 러시아 기초 문법과 산수, 지리도 약간 아는 학생들이었다.

1896년 8월 러시아 공사 베베르가 러시아 외무성 차관 람즈도르프에 보낸 보고서〔박종효(편역) 2002, 229〕에서도 서울에 러시아어학교가 3학급으로 분류되어 약 40명의 학생이 러시아어를 공부하고 있었음이 언급된다. 그중 제1학급 학생들은 입학한 지 1년 미만, 제2학급은 약 6개월, 그리고 제3학급은 5개월 미만이었다. 베베르는 당시 시험에 참관하였으며, 그 결과 아어학교 전체 학생이 강독과 문법을 열심히 익히고 있었으며 이에 교사 비루코프의 공로가 크니 그에게 성 안나 3급 훈장을 수여할 것을 러시아 정부에 추천하였다.

1897년 6월 블라디보스톡에 있던 태평양 함대 사령관의 보고〔박종효(편역) 2002, 229〕에서도 조선에서 러시아의 영향력을 강화하기 위해서는 아어학교에 재정지원을 해야 하고, 또 러시아 정교단을 파견하여 조선인을 개종시키고 청년들을 러시아로 초청하는 계획을 세워야 한다고 주장하였다.

아어학교에서는 교련 과목이 있었고 군사교관들이 학생들을 훈련시켰다. 이는 고종이 러시아 공사관으로 피신한 상황에서 당시 러시아 군사교관들이 궁궐수비대를 훈련시켰던 사실과 무관하지 않았다. 1896년 5월 고종은 러시아 공사관에서 아어학교 학생들의 조련대회를 참관하고 치하한 사실이 있다(『독립신문』 1896.5).

아어학교는 월말시험과 졸업시험, 그리고 학기말(하기와 동기)시험으로 학생들을 평가하였으며 점수는 외국인 교사, 교관, 부교관이 상의하여 결정하였다. 초기 기록에 의하면 1896년과 1897년 봄에 시험이 실시되었고, 학생들의 성적이 대체로 우수하였으며 그중 몇몇은 아주 우수하였다(박종효 2008, 16). 1898년 2월 『협성회회보』(1898.2.12) 보도에 의하면 아어학교 교사 비루코프, 교관 한구호, 부교관 곽광희와 신영익이 잘 가르치고 학생들도 재미있게 공부하였다.

아어학교는 다른 어느 학교보다도 정치권의 영향력을 음양으로 많이 받게 되었다. 1896년에는 고종이 러시아 공사관으로 이주한 사건은 아어학교에 긍정적으로, 1898년 독립협회가 주최한 거국적인 반러운동은 아어학교 수업에 부정적인 영향을 미쳤다.

3) 교재

각 외국어학교의 교재에 관한 내용도 1908년에 와서야 관보에서 제시하였기 때문에 아어학교의 교재에 관해 구체적인 교과서나 도서가 확인되지 않고 있다. 이 역시 아어학교의 존속기간이 8년 정도 밖에 되지 않고, 또한 초기에 문서화된 자료가 없는 것에 기인한다. 그러나 당대 러시아 역사에 대해 기술한 책이 있어 이 책들을 간단히 소개하고자 한다. 이 책은 『태서신사泰西新史』와 『아국약사我國略史』이며

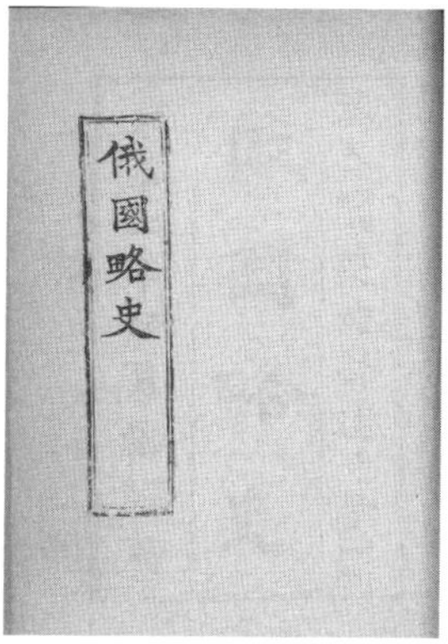

俄國略史

英人闞斐迪著述中抄譯
俄國略史
光武二年四月編輯局

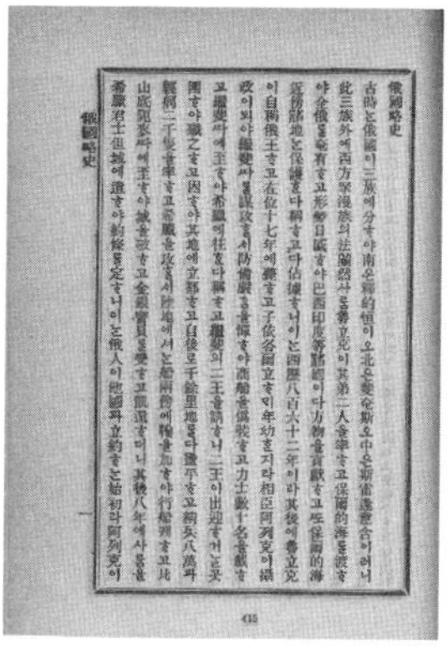

그림 41a(왼쪽). 『아국약사(俄國略史)』(1898)
1898년 『아국약사』의 속표지에 제목이 적혀 있다.
그림 41b(가운데). 『아국약사』(1898)
『아국약사』가 1898년 편집국에서 발간된 것을 알 수 있다.
그림 41c(오른쪽). 『아국약사』(1898)
『아국약사』의 1면이며 국한문으로 되어 있고 구독점이 없다.

1898년(광무 2년) 4월에 학부의 편집국에서 간행된 책이다.[2]

『태서신사』는 영국인 마간서馬懇西, Donald Alexander Mackenzie가 쓴 것을 이제마태李提摩太가 한문으로 번역한 책으로 24권으로 되어 있으며 유럽의 100년 전 역사에 관한 내용이 들어 있다. 영국의 법, 정치, 프랑스의 나폴레옹에 관한 행적, 독일, 오스트리아, 이탈리아, 러시아, 터키, 미국, 그리고 로마 교황 등에 관한 내용이 들어 있다. 19권에서 러시아俄羅斯國 표토르 대제의 정치, 법, 경제, 군대제도에 관한 치적 등을 전하고 있다.

『아국약사』는 영국인 감비적闞斐廸이 저술한 러시아의 역사를 발췌하여 국한문 혼용으로 번역한 책으로 역자의 이름은 명시되어 있지 않고 1898년(광무 2년 4월)에 편집국에서 간행한 것으로 되어 있다. 이

2 이 책들은 1979년 아세아문화사에서 영인본으로 발간한 한국개화기문학총서 II의 『역사·전기소설』 제2권에 수록되어 있다.

책은 대략 기원후 860년경부터 1860년대의 러시아 역사를 다루고 있다. 이 시기는 조선과 러시아가 국경을 접하기 시작한 시기이다. 번역한 내용이 어떠한 시대 구분이나 단락이 없이 처음부터 끝까지 서술체로 내용을 기술하고 있고 고유명사를 한문으로 사용하고 있어 해독에 어려움이 많다.

4) 교사

(1) 한국인 교사

아어학교의 부교관으로는 한구호, 곽광희, 김경식, 홍대규가 있었다(조문제 1979, 31). 한구호는 1896년 7월 부교관으로 있다가 1904년 2월 교관으로 승진하였다. 학생이 증가함에 따라 곽광희가 임용되어 1897년 11월에서 1901년 4월까지 부교관으로 일하였다. 김경식과 홍대규는 아어학교 학생(1897~1903)이었다가 1903년 5월과 6월 각각 부교관이 되었다. 이 사실에서 아어학교에서도 1900년도 해당 학교 졸업생 중 우수한 학생을 선발하여 그 학교의 부교관으로 임명하는 제도를 따랐음을 알 수 있다. 이들 부교관들은 외국인 교사와 학생들 간의 의사소통을 도왔으며 한구호와 곽광희는 이후 공사관 3등 서기관으로 전출되어 통번역 업무를 전적으로 맡았다. 이 외에 남필우는 1897년 3월에서 11월까지 근무하였으나 자진 사퇴를 하였고 현홍건은 1900년 6월에서 1904년 폐교 시까지 근무하였다〔이성옥(역) 2006, 255〕.

(2) 외국인 교사

조선 정부는 아어학교의 원어민 교사를 채용하기 위해 러시아 공사관에 교사 추천을 의뢰하였다. 러시아 공사 베베르는 동부 시베리아 포병여단에서 교관으로 재직하다 대위로 예편한 비루코프를 추천하였다.

비루코프는 1861년 출생하였으며 페테르부르크 주의 명문 귀족가정 출신으로 러시아 정교회 신자였다. 비루코프의 집안은 무인 출신으로 조부는 군인 장교(소장)였고 아버지도 포병대장을 역임하였다.

그는 1879년 기병학교를 졸업하고 1880년 하사관으로 입관하였으며 1881년에 포병여단으로 전속되었다. 그는 포병학교에서 3년간 교육을 받고 1892년 여단 교육사령부의 교관이 되었다. 1893년 사령부 전속 장교로 발탁된 후 연해주 우수리 지방으로 출장을 가게 되었는데 한인이 많은 사는 곳에서 근무하였다. 아어학교 교사에 비루코프가 추천된 데는 우수리 지방에서 한인들과 접촉이 있었던 점, 그리고 교관생활을 한 점 등이 고려되었을 것이다.

1895년 6월 러시아 공사 베베르가 연해주 현역군 지사에게 보낸 러시아어 교사 추천에 관한 조건으로 계약 기간은 2년, 여비 100달러, 급여는 처음 1년은 월 100달러, 2년째부터는 200달러, 주택 임대비 월 30달러였다(박종효 2008, 90). 1895년 11월 조선 정부는 비루코프와 계약을 체결하였다〔박종효(편역) 2002, 367〕. 계약 기간은 3년, 연봉은 2,400달러였으며 선금 200달러를 지급하기로 되어 있다. 조명, 난방, 목욕탕이 구비된 주택이 제공되며 왕복 여비는 조선 정부가 부담하고 러시아어를 하는 한국인 1명을 조수로 두도록 하였다. 비루코프는 1896년 2월 제물포를 통해 서울에 왔으며 1896년 계약이 갱신되었다. 새 계약에서는 1897년 1월 1일부터 기간을 2년으로 하며 급여는 매월 190달러로 한화, 멕시코달러 혹은 엔화로 지불되고, 숙소를 제공받지 못할 경우 매월 주택 임대비 30달러를 지급받기로 하였다〔박종효(편역) 2002, 367〕. 규장각에 보관되어 있는 아어교사합동에 따르면 비루코프는 1899년 1월 재계약을 체결하는데, 계약서에 의하면 임용 기간은 1899년부터 1년으로, 급여는 매월 300원씩, 주택 임대비는 매월 30원씩 지불되었다. 1899년 이후에는 계약서가 보관이 되어 있지 않

그림 42. 관립아어학교 외국인 교사와 한국인 교관들

아어학교 외국인 교사와 한국인 교관들을 볼 수 있다. 이 사진의 외국인 교사가 포미엥코(Fomienko)라고 하나〔이돈수/이순우(편저) 2009, 161〕 확실하지 않다. 칠판에는 러시아어로 "배움은 빛이고, 배우지 않는 것은 어두움이다"라는 문구가 써 있다.

다. 다만 박종효(편역, 2002, 50)에 의하면 비루코프는 1904년 3월 상해에서 서울 주재 러시아 공사 파블로프로부터 2월과 3월 급여(러시아어 교사 급여) 630달러를 받은 것으로 되어 있다.

외국인 교사의 대우, 급여가 각 나라별로 차이가 나기 때문에 각 공사관 간의 이해관계가 대립하자 1900년 러시아 정부는 표준계약서를 조선 정부에 제시하였다. 이 계약서에는 외국인 교사의 초빙기간은 3년으로, 급여는 은화 300원 이하로, 방학은 매년 여름 2개월로 하고, 병가 시 규정 등을 포함하였다(노인화 1989, 168~169). 그러나 이 표준계약서는 제대로 이행되지 않았다. 1905년 이후 한국의 외교권 박탈로 외국인 교사에 대한 지휘권이 일본에 넘어가게 되자 외국인 교사의 초빙건은 일본 공사의 허락을 받고서야 가능하였다.

비루코프는 수업에 성실하게 임했으며 휴식 시간에도, 또 학생들이 집으로 찾아오는 경우에도 잘 지도하였다. 1899년에는 희랍정교의 한국 주재 독경승讀經僧 '쿠라싱'이 그의 조수였다〔한국학문헌연구소

(편) 1985, 351〕. 고종이 아관파천 기간(1896.2~1897.2) 중 여러 차례 베베르 공사를 대동하고 아어학교를 방문하여 수업을 참관하고 비루코프의 노고를 치하하였다. 앞서 언급했듯, 베베르는 러시아 정부에 비루코프에게 성 안나 3급 훈장을 수여할 것을 요청하였으며 비루코프는 1897년 10월 16일 니콜라이 2세의 재가를 얻어 성안나 3급 훈장을 수여받았다(박종효 2008, 16).

1902년 7월 비루코프는 북경의 공사대리인 파블로프[3]에게 현홍근과 백한삼 학생을 관동군사령부에 일본어 통역관으로 보내니 협조해주기 바란다는 의뢰서를 보냈다〔박종효(편역) 2002, 367〕.

1904년 아어학교 폐교 후 비루코프는 2등 대위 계급으로 현역에 복귀하여 제2 동부시베리아 보병사단 포병여단에 배속되었다(박종효 2008, 20). 1902년 12월 고종은 한국인 청년 10명을 러시아 육군유년학교에 국비장학생으로 입학시켜줄 것을 요청하였다. 비루코프는 1903년 4월 외무성에 보내는 문서에서 대한제국 정부가 파견하는 10명의 학생을 러시아에 유학시킬 목적으로 인솔해가며 이 학생들은 러시아어를 알지만 학과목 실력이 부족하니 무시험으로 입학을 허가해 달라는 요청을 하였다〔박종효(편역) 2002, 246〕. 이 10명의 학생은 오완석, 구독손, 우인온, 윤일평, 현홍근, 안기송, 강한탁, 심양섭, 심송섭, 한우경이었다. 1903년 8월 비루코프의 문서에 의하면 한기수 학생이 니제고로드 육군유년학교에 입학을 원하였다. 그리고 윤일평과 현홍근은 추구엡스크 육군보병학교, 안기송, 강한탁, 우인옥, 한기수는 쿠르스크 실과학교, 한우경, 심양섭은 쿠르스크 현 쉬그라 시에 있는 학교에 입학하였다. 비루코프가 1906년 2월 외무성에 보낸 문서에 따르면 오완석, 구독손, 윤일평, 현홍근, 강한탁, 한기수는 러일전쟁 때 만주군 사령부에

---

3 파블로프는 1898년 9월 북경의 공사대리로 발령을 받았으며 1902년 1월 공사로 승진하고 1905년 12월 을사조약으로 면직되었다〔박종효(편역) 2002, 15~16〕.

근무하였으며 복교를 원하고 있다. 또한 전 서울의 경무사 김재풍과 코자코프 영사 통역관 채광현이 보호를 요청해 러시아로 데려왔으며 조국에 다시 돌아갈 여비를 보조해줄 수 있는지 문의를 하였다.

이러한 여러 가지 정황으로 판단하건대 비루코프는 학생들에게 소상한 관심을 가졌고 세심한 배려를 한 것을 알 수 있다.

1903년 4월 러시아 육군사관학교에 국비 유학을 한 학생 중 7명(현홍근, 윤일평, 구덕송, 오완석, 한기수, 한우경, 강한탁)과 함께 비루코프는 1904년 7월 연해주의 남우수리에 주둔하고 있는 기병대에 파견되어 일본군에 대한 첩보 수집과 정찰 활동을 하였다. 러시아는 비루코프와 만주군 사령부 소속 통역관 김인수로 하여금 러시아군이 주도하는 대규모 한인 의병부대를 창설할 계획을 세웠으나 정치적 판단하에 계획을 취소하였다.

1905년 7월 러시아군은 연해주의 여러 부대를 통합하여 일본군과 여러 차례 전투를 치렀다. 8월에는 이범윤이 이끄는 의병부대는 러시아 기병대와 합동작전으로 청청바위 전투에서 일본군을 퇴각시켰다. 이때 아어학교 출신으로 러시아 군사학교의 유학생들이 의병부대와 러시아군의 연락병으로 활동하였다. 이와 같이 한국과 러시아의 연합작전으로 함경도 일대에서 러시아군이 항일전에 성공할 수 있었다(박종효 2008, 22).

포츠머스 조약 체결(1905.9.5) 이후 을사늑약이 1905년 11월 체결되면서 주한 러시아 공사관은 총영사관으로 격하되었다. 러시아 정부는 비루코프를 예비역으로 편입시켜 1907년 4월 다시 서울로 파견하였다. 1907년 7월 비루코프는 원산 및 성진城津의 임시 영사대리로 임명되었다〔박종효(편역) 2002, 439〕. 원산항은 한인들이 러시아로 일하러 가기 위한 비자를 받을 수 있는 유일한 항구였으며 비자 발급 수입이 수천 루블에 달하였다. 비루코프는 영사대리로 양심적이고 청렴하게 일하였다. 그는 1911년 6월 총참모본부에 평양역과 서울역, 용산역의 경비상황에 관해 보고하였고 1912년 5월에는 동지회 회원에 관한 재판, 1913년 3월에는 동양척식회사에 관한 보고를 하였다〔박종효(편역) 2002, 697~698〕. 그는 동지회가 한국의 독립을 회복하려는 회원의 모임이라고 설명하고 윤치호를 비롯한 주요 회원을 정확히 열거했으며 이들이 이토, 하세가와, 데라우치 총독을 살해하려 한다는 설명을 덧붙였다. 또한 동양척식회사는 조선에 일본인들을 성공적으로 정착시키기 위해 설립된 회사이며, 이 회사가 수원, 대구, 사리원 등에 이주시킨 일본인 세대를 자세히 언급하였다. 비루코프는 1913년 8월 충남 공주 근교에 있는 금광채굴의 허가를 받았다〔박종효(편역) 2002, 487〕. 1910년 페테르부르크에 출장을 갔다 오던 중 폐렴에 걸렸으나 제대로 치료를 받지 못하였던 그는 1915년 말 원산에서 하얼빈으로 치료차 휴가를 갔다가 1916년 1월 폐결핵으로 사망하였다〔박종효(편역) 2002, 158〕.

비루코프는 아어학교 교사로서 열성적이었고, 군인 그리고 영사관 직원으로서 한국인과 긴밀한 관계를 장기간 이어오면서 한인들이 러시아에 대해 우호적인 입장을 취하는 데 영향을 미친 것으로 보인다. 비루코프의 생애를 살펴보며 당시의 외국어교육, 무엇보다도 러시아어의 교육이 정치 상황에 밀접하게 연관됨을 여실히 감지할 수 있다.

5) 학생

아어학교에서는 1897년에서 1904년까지 정기적으로(1897년 9월, 1899년 8월, 1900년 3월, 1901년과 1902년은 3월과 8월, 1903년 2월과 8월, 그리고 1904년 3월) 학생을 모집하였다(김영우 1978, 14~15). 1904년 3월에도 학생을 모집하였으나 그 이후로는 모집이 없었다. 다른 어학교와 마찬가지로 아어학교에서도 학교 사정에 따라 수시로 입학이 허용되었다.

학생의 입학 연령은 16세에서 26세로 규정되었으나 실제로는 11세에서 30세까지 폭이 넓었으며 16세에서 21세 사이의 학생이 가장 많았다. 외국어학교 입학에 고급 관료의 추천이 필요했는데, 아어학교의 입학에도 신분이 중요하였으며, 부정기적으로 입학생을 모집하였다(노인화 1989, 149~151).

아어학교에는 1896년 개교 시에는 51명, 1898년에는 88명이 입학하였다(이광린 1999, 167).[4] 1896년에 재학생이 입학생보다 많은 것은 타교에서의 전학, 입학시기 이후의 입학 등에 의한 것으로 추정된다. 표 45의 재학생 통계는 노인화(1989, 153)에 의한 것이다. 그러나 이 통계는 박종효(2008, 13)의 러시아 측 자료[5]와 많은 차이가 나는데, 박종효는 한국의 통계에는 군부에서 러시아어 습득을 위한 군 교육 위탁 학생을 포함한 때문으로 본다. 표 45에서 1896년부터 1898년까지 재학생 수가 적지 않은 것을 보면 아관파천 이후 러시아 세력이 아어학교에 영향을 미쳤음을 알 수 있다.

1901년 아어학교의 학생이 감소한 것은 러시아어에 대한 사회적인 수요가 적어진 것에 기인한다. 『제국신문』(1901.3.23)에 의하면 아어학교 학생들이 아어는 배워도 소용이 없으니 다른 학교로 전학을 요청한 사실이 있었다. 그럼에도 당시 학생들의 배우려는 열의는 대단한 것으로 평가되며 아어학교가 폐쇄되는 1904년에도 매일 대략 35명의

4 이광린의 이 통계는 러시아 대장성의 『한국지』(露國大藏省編. 日本農商務省 譯 1905, 347)에 근거한 것으로 입학생 51명은 같은 해 11월 중순에 39명으로 줄어들었다.

5 박종효(2008, 13)에 의하면 아어학교 수학 현황은 1896년 10월 30명, 1897년 4월 44명, 1897년 6월 48명, 1898년 56명이다. 박종효는 입학생과 재학생을 구분하지 않고 단순히 수학 현황이라고 하였다. 당대 각 외국어학교의 입학생 수와 재학생 수는 많은 차이가 난다. 입학 후에 외국어를 조금만 하게 되어도 취직을 하는 경우가 많았기 때문이다. 따라서 저자는 입학생과 재학생 숫자를 둘 다 제시하는 것이 의미가 있다고 생각한다. 언급된 박종효의 자료는 러시아 측의 어떤 자료인지 구체적으로 확인할 수 없었다. 일본인 오구라 신페이(1928, 31)에 의하면 개교 당시 아어학교 학생은 36명이고 조선인 교사가 1명이었다.

표 45. 관립한성아어학교 입학생, 재학생 수(1896~1901)

연도	입학생	재학생
1896	51	56
1897	–	79
1898	88	88
1901		37
계	139	260

학생들이 출석을 하였다고 전한다(조문제 1979, 31).[6]

아어학교 학생들은 단발령(1895)에 반대하며 다른 외국어학교 학생들과 함께 수업을 전폐하고 만민공동회에 참여하였다(『독립신문』 1898.11.7). 당시 독립협회가 주관이 되어 외세를 물리쳐 자주 국권을 수호하자는 운동을 펼치고 있었으며 만민공동회를 개설하여 여론의 힘을 모으고 있었다. 학생들은 단발[7]을 외세에 굴복하는 것으로 받아들였고 이에 반대하여 전원 등교거부까지도 불사하였다. 이러한 모습에서 학생들의 자주 국권에 대한 의식을 엿볼 수 있다.

노인화(1989, 175)에 따르면 아어학교는 통감부에 의해 학제가 개편된 후에도 졸업생을 배출하지 못하였다. 학제 개편은 1908년 관립한성외국어학교로 통합된 것을 의미하며, 아어학교는 이미 그 이전인 1904년에 폐교되어 졸업생과 그들의 진로 상황도 확인할 수 없다.

정리하면, 한국과 러시아는 1860년 이후 국경을 인접하게 된 시기부터 한인의 러시아령 이주 등 민간인의 교류가 적지 않았다. 1880년대에 와서 경흥협상, 조로수호통상조약, 러시아 황제 대관식 사절단

6 조문제는 도쿄 한국연구원에서 펴낸 『한(韓)』 제21호(제2권 제9호) 1973, 78~79를 인용하였다.

7 실제로 단발은 성리학자들의 반대로 1897년 철회되었으나 1900년 광무개혁으로 다시 단행되었다. 지방에서 호응이 미흡하자 1906년도에 군수삭발령이라는 규정이 새로이 공포되었다.

그림 43. 관립아어학교 학생들과 외국인 교사
관립아어학교 학생들과 외국인 교사이며 이 교사는 그림 42와 동일 인물이다.

파견, 아관파천 등 많은 사건들로 러시아는 조선에 막강한 영향력을 행사하는 국가로 대두하였다. 아관파천 이후 고종은 왕권 수비 강화와 군사조직 재편성을 목적으로 러시아 군사교관을 초빙하였다. 실제로 아관파천에서 고종의 환궁까지의 기간은 러시아의 정치 영향력이 극대화된 시기였다.

1896년 아어학교가 설립되었고 학생들은 러시아어 외에 러시아 지리, 산술 등을 배웠고 학생들의 초기 실력에 따라 초급, 중급, 상급 반으로 편성되었다. 아어학교에서는 군사훈련이 실시되었으며 이는 다수의 군사교관이 한국에 온 것과 무관하지 않다. 아어학교에서 러시아어 교육을 받은 학생들은 교관, 통역사 등으로 활동하였다. 어어학교는 아관파천 이후 학생 수가 급격히 증가하였다가 러일전쟁으로 러시아가 패하게 되자 1904년 폐쇄되었다. 1902년 말 고종은 러시아 공사 베베르에게 아어학교 학생 10명을 러시아 유년군사학교에 국비유학생으로 입학시킬 것을 요청하였다. 아어학교 교사 비루코프는 1904년 4월 학생 10명을 러시아 육군유년학교에 입학시켰다. 러일전쟁 이후 이들 중 7명이 만주군 사령부에 소속되어 일본군에 대항하는 정찰임무를 수행하였다. 포츠머스 조약이 체결된 후 이들은 다시 러시아로 돌아가 복학을 했으나 학비가 없어 학교를 그만두어야 했다.

아어학교의 성쇠는 당시 외국어교육이 국제 정치 상황과 해당국의 국내 정치 상황, 또 정치 역량과 밀접하게 연관됨을 다시 한 번 확인시켜준다.

9장

덕어학교[1]

1. 시대적 배경

한국인으로서 독일인과 처음 접촉한 사람은 소현세자(1612~1645)라고 할 수 있다. 1636년에 조선이 청나라가 제안한 군신 관계를 거부하자 병자호란이 일어났다. 조선은 청에 항복하게 되었고 소현세자와 봉림대군은 청국에 볼모로 보내졌다. 당시 중국에는 예수회 선교사들이 활동하고 있었는데 이들은 천주교 이외에 천문학, 지리, 수학 등 서양 문화를 전파하고 있었다. 이때 소현세자는 독일 신부 아담 샬Johann Adam Schall von Bell(1592~1666)을 만나게 되고 그로부터 천주교 교리, 천문학, 역학 등의 지식을 익히게 되었다. 1645년에 소현세자가 조선으로 돌아오자 샬 신부는 천문학, 수학에 관한 책, 지구의地球儀, 천주교에 관한 책과 성물을 선물로 주었다. 소현세자가 귀국한 후 2개월 만에 병사하자 조정에서는 청국에서 가져온 물건을 전부 불살라버렸다.

19세기에 이르기까지 독일과 한국은 별다른 접촉 없이 지내왔다.

1 이 장의 내용은 2009년 발표한 「개화기의 독일어 교육」(『독어교육』 제46집)을 수정·보완한 것이다.

1832년 영국 상선 애머스트호에 의사 겸 중국어 통역으로 동승한 독일인 목사 칼 귀츨라프가 서해안 고대도(1832.7.25~8.12)에 머문 적이 있다. 영국 상선은 통상을 요구하려고 한국 해역에 왔으나 성과가 없었다. 귀츨라프는 이때 선교 활동을 하였고 한문 주기도문을 한글 자모를 이용하여 번역하였다. 그는 고대도에 정박하는 동안 환자를 치료하고 도민들에게 감자 재배와 포도즙 만드는 법을 가르쳤다.

이후 통상을 위해 입국한 독일인으로 오페르트Ernst Jacob Oppert(1832~1903)가 있다. 그는 중국과 일본을 드나들던 상인으로 1860년대 한국과의 통상을 세 차례나 시도하였으나 실패하였고 1868년에는 아산만의 남연군(흥선 대원군 아버지) 묘 도굴사건을 벌여 대원군의 쇄국정책을 강화시키는 결과만 가져왔다. 1871년에는 독일 상선이 백령도에 표류한 일이 있었으나 1880년대까지 한국과 독일 두 나라는 별다른 교류가 없었다.

1891년 독일은 보불전쟁에서 승리한 후 내정과 외교에 활기를 띠기 시작하였다. 전쟁 후 독일 상공업이 발전하여 해외로부터의 원료 공급과 판매처 확대가 필요하였다. 영국, 프랑스, 스페인, 포르투갈 등을 위시한 유럽 각국은 동아시아의 식민지 확보에 힘을 쓰고 있었으나 독일은 유럽에서의 자국 이익을 중요시하였으며 재상 비스마르크Otto von Bismarck(1815~1898)는 해외 식민지 정책에 반대하는 입장을 취하였다. 관립한성외국어학교 중에서 덕어학교 설립이 제일 늦은 것도 이러한 독일의 미온적인 대외 정책과 무관하지 않다. 그러나 1880년경 영국, 프랑스, 포르투갈 등의 식민지 조약 체결은 독일에게 적지 않은 충격을 주었다. 영국, 프랑스, 스페인, 이탈리아, 포르투갈 등은 아프리카의 연안지대를 차지하고 호주, 뉴질랜드는 영국의 자치령이 되었다. 독일은 1884년에야 식민지 정책에 적극적으로 나섰고 이때 함부르크에서 홍콩, 그리고 홍콩에서 상하이 및 제물포를 거쳐 일본의 요코하마에 이르는 지선을 개통하였다. 1885년에는 항해장려법에 의해 극동을 정기적으로 왕래하는 독일 선박노선이 개통되어 중국, 한국, 일본과 직접 교역하였다. 이 노선을 통하여 제물포(인천)의 독일 상사 세창양행이 한국의 근대화에 필요한 물자를 보급할 수 있었다. 세창양행은 한국 최초의 독일 상사로 함부르크에 본사 마이어 상사H.C.Eduard Meyer &Co.가 있었으며 본사의 소유주는 에두아르드 마이어Heinrich Constantin Eduard Meyer(1841~1926)였다. 마이어 상사는 묄렌도르프의 주선으로 1883년 제물포에 세창양행이라는 지사를 두게 되었고 볼터Carl Andreas Wolter(1858~1916)가 지사의 책임자였다.

독일은 브란트(1835~1920) 공사[2]를 전권대신으로 임명하여 1882년 6월 조독수호조약을 체결하였다. 한국의 전권대사는 조영하였으며 조약문은 한문, 독문, 불문으로 작성되었다. 영문 작성은 브란트가 반대하였고 불문 작성은 조약 체결에 통역을 한 중국의 마건충이 프랑스어를 알기 때문이었다.

조선은 서양제국과 수교를 한 후에도 국내 재정사정으로 국외 상주 공관을 설치하지 못하고 있었으며 1887년 5월 명예영사제도를 채택하여 주독 조선 명예총영사관을 함부르크에 설치하였는데, 초대 명예총영사가 마이어 상사의 에두아르드 마이어였다. 독일에 최초로 부임한 대한제국의 외교관은 민철훈으로서 1900년 11월에 독일, 영국, 이탈리아 3국 공사로 임명되었다.

조독수호조약이 체결된 이후 독일에 상당한 변화가 오게 되었다. 1888년 빌헬름 1세(1797~1888)가 죽고 빌헬름 2세(1859~1941)가 즉위하였다. 빌헬름 2세는 군인 정신이 투철한 인물로 독일이 세계를 제패해야 한다는 생각을 갖고 있었다. 그는 해군력을 증강하여 아프리카, 아시아 식민지 개척에 적극적인 정책을 펴나갔다. 황제의 친동생

2 이름은 Max August Scipio von Brandt이며 1862년 일본 영사로 부임하여 중국을 포함한 동아시아에서 33년을 근무하였다.

하인리히 황태자Prinz Heinrich von Preußen(1862~1929)는 해군 제독으로 세계를 돌며 독일 제국주의의 팽창을 다져나갔다. 그는 1898년 7월 28일, 그리고 1899년 6월 8일부터 20일까지 조선을 두 번 방문하였으며 두 번째 방문 시 군사훈련, 덕어학교, 당현의 독일 광산을 시찰하였다.

묄렌도르프는 이홍장의 추천을 받아 1882년 조선 정부에 통리교섭통상사무아문(현재 외교통상부)의 참판(차관)으로 초빙되었다. 그는 고종의 고문으로 외국과의 교섭, 외국 통상을 위한 해관관리청 제도 도입, 내정 개혁 등 많은 계획을 세웠다. 그는 제물포에 독일 조계組界(공관 거류지)지역을 설립하는 데 중요한 역할을 담당하였다. 언급한 대로 함부르크에 본사를 둔 세창양행이 제물포에 지사를 설치하는 데 기여하고 이 상사의 조선 책임자 볼터가 조선에 정착하는 데 도움을 주었다.

묄렌도르프는 교육에 대한 개혁안으로 인구 1,000만이 되는 조선 팔도에 800여 교의 초등학교와 84교[3]의 중학교가 필요하며 수도에는 과학학교, 언어학교와 공업학교가 설립되어야 한다고 건의하였다(Möllendorff 1930, 58). 그리고 초등학교가 제일 중요하며 초등학교 교과서는 일정한 목표를 세워 신중하게 준비하는 일이 시급하다고 하였다. 또한 공식적으로 사용되는 한문은 습득에 너무 많은 시간을 요구하기 때문에 완전히 폐지되어야 하고 한글은 다양하며 한글 자모는 단순하면서도 합리적이라고 하였다. 모든 학교에서 어느 언어든 상관하지 않고 유럽어 하나는 가르쳐야 한다고 주장하였다. 이 일환의 하나로 동문학이 설치되어 영어를 가르치게 되었고 영어교사로 핼리팩스가 초빙되어 1883년 이후 이 동문학에서 근무하였다.

---

3 묄렌도르프(Möllendorff 1930) 저서의 58쪽에는 중학교의 수가 84개로 되어 있다. 그러나 같은 책의 104쪽에는 중학교 수가 24개로 되어 있다.

묄렌도르프의 초청으로 1883년 8월 키일 대학의 지질학 교수 고체K. Gottsche가 두 번이나 전국의 지질조사를 하였다. 고체 교수의 이러한 지질조사는 독일이 조선 내 금광을 채굴하는 데 많은 도움이 되었다. 독일은 세창양행을 내세워 다년간 많은 노력 끝에 1898년 7월 강원도 금성군 당현 금광채굴권을 인가받고 1899년에 채굴에 들어갔으나 경제성이 별로 없었다.

조선 정부는 독일계 미국인 로젠바움Joseph Rosenbaum으로 하여금 한강의 백사를 활용할 수 있는 유리공장을 설립하게 하고, 상해로부터 화륜선을 구입하였다. 묄렌도르프는 무거운 동전 대신에 가벼운 동전을 만들기 위해 독일에서 기계를 수입하여 1883년 전환국[4]을 설치하였다. 독일로부터 조폐기, 선박의 수입 등이 세창양행을 통해 이루어졌다. 을사늑약이 이루어진 1905년 이후 많은 독일인과 업체들이 본국으로 귀국하였지만 세창양행은 1906년 이후에도 사업규모를 축소하여 인천을 중심으로 계속 상업 활동을 하였다.

1885년 7월 해관총세무사직과 협판직을 사임한 묄렌도르프는 중국으로 돌아가 천진 세관과 상해 통계국의 부국장, 왕립아시아학회 부회장으로 활약하였다. 그는 1901년 중국 저장성의 영파에서 심장병으로 사망하였다.

독일 황제 빌헬름 2세의 친동생 하인리히 황태자가 앞서 언급한 대로 1898년 7월 군함 도이칠란트호로 부산에 온 적이 있으나 고종을 알현하지 못하였다. 황태자는 1899년 6월 다시 한국에 와서 고종을 접견하였으며 이때 강원도 당현 금광과 덕어학교를 시찰하였다. 그는 군악대를 대동하였으며 이 군악대는 고종 접견 시 연주를 하였다. 연주에 감동한 고종은 그렇지 않아도 독일 군대제도에 관심이 있던 터에 군악교사의 초청을 구체화하였다. 1901년 3월 일본에서 활동하고

---

4 전환국은 고종이 1883년 설치한 한국 최초의 근대적 조폐기관이다.

있던 독일 프러시아 왕실악장 에커르트[5]가 초빙되었고 6월 대한제국 군악대 교사로 고용되었다. 에커르트는 1901년 한국 학생 50명을 뽑아 군악대를 창설하고 덕어학교 재학 중인 백우용을 통역으로 선정하였다. 군악대는 매주 목요일 오후 파고다공원에서 정기연주회를 가졌고 많은 사람이 몰려와 구경을 하며 서양음악에 신기해 하였다. 에커르트는 '대한제국애국가', '대한제국행진곡' 등을 작곡하였고 1902년에는 한국어 찬송가를 출판하였다(홍순호 1985, 14). 그리하여 그는 한국에 최초로 서양음악을 소개하였으며 서양음악의 선구자로 간주할 수 있다.

당대 한국과 긴밀히 연관된 독일인으로 고종의 시의侍醫 분쉬 박사Dr. med. Richard Wunsch(1869~1911)를 들 수 있다. 분쉬는 베를린 대학에서 외과의로 수련을 하고 1899년부터 영국 런던에 있는 독일병원에 외과의사로 근무하였다. 이때 도쿄 제대 의학교수이며 일왕의 시의인 벨츠Erwin Bälz 교수를 만나 극동에 관심을 갖게 되었다. 분쉬는 1901년 11월 한국에 와서 미국인 샌즈Sands와 함께 왕궁에서 의사로 근무하였다. 분쉬의 일기[6]에 따르면 그는 한국에서 의사로서 많은 것을 기대하고 계획하였으나 성공을 거둘 수 없어 대단히 실망하였다. 그는 1905년 5월 주일 독일 공사관의 공식 의사로 일본으로 건너갔다. 그는 일본에서 1908년 중국 청도로 가게 되었고 1911년 3월 발진티푸스에 감염되어 중국에서 사망하였다.

1909년 5월 뮌헨 근교 상트 오틸리엔에 있는 베네딕트 수도원의 독일 신부 엔스호프Dominikus Enshoff(1868~1939)와 자우어Bonifatius

5 에커르트는 1879년부터 일본 도쿄에서 활동하였으며 그 가장 큰 업적 중 하나는 1880년 일본 국가 '기미가요'를 작곡한 것이다.

6 분쉬는 1901년에서 1911년까지 한국, 일본과 중국에서 의사로 활동하였으며 한국에서는 1901년에서 1905년까지 고종의 어의로 있었다. 그의 사후 그의 딸 클라우센-분쉬(Gertrud Claussen-Wunsch)가 1976년 그의 일기를 모아 *Arzt in Ostasien*이라는 책을 출간하였다.

Sauer(1877~1950)가 한국에 들어와 선교를 하게 되었다. 이어서 같은 해 12월 수도원장 베버Nobert Weber(1870~1956)를 위시한 독일 신부단이 에카르트Andre Eckardt(1884~1974)와 함께 내한하였다. 베버 신부는 수도원과 교사훈련원, 그리고 수공업학교를 설립하였다. 이들 독일 신부들은 한국학과 선교학을 연구하였으며 베버 신부는『조용한 아침의 나라Im Lande der Morgenstille, Reise-Erinnerungen an Korea』(1916),『한국의 금강산In den Diamantenbergen Koreas』(1927) 등을 남겼다. 베네딕트수도원은 서울에 베네딕트(분도)회를 창설하였고, 1차 세계대전 후에는 덕원에 분도수녀원을, 그리고 1956년에는 경북 왜관에 수도원을 세워 오늘날까지 활동하고 있다.

또 수도회 신부와 함께 1909년 내한한 에카르트는 수도원 창설에 많은 도움을 주었고 한국에 20여 년 간 체류하면서 한국학에 관한 수많은 저서와 논문을 남겼다. 그는 1923년에서 1928년까지는 경성제국대학에서 언어와 미술사를 강의하였다. 에카르트는 1928년 말 독일로 돌아갔으며 1930년 논문「한국의 학제Das Schulwesen in Korea」로 뷔르츠부르크에서 박사학위를 받았다. 그는 1950년부터 1974년 생애를 마감할 때까지 뮌헨 대학 동아시아 학과에서 교수로 근무하면서 동양 3국에 관한 연구를 활발히 하였다. 무엇보다도 그는 일본, 중국 이외에 한국의 언어와 문화의 독자성을 독일과 서방에 알림으로써 독일 최초로 한국학의 기초를 마련하였다. 에카르트 교수는 1929년 독일 라이프치히에서『한국 예술사Geschichte der koreanischen Kunst』를 펴냈는데 이 책은 건축, 조각, 불탑, 도자기 등 한국의 모든 예술이 집결된 것이었다. 그 외에『한국어 회화 문법Koreanische Konversationsgrammatik mit Lesestücken und Gesprächen』(1923),『한국의 동화와 이야기Koreanische Märchen und Erzählungen』(1931),『한국어 연구Studien zur koreanischen Sprache』(1965),『한국 문학사Geschichte der koreanischen Literatur』(1968)『한국의 음악, 노래, 춤Musik, Lied, Tanz in Korea』(1968)『한국Korea』(1972) 등 한국과

그림 44. 독일 공사관(1900년경)
회현동에 있던 독일 공사관 모습이다.

그림 45. 묄렌도르프(1897년경)
묄렌도르프가 조선에서 중국으로 돌아가 영파의 세관에서 근무한 시절의 모습이다.

관련된 다수의 저술이 있다.

한국 최초의 외국인 고문관이었던 묄렌도르프는 독일 할레 대학에서 법률, 언어학, 동양학을 배웠으며 중국어, 만주어, 히브리어에 능통하였고 수많은 중국학, 언어학 관련 저서와, 철학논문, 중국어원 사전 초고, 중독사전 초고 등을 남겼다. 발간된 저서로 『중국 표준어 입문Praktische Anleitung zur Erlernung der hochchinesischen Sprache』(1891), 『중국 가족법Das chinesische Familienrecht』(1895), 『중국 서지학Manual of Chinese Bibliography』(1876)과 『만주어 문법A Manchu Grammar with Analysed Texts』(1892) 등이 있다. 베를린 국립도서관(33편), 프랑크푸르트 중국연구소(25편)와 프랑크푸르트 대학 동양학과(12편)에 그가 쓴 책, 논문, 번역 등의 목록(Möllendorff 1930, 121~124)이 보관되어 있다. 그는 한국어도 열심히 배웠으며 중국 한자와 비교한 『한국어 사전Koreanisches Wörterbuch mit chinesischen Vergleichungen』도 베를린 국립도서관 목록에 포함되어 있다.

1920년대 독일 유학생으로 이극로(1893~1978)가 있으며 그는 1922년에서 1927년까지 베를린 대학에서 정치학과 경제학을 전공했고, 「중국의 생사生糸공업」 논문으로 박사학위를 받았다(이극로 2008). 학위과정 중 그는 1923년 겨울학기에 베를린 대학의 동양학부에 한국어 강좌를 최초로 개설하여 1926년 겨울학기까지 한국어를 가르쳤다. 이때 한국어 강좌 수강자는 17명이었고, 중국어 수강자는 130명, 그리고 일본어 수강자는 77명이었다.

2. 관립한성덕어학교

1) 발전 과정

덕어학교는 1898년 9월 15일 외국어학교 중에서 제일 늦게 설립되었다. 독일은 1871년에야 재상 비스마르크에 의해 통일이 되었고 유럽 내에서의 자국 위상에 집중하느라 해외, 특히 동양의 식민지 정책에 관심을 가질 여력이 없었다. 반면에 영국과 프랑스는 인도, 인도차이나, 중국에 막강하게 국력을 행사하고 있었다.

덕어학교는 학교 경비를 탁지부(현 경제부)에서 지원받았으나 이 경비는 기존 건물을 수리하고 책상, 걸상 등을 조달하는 데 사용되었다. 다른 어학교도 새로 건물을 짓지 못하였으며 이는 배재학당, 이화학당 등 사립학교가 새로운 건물을 지은 것과 대조되었다. 덕어학교 입학식에서 학부 협판(교육부 차관) 고영희는 독일의 군법과 군제가 세계 제일이라 독어를 배우는 것이 필요하다고 하였다. 주한 독일 공사인 크리엔Ferdinand Krien(1850~1924)은 개학식에서 독어를 말하는 사람이 전 세계의 10%에 해당하고 예술과 학문을 위해 많은 외국인이 독일로 유학을 온다고 하였으며 덕어학교 입학식에 많은 학생(약 40명)들이 참석해 기쁘다고 하였다. 실제로 덕어학교는 학문이나, 예술, 군제를 위한 것이라기보다는 독어로 의사소통할 수 있는 통역관을 양성하기 위한 것이었다.

덕어학교는 1898년 북부 대안동, 즉 지금의 안국동 덕성여고 북쪽 선학원 부근에 위치하였다. 이후 덕어학교는 여러 번 이사하는데 1906년 12월 박동(현 수송동 일대)으로 이전하였다가 1907년 5월 대안동 예전 교사로 옮겼다. 1907년 11월 22일 다시금 중부 훈동(후에 관훈동으로 통합)으로 이사한 후 1908년 1월에 교동의 관립한성외국어학교의 덕어부로 귀속되었다.

2) 교과과정

초기의 덕어과 교육내용은 볼얀의 논문에서 확인할 수 있다.[7] 볼얀(Bolljahn 1900a, 201)은 첫 수업(1898)에서 회화, 쓰기와 읽기, 받아쓰기, 계산을 가르쳤다. 그리고 1899년 신년 초에 두 학급이 있었는데 볼얀은 그중 우수반 학생에게 지리와 문학작품(쉬운 시를 포함)을 가르쳤다. 이 외에 독일어 수업을 참관했던 겐테Siegfried Genthe(1870~1904)[8]와 벤데만Felix Eduard Emil von Bendemann(1848~1915)의 보고(독일외무성서류 R 18932, 1901.7.16~1902.3.31)에서 덕어학교의 교과목을 확인할 수 있다. 겐테는 1901년 6월 지리, 암산, 역사, 독문법, 독시 수업을 참관

7 볼얀은 덕어학교에서 가르치면서 1900년에 외국교육제도에 관한 라이프치히의 학술잡지에 '한국의 교육제도(Das koreanische Schulsystem)'에 대해 기고하였다(Bolljahn 1900a 참조).

8 겐테의 사후 1905년에 출간된 『한국여행기(Korea-Reiseschilderungen)』를 브레젤(Sylvia Bräsel)이 2005년에 재출간하였다(참고문헌 참조). 이 책에서는 브레젤의 재출간본을 참고하였다.

하고, 교실 옆방에 전시된 작문, 받아쓰기, 산술시험 결과물을 살펴보았다. 이들은 모두 독일어로 작성된 것이었다(Bräsel 2005, 246~247). 벤데만은 일본 나가사키에 있던 독일 해군 부제독으로 1901년 9월 한국에 와서 고종을 알현하고 덕어학교를 방문하였다. 이때 덕어학교는 세 반이고 연령 차이가 많이 나는 학생들이 독일어 서체와 라틴어 서체, 독일어와 라틴어 서체(텍스트) 읽기, 계산, 지리를 배웠으며 볼얀이 이들 학생의 재능과 열의에 아주 만족한다고 벤데만은 기록했다. 이 사실을 근거로 최소한 1901년까지는 덕어학교의 교과목으로 독일어로 읽기, 쓰기, 받아쓰기, 회화, 독일 시가 있었고, 산술, 역사, 지리 등이 교과목으로 제공되었음을 확인할 수 있다.

교과과정이 시간과 함께 구체적으로 제시된 것은 덕어학교가 관립외국어학교로 통합된 이후이다. 표 46과 같이 일람(31~33)에서 1908년도 관립외국어학교 덕어부 교과과정을 제시하였다.

1908년도 덕어부의 교과과정에서 특징적인 몇 가지 용어를 설명한다. 장화는 회화를 뜻하며 다른 언어부 교과과정에서는 회화라는 표현을 썼다. 보통문자, 보통체조, 보통서찰은 일상생활에서 일반적으로 쓰이는 글, 체조, 편지를 말한다. 덕역德譯은 독어로, 한역漢譯은 한문으로 번역하는 것이다. 이 교과목도 다른 언어에서는 반역反譯으로 표현하였다. 반역은 현대 전문용어로 순행번역(모국어에서 외국어로 번역)과 역행번역(외국어에서 모국어로 번역)을 말한다. 정자학은 오늘날의 정서법을 의미한다.

1908년도에는 매주 수업시간이 29시간으로 영어부와 마찬가지로 다른 어학부보다 수업시간이 주당 1시간 많다. 독서와 회화 과목에서는 독본과 일상생활의 문자를 가르쳤으며 시간배당이 많다(3년간 각각 13시간). 받아쓰기와 글쓰기 연습은 독본을 중심으로 8시간과 3시간 배웠다. 독어로 번역하는 수업은 신문의 잡보(소식란)를 중심으로 3학년에서 1시간 다뤘다. 한문으로 번역하는 수업은 독본을 중심으로 3학

표 46. 덕어부 교과과정표(1908)

科/級	第一年級	每週教授時數	第二年級	每週教授時數	第三年級	每週教授時數
長話	普通文字	六	仝上	五	仝上	二
讀書	讀本	六	仝上	五	仝上	二
書取	仝前을 標準	三	仝前을 標準	三	仝上	二
習字	仝前을 標準	三	仝前을 標準		仝上	
德譯					新聞雜報	一
漢譯					讀本	二
文法				三	品詞篇	三
正字學				三	正字大要	一
德詩					時流行詩	二
博物學					禽獸部	二
書札					普通書札	一
地誌					萬國地誌	二
算術	筆算, 加數	五	筆算 加, 減, 乘	四	四則雜題	三
漢文	孟子	三	上同	三	上同	三
體操	普通體操	三	上同	三	上同	三
合計		二九		二九		二九

년에서 2시간 다뤘다. 번역 과목이 3학년에 와서야 배당된 것, 그리고 독일어로 작문이 1시간만 배당된 것으로 보아 독일어 작문이 수월하지 않았다는 것을 알 수 있다. 문법은 품사론을 2, 3 학년에서 각각 3시간 다뤘다. 정서법은 2학년에서 3시간, 3학년에서 1시간 다뤘다. 서간문(편지)은 일상 서간문을 3학년에서 1시간 다뤘다. 독일 시는 시대에 유행하는 시를 3학년에서 2시간 다뤘다. 서간문과 독일 시도 초급에서는 다루기 힘든 과목으로 3학년에서 다룬 것을 알 수 있다.

생물학에서는 수금부(동물편)를, 지지에서는 세계지리를 3학년에서 2시간 다뤘다. 수학은 필산과 가감승제를 다루었으며 3년간 12시간으로 배당이 많은 편이다. 다른 어학교에서와 마찬가지로 수학에 많은 시간(3년간 12시간)이 투자되었으며 이는 정확한 계산이 요구되는 근대적인 삶을 준비하는 과정의 일면을 보여준다 하겠다. 한문은

표 47. 덕어부 교과과정표(1909)

學科/學年		第一年級	時數程度	第二年級	時數程度	第三年級	時數程度
修身		實踐道德	一	仝上	一	仝上	一
讀方譯解		日常须知의 文字及普通文	六	仝上	五	仝上	四
會話		讀方譯解 準據	六	仝上	五	仝上	二
書取		讀方譯解 準據	三	仝上	三	仝上	二
德語	反譯					德文韓譯, 韓文德譯	三
	作文, 文典			品詞篇	三	仝上及文	四
	正字學			正字大要	三	仝上	一
	德詩					現時流行詩	二
	習字	草書	三				
國語及漢文		講讀作文	三	仝上	二	仝上	二
數學		四則	五	仝上及小數	四	分數及比例	三
歷史 地理				本國歷史 本國地理	二	仝上 仝上及外國地理	四
理科				博物, 生理	一	物理, 化學	一
體操		學校體操	三	仝上	三	仝上	三
隨意科 日語				假名及簡易 口語文	(二)	簡易口語文	(二)
合計			三O		三二 (二)		三二 (二)

맹자를 매 학년 3시간 다뤘으며 한문은 교사의 기호에 따라 중국의 고전, 논어나 맹자에서 선택한 것으로 보인다. 체조는 보통체조를 매 학년 3시간 다뤘으며 교관이 다루는 군대식 체조는 아니었다.

학부고시 14호에 제시된 1909년도 덕어부 교과과정 및 매주 교수 시수표는 표 47과 같다. 1909년도에는 1학년은 매주 30시간, 2, 3학년은 일어(수의과)까지 합쳐서 34시간이다. 수신, 이과 과목, 수의과(일어), 국어 및 한문이 추가되었다. 회화와 받아쓰기 시간은 1909년에도 변동이 없다. 그 외 다른 과목들은 1908년도와 견주어보면 과목명과 시간에 약간씩 변동이 있다. 번역은 반역이란 용어로 3학년에서 3시간 배운다. 이때 독일어에서 한국어로, 그리고 한국어에서 독일어로 번역을 하였다.

장화도 회화로 바뀌고 독서는 독방역해로 바뀌었다. 1909년도에 독방역해 과목이 3학년에서 2시간 늘어났다. 문법은 작문과 문전이라는 과목으로 바뀌었고 품사론을 2학년에서 3시간, 그리고 3학년에서 4시간 배운다. 품사론이란 명칭하에 문법이 3학년에 많이 배당된 셈이다. 정서법, 독시, 글쓰기 연습 시간은 변함이 없다. 국어와 한문 과목에서 강독과 작문을 1학년에서 3시간, 2, 3학년에서 각 2시간 배운다. 다른 어학교와 마찬가지로 국어라는 과목이 생기고 읽기와 작문을 중심으로 배웠다.

산술은 수학이라는 과목으로 바뀌었고 사칙, 소수, 분수와 비례를 12시간(3년간) 배우며 1908년도와 마찬가지로 시간배당이 많다. 한국역사와 지리를 2학년에서 2시간, 3학년에서 세계지리와 함께 4시간 배운다. 수신이 매 학년 1시간, 이과는 2학년에서 박물, 생리를 1시간, 3학년에서 물리, 화학을 1시간 배운다. 수의과 일어는 2, 3학년에서 가타가나와 간단한 구어문을 2시간 배운다. 1909년도 교과과정에서 가장 큰 변화는 일어를 모든 어학교에서 선택으로 배우는 것인데, 이는 학교 교육에서 일어를 모든 학생이 배우게 되었다는 것을 의미한다.

1908년도와 1909년도의 교과과정에서 제시된 수업내용을 언어습득 과목과 언어 외 습득 과목으로 나누어 정리하였다(표 48, 49). 언어습득 영역은 회화, 독서, 쓰기, 받아쓰기, 문법, 번역, 정서법, 독일 시이다. 쓰기 영역이 강조되었는데 받아쓰기 외에 쓰기 연습[9]이 따로 있고, 쓰기에 필요한 정서법과 서찰 과목이 있는 것에서 알 수 있다. 독

9 그림 46에서 칠판에 쓰여진 서체는 독일어의 필기체(Sütterlinschrift)이다. 학생들이 독일어 필기체를 읽고 배웠음을 확인해주는 그림이다.

표 48. 덕어부 언어습득 과목(1908, 1909)

1908년				1909년			
과목	시수			과목	시수		
	1학년	2학년	3학년		1학년	2학년	3학년
독해	6	5	2	독해	6	5	4
회화	6	5	2	회화	6	5	2
받아쓰기	3	3	2	받아쓰기	3	3	2
번역			3	번역			3
문법		3	3	작문/문법		3	4
정서법		3	1	정서법		3	1
독일 시			2	독일 시			2
쓰기	3			쓰기	3		
편지쓰기			1				
한문	3	3	3	국어/한문	3	2	2
				일어 (수의과)		(2)	(2)
계 %	21 72.4	22 75.9	19 65.6	계 %	21 70.0	21(2) 61.8	20(2) 58.8

해, 회화, 받아쓰기는 일상생활에 쓰이는 글 위주로 수업하였다. 두 학년도를 비교해 확인할 수 있는 것은 1908년도에 언어습득 과목 비율이 아주 높았으며 이 비율이 1909년도에는 학년이 올라갈수록 줄어들지만 3학년에서도 거의 59%를 차지하는 것은 높은 비율이라 할 수 있다는 점이다. 언어습득 과목의 경우 1909년도에 독해와 문법이 강화되었다.

덕어부의 두 학년도 언어 외 습득 과목의 내용과 비율은 표 49와 같다. 1909년에는 언어습득 이외의 과목이 학년이 높아질수록 늘어났으나 수학의 배당시간에는 변함이 없다. 또 수학 시간이 많은 사실을 통해 수학의 중요성을 강조한 것을 알 수 있다. 두 학년도의 덕어부 교육내용이 타 언어와 다른 것은 언어습득 과목에서 독일 시와 독일 정서법이 들어 있고, 독어회화가 1, 2학년에서 다른 언어부보다 많이 배당되었다는 점이다. 정서법은 독일인 교사 볼얀이 언어를 배우는

표 49. 덕어부 언어 외 습득 과목(1908, 1909)

1908년				1909년			
과목	시수			과목	시수		
	1학년	2학년	3학년		1학년	2학년	3학년
				수신	1	1	1
수학	5	4	3	수학	5	4	3
지리			2	역사/지리		2	4
이과			2	이과		1	1
체조	3	3	3	체조	3	3	3
계 %	8 27.6	7 24.1	10 34.4	계 %	9 30.0	11 38.2	12 41.2

데 정확한 철자를 중요시한 것이 반영되었고 독일 시를 교과목으로 정한 것은 교사의 기호와 관심에서 온 것이다. 볼얀은 독일 시로 독일의 대문호 괴테Johann Wolfgang von Goethe(1749~1832)의 「어부Der Fischer」, 포겔Johann Nepomuk Vogel의 「깨달음Das Erkennen」과, 「지팡이 짚고 산책하는 사람Ein wanderbursch mit dem Stab in der Hand」을 비롯하여 다른 여러 시인의 작품을 선정하였다(Bräsel 2005, 247~249).

여섯 외국어학교의 사진 중 다음 덕어학교 수업 모습(그림 46)이 교과내용을 가장 많이 전달하고 있다. 칠판에 내용이 가득 적혀 있으나 화면이 흐려서 정확한 내용을 판단하기 어렵다. 저자는 독일인 교수 로스와 힐데군드 수녀의 도움으로 옛 독일 필기체의 내용을 면밀히 조사하였다. 칠판 왼쪽의 내용은 편지에 관한 것으로 추정된다. 이는 두번째 줄에 독일 편지에서 상대방을 일컫는 호칭 "…geehrter Herr…"(존경하는 …씨)이 써 있기 때문이다. 왼쪽 칠판의 맨 위 오른쪽에는 아마도 독일 편지 양식에서처럼 편지 쓰는 장소와 날짜가 적힌 듯하나 확인이 어렵다. 칠판 오른쪽에는 독일 시가 적혀 있다고 할 수 있다. 맨 오른쪽 위에 독일 이름 S… Ernst가 쓰여 있는 것으로 보아 독일 시의 저자 이름이며 성이 Ernst이고 이름은 S로 시작하나 더

그림 46. 관립덕어학교에서 수업을 진행하는 독일인 교사 볼얀

이상은 철자를 읽을 수가 없다. 그 아래는 시의 제목인 것 같으나 역시 확인이 어렵다. 그 밑에 여러 줄이 쓰여 있는데 각 줄이 독일 시에서 그렇듯이 대문자로 되어 있고 각 줄 중앙에 사선이 그어져 있다. 이 사선들은 시의 휴지Versende를 표시한 것 같다. 칠판 오른쪽 하단에 "…. macht M eine Liebeserklaerung, aber M gibt ihm eine Absage(…. Kerl)"라는 설명을 비교적 뚜렷이 읽을 수 있다. 이 설명이 "M에게 사랑을 고백하였으나 M이 그 남자에게 거절을 했다"라는 의미이므로 사랑에 관한 시로 추정된다.[10] 덕어부 수업에서 편지와 독일 시를 다룬 것을 보면 수업내용이 초보자를 위한 것은 아니었다. 편지와 시를 어떤 식으로 연관지어 가르쳤는지는 알 수 없다. 확실한 것은 수업 당시 정해진 교재가 없었고 배울 내용을 칠판에 적었다는 것으로 보아 덕어학교 수업 초기의 사진임을 알 수 있다.

10 볼얀이 수업 시간에 다룬 '사랑'이라는 주제는 당시 조선 사회의 분위기가 폐쇄적이었음을 생각하면 조금 놀랄 만하다. 그러나 18~19세기에 독일을 위시하여 전 세계적으로 성행했던 낭만주의의 중요한 주제 중 하나가 '그리움과 사랑'이라는 것을 감안하면 그가 왜 이런 주제를 다루었는가를 이해할 수 있다.

3) 교재

볼얀(Bolljahn 1900a, 203)이 교재와 수업자료가 독일에서 곧 도착할 것이라 한 것으로 보아 교재로 원서를 사용하였을 것이나 덕어학교 교재는 구체적으로 확인되지 않고 있다.

볼얀은 매일 4시간씩 독일어로 수업을 하였으며 어려운 것을 설명할 경우에만 영어와 우리말을 사용하였다. 그가 영어학교 출신인 부교관에게 영어로 설명하면 부교관이 영어에서 우리말로 번역을 하였다(Bolljahn 1900a, 200). 이 부교관은 독일어를 전혀 모르기 때문에 볼얀이 수업하기 전에 매번 영어로 수업의 내용을 미리 알려주었다.

관립한성외국어학교일람(41~43)에 덕어부 교과서가 제시되어 있는데 이는 표 50과 같다. 장화(회화) 교과서는 1학년, 2학년 때는 화본畵本(그림책)이며 3학년 때는 장화책 3권이었다. 독서 시간에는 『초급독본』이 전 학년에 사용되었다. 박물학 교과서로는 3학년 때 『금수부』가, 지지 교과서로는 3학년 때 『중등만국지지』가 사용되었다. 산술 교과서로는 『산술책』 1, 2, 3권이 각 학년에 사용되었고, 한문 교과서로는 『경전經傳』이 전 학년에, 체조 교과서로는 『보통체조』가 사용되었다.

4) 교사

(1) 한국인 교사

1906년 9월에서 10월까지 학부 참서관[11] 정교가, 1907년 1월에서 1908년 1월까지 유면이 덕어학교 학교장을 맡았다. 유면은 전에 덕어부 부교관 겸 서기로 있었다. 한어학교, 법어학교와 덕어학교의 겸임 부교관으로 심의식, 그리고 덕어부의 부교관 겸 학원감으로 최태경이

11 조선 말 각 부 관직으로 현 국장급에 해당하는 관직이다.

표 50. 덕어부 교과서 배당표(1908)

科/級	第一年級	每週教授時數	第二年級	每週教授時數	第三年級	每週教授時數
長話	畫本	六	仝上	五	長話册 第三卷	二
讀書	初學讀本	六	仝上	五	仝上	二
書取		三		三		二
習字		三				
德譯						一
漢譯						二
文法				三		三
正字學				三		一
德詩						二
博物學					禽獸部	二
書札					口授	一
地誌					中等萬國地誌	二
算術	算術册 一卷	五	算術册 二卷	四	算術册 三卷	三
漢文	經傳	三	仝上	三	仝上	三
體操	普通體操	三	仝上	三	仝上	三
合計		二九		二九		二九

있었다. 부교관들은 대부분 외국어학교 출신이며 이들은 외국인 교사의 통역을 맡았다. 이 외에도 신영익, 홍현식, 장석준, 진학신, 우기원, 진수, 김성희, 이인식, 최태향, 김병기, 한상동, 낭승익이 덕어학교 교관이나 부교관으로 활동하였다. 이들은 몇 개월이나 1~2년 근무하다 홍현식, 장석준, 진학신, 진수 등은 번역관으로 직업을 옮겼고, 우기원은 공사관 참서관으로, 최태경은 총독부 군서기로 직을 옮겼다. 볼얀(Bolljahn 1900a, 200)의 글에서도 한국인 부교관(이름이 명시되지 않음)이 자신을 보조하고 있었으며 이 부교관은 영어학교 출신으로 볼얀과 영어로 의사소통하였다고 밝히고 있다.

(2) 외국인 교사[12]

볼얀은 1862년 2월 20일 독일 북부 동해Ostsee에 있는 우제돔Usedom이라는 섬의 파스케Paske 지역에서 태어났다. 그는 16살이 된 해인 1878년 캄민Kammin에 있는 교사세미나를 이수하였다. 1881년에 국민학교 교사Volksschullehrer 시험에 합격하였으며 이때 성가대 지휘와 오르겔 연주를 할 수 있는 자격도 갖게 되었다. 그는 힌터폼머른Hinterpommern의 젤츠Selz에서 초등학교 교사를 한 후에 1882년 9월에서 1884년 5월까지 고향 우제돔에서 교사로 활동하였다.

볼얀은 1884년 9월 영국 맨체스터에서 여자 고등학교Höhere Töchterschule, 1885년 9월에는 고등학교Anglo-German High School에 근무하였다. 그 후 그는 파리에서 4개월간 프랑스어 교육을 받은 후 독일에서 중학교 교사 자격 시험에 합격하였다. 1888년 11월에서 1889년 4월까지 앙어뮌데Angermünde의 중학교Knaben-Mittelschule에서 독일어와 프랑스어를 가르쳤다.

1889년 6월 볼얀은 일본으로 가게 되었고 도쿄에 있는 사관후보학교, 도쿄 고등중학교(제1고등학교) 등 여러 곳에서 독일어와 일반 학과를 가르쳤다. 일본에서 그는 성과 있는 교사였으나 한국에 덕어학교가 새로 설립되자 당시 크리엔 독일 공사의 설득으로 1898년 8월 서울에 오게 되었다. 그는 일본 도쿄를 떠나기 힘들었으나 정치적으로 각광을 받고 있는 대한제국에서 덕어학교를 설립하여 최초의 독일어 교사가 되는 유혹을 뿌리칠 수 없었다(Bolljahn 1900a, 199~200). 그는 1911년 관립외국어학교가 폐쇄될 때까지 공식적으로 독어교사로 활동하였으며 한국에서 1903년 10월 박문원[13] 협의에 임명되었고

12 이 절의 내용은 2013년 발표한 「한국 최초의 독일어학교와 독일인 교사 요한 볼얀(1862~1928)」(『독어교육』 제56집)을 수정·보완한 것이다.

13 1903년에 설치된 국내외 서적, 신문, 잡지를 보관하던 관청.

그림 47. 요한 볼얀(1907)
볼얀이 에커르트의 딸 엘리자베트의 결혼식에 참석했던 모습이며 그림 38의 일부이다.

1908년 6월 영어교사 핼리팩스, 프램턴, 민건식, 김한규와 함께 훈장을 받았다.

1911년 4월 볼얀은 독일로 휴가를 갔다가 다시 한국으로 돌아왔다. 이후 조선 왕실 군악대장으로 있던 프란츠 에커르트의 손주들에게 개인적으로 독어를 가르친 것으로 알려져 있다(Kneider 2009, 144~145). 에커르트는 1916년 서울에서 위암으로 사망하였고, 볼얀은 1919년 에커르트의 미망인과 함께 독일로 돌아갔다.

그는 독일로 돌아가서 오스터노트하펜Osternothafen에서 해양전문학교Marinefachschule 교사로 근무하였다. 1922년 9월 볼얀은 60세의 나이로 한국에서 알고 지냈던 독일 상인 고샬키Gorschalki[14]의 미망인과 결혼하였다. 그는 6년 후 1928년 고향 파스케에서 세상을 떠났다.[15]

볼얀의 동생A.K.W. Bolljahn은 1899년 8월 상해에서 한국으로 왔으며 1900년에서 1908년까지 부산의 해관에서 근무하였다.

볼얀과 학부의 계약서는 1898년 4월, 1905년 8월, 1909년 8월에 체결되었다. 계약서에는 계약 기간, 월급, 주거비, 퇴직 시와 병가 시에 관한 사항, 기타 준수 사항이 들어 있다. 볼얀의 1898년 계약에서는 계약 기간이 3년, 급여가 처음 1년은 매월 200원, 2년에는 매월

14 고샬키는 1884년 이후 처음에는 제물포에서, 후에는 서울에서 독일 식료품상을 운영하였다.

15 2012년 8월 볼얀 탄생 150주년을 기념하여 우제돔에서 그가 다녔고 가르쳤던 학교 건물에 독일어와 한국어로 된 기념 현판이 설치되었다. 현판에는 다음과 같은 글이 실려 있다. Johann Bolljahn/요한 볼얀, *1862 Paske Usedom +1928 Swinemünde Begründer des Deutschunterrichts in Korea(1898~1919)/한국에서의 독일어교육의 창시자(1898~1919), Lehrer an der Stadtschule Usedom(1882~1884)/우제돔 시립학교 교사(1882~1884), Im Leben Gottes weite Welt. Im Tode die Heimat/하느님께서 주신 넓은 세계를 유하다가 죽어서는 고향에 묻히다.

250원, 3년에는 매월 300원으로 되어 있다. 주거가 제공되지 않는 경우 주택 임대료 35원, 그리고 일본에서 한국으로의 여비 100원도 계약서에 포함되었다. 이 계약은 같은 시기 한어학교 호문위의 1900년 계약서와 비교해보면 아주 좋은 조건이었다. 호문위의 급여는 매월 100원, 주택비가 매월 20원이었다.

1905년에 계약 연장 시에 볼얀의 그간 업적을 생각하여 독일 공관에서 월급과 주택비 인상을 청원하였다. 주택비는 영어교사 프램턴과 형평(매월 50원)에 맞게 증액되었다. 이 계약서의 계약 기간은 2년이었고 매월 300원 급여, 그리고 주택비 50원이 제공되었다. 1909년 계약서에서 계약 기간은 2년이었고 매월 300원씩 급여가 지불되나 연봉은 4,000원으로 정해졌으며 주택비는 변함이 없었다.

볼얀은 1905년 학교에 대한 일본의 감독 권한이 강해지자 덕어학교의 지속상태에 대해 확신을 갖지 못하였다. 학생 수도 줄어서 25명 정도 되었다. 그는 독일 정부가 한국의 덕어학교를 존속시키려고 노력한다면 한국에 더 머물 것이고 그렇지 않은 경우 프러시아에 있는 학교로 가기를 원했다. 독일 공관에서는 1905년 5월 31일 외무성에 볼얀을 프러시아의 교사로 추천하며 이에 연봉 2,100마르크와 주거비를 제안한 적이 있다. 그러나 볼얀은 1905년 8월 계약이 재체결되어 덕어학교의 교사로서 계속 활동하였다.

그는 1901년 4월에서 1902년 6월까지 무관학교 학생들에게 매일 2시간씩 독일어를 가르쳤다. 이에 대한 보수로 계약에 매년 1,000원을 받기로 했으나 정부의 재정난으로 받지 못하여 계약이 자동적으로 해지되었다.

볼얀은 한국 체류 중 여러 방면으로 적극적인 삶을 살았다. 그는 덕어학교 홍보에도 열성이었으며 1899년에서 1902년까지 연속해서 수업 참관을 받게 되었다. 1899년 6월 독일의 하인리히 황태자가 한국을 시찰하였을 때 덕어학교 수업을 참관하였다. 황태자는 학생들의 열의와 볼얀의 업적을 높이 샀다. 1900년 하기 시험 우승자에 대한 시상식에 독일 공사, 학부대신, 세창양행의 사장 등이 참석하였다. 볼얀은 동년 12월 5일 오후 6시에는 환등회를 개최하여 독일 공사와 각 부 대신을 초청하였다. 이 환등회는 역사와 지리 수업의 보충으로 독일 문화를 전달할 목적으로 추정된다. 1901년 6월 하기 방학식에도 독일 공사, 쾰른 신문 기자 겐테 등이 참석하였다. 동년 9월에는 독일 해군 부제독 벤데만이 덕어학교를 방문하였다. 1902년 6월 24일(『황성신문』) 덕어학교 하기 시험이 있었으며 역시 학부대신, 학무국장, 외국어학교장, 독일 공사 바이퍼트Dr. jur. Heinrich Weipert(1855~1905)가 초청되었다. 그리고 동년 7월 1일 하기 시험 결과에 대한 시상식이 있었으며 세창양행에서 은시계 2개, 좌종 6개, 덕어자전 2권을, 그리고 군악대장 에커르트는 궐련 1곽 등을 기증하였다. 이 중 덕어자전은 일종의 사전임에 틀림없으나 어떤 사전이었는지는 확인되지 않고 있다.

확인하였듯이 여름학기 시상식이 1900년에서 1902년까지 있었고 내외 귀빈이 참석하여 시상을 한 것으로 보아 1902년까지 덕어학교는 나름대로 호황을 누렸다고 볼 수 있다. 1904년 9월 8일에는 독일 함장이 덕어학교를 시찰하였다.

1907년 12월 19일에 덕어학교에서 2학기 시험이 있었으나 시상식에 관한 언급이 없다. 1908년에 4월 3일 『황성신문』에 볼얀이 일어강습에 찬성하여 덕어학교에 일어과를 설치하고 일주일에 수 시간씩 교수하였다는 보도가 있다. 이것은 시기적으로 보면 1908년의 일어 수의과에 관한 사실이다. 1908년에 각 언어부에 일어가 수의과로 들어가게 된 것을 의미하며 볼얀이 이에 찬동한 것이라 추정된다. 이 일어 수업은 2, 3학년에서 일주일에 2시간 배당되었다.

볼얀은 학문 연구에도 열성적이어서 한국과 일본의 교육제도에 관한 논문 외에 선교와 종교학에 관한 잡지에서도 한국의 관습과 인

습에 대한 그의 논문을 발견할 수 있다.[16]

한국 체류 중 볼얀은 수업 외에 인간적인 교류에도 적극적이었으며 특히 다른 독일인과 교류가 많았다. 분쉬의 일기(Claussen-Wunsch 1976)에 의하면 볼얀이 분쉬와 가까운 관계였음을 알 수 있다. 그들은 1901년에서 1905년까지 해마다 크리스마스, 연말을 같이 보냈으며 때로는 군악대 악장이었던 에케르트, 법어학교 교사 마르텔 또는 독일 공사 바이퍼트 등 여러 사람을 초대하고 초대받기도 하였다.

그는 독일 상사 세창양행과의 관계도 돈독하게 유지하였으며 1900년 5월 학교 보조금으로 이 상사로부터 100원을, 그리고 매번 하기 시험 우승자에게 주는 금시계 등의 상품 보조를 받았다. 그는 오르간 연주 자격을 받은 것으로 보아 음악에도 조예가 깊었다. 그는 1904년 1월 9일에는 분쉬, 벨기에 공사관 서기인 델레빈과 함께 플루트와 바이올린을 연습하여 후에 영국 세관장인 브라운Sir John Mcleavy Brown(1835~1926)의 집에서 열리게 될 음악회를 준비하였다.

볼얀은 학기 말 시상식 등을 통해 내외 고위층에 덕어학교를 홍보하였고 이로써 세기말 독일에 한국의 존재를 적게나마 전달할 수 있었다. 아쉬운 점은 그가 한국에서 20여 년을 살았어도 한국어에 대한 그의 능력과 한국인과의 교류에 대해서는 알려진 바가 거의 없다는 것이다. 반면에 법어학교의 교사 마르텔, 아어학교의 비루코프는 한국인과 긴밀한 관계를 갖고 있었다. 앞서 7장 법어학교와 8장 아어학교의 교사편에서 언급하였듯이 마르텔은 근무 초기부터 민영찬의 자녀들에게 프랑스어를 가르쳤고 비루코프는 한국 학생들이 무시험으로 러시아 군사학교에 입학하는 것 등을 정부에 요청하였다.

볼얀은 교사로서 받았던 교육과 경험에 비추어보아 다른 어학교의 교사보다 자질이 있었던 교사라고 평가할 수 있다. 영어학교의 핼

16 Bolljahn 1900a, 1900b, 1900c 참조.

리팩스는 전기기사 출신이고, 법어학교의 마르텔은 광산기사가 되려고 기사학교를 수료하였으며, 비루코프는 군인 출신인 것을 감안하면 볼얀은 교사세미나를 이수하고 영어와 독어를 가르친 경험이 있고 불어도 할 수 있었으며 무엇보다도 일본에서 다년간 교사 생활을 한 경험이 있었다.

5) 학생

초기에 덕어학교는 나름대로 성과가 있었다. 볼얀(Bolljahn 1900a, 203)에 의하면 1899년 초 덕어학교는 두 반이 있었는데 우수한 반은 학생이 15명이었고 성적이 떨어지는 반은 17명이었다. 1901년 10월 7일 자 독일 외무성 보고[17]에 의하면 덕어학교가 3반이었으며 학생들의 나이 차가 많았고 이들은 독일어와 라틴어 서체, 읽기, 산술, 지리를 배우고 있었으며 학습 성과가 인정할 만하였다. 무엇보다도 볼얀은 학생들의 재능과 열의에 매우 만족하였다. 참관 당시 볼얀이 가르치던 학생인 고희성이 통역을 하였는데 독일어를 아주 잘하였다고 보고에 기록되어 있다.

1899년 4월에 훈련원에서 열린 외국어학교 연합대운동회에 덕어학교 학생들도 참석하였다. 각 학교 표장에 색깔이 있었는데 덕어학교는 흑색이었다. 이때 경기종목은 현재 올림픽 육상경기의 종목인 달리기, 넓이뛰기, 높이뛰기, 던지기 등이 포함되었다. 1906년 2월에는 황성기독교청년회(현 YMCA) 학생들과 마동산에서 타구회打球會(야구)를 열었는데 덕어학교 학생이 3번 우승을 하였다. 1907년 6월에는

---

17 나가사키에 있던 벤데만이 본국으로 보내는 외무성 서류에 의하면 그가 한국의 덕어학교 수업을 참관한 날짜는 1901년 9월 23일이다. 이때 벤데만은 에커르트의 음악학교도 방문하였으며 이 학교의 학생이 30명 정도이고 학생들의 취주악기 연주가 별로라고 하였다.

덕어학교에서 운동회가 있었고 10월의 관립, 사립학교 연합운동회에는 조선 황태자가 참석하였다.

『황성신문』(1897.9~1909.10)에 의하면 입학생으로는 1898년 1회 백우용, 우기원, 유면, 장붕, 진수, 1900년 김균상, 도상규, 박재순, 1901년 이인식, 최태경, 1902년 차희동이 있다. 1900년 6월 하기 시험 우승자에게 시상이 있었으며 독일 공사, 학부대신, 세창양행의 사장 등이 참석하였다. 이때는 세 반이 있었고 1반 우등 백우용, 장석준에게 금시계, 2반 우등 김일제에게 은시계, 3반 우등 홍종무에게 담배곽이, 그 외 8명의 학생들에게 탁상시계 등이 수여되었다. 이 사실과 위의 1901년 10월 외무성 보고에 의하면 덕어학교는 1901년에 세 반이 있었다. 1907년 첫 번째 졸업생으로 이인식, 한상동, 김중화, 현면을 확인할 수 있다.

덕어학교 학생들은 교사, 번역관, 그리고 우체국, 공사관, 군대 등에서 사무원으로 활약하여 조선 사회가 근대화되어가는 과정에 나름대로 기여를 했다. 모교 교관이 된 사람으로 우기원, 진수, 김병기, 김균상, 김성희, 이인식, 최태경 등이 있었다. 도상규는 외부(외교부) 번역관, 박제순은 우체학교로 전학을 가고, 백우용은 군악대 통역, 우기원은 덕어학교 교관을 지낸 후 공사관 서기관, 유면은 덕어학교 교장, 이한응은 친위대 견습생, 장붕은 청남중학교 교사, 장석준은 예식원 번역관과 궁내부 제도국 서기, 차희동은 탁지부 기수(사무원)로 활약하였다.

1898년에서 1910년까지 덕어학교/덕어부의 입학생, 재학생, 졸업생의 현황은 표 51과 같다.

덕어학교 입학식에 모인 40여 명 외에 첫 주(1898)에 20여 명이 더 오게 되어 학생 수가 70여 명에 이르렀다(Bolljahn 1900a, 200~201). 1899년과 1900년, 1902년부터 1905년까지는 덕어학교의 재학생 수가 확인이 안 되었다. 그러나 볼얀(Bolljahn 1900a, 203)에 의하면 이미

표 51. 관립한성덕어학교 입학생, 재학생, 졸업생 수(1898~1910)

연도	입학생	재학생	졸업생
1898	70	–	–
1899	–	32	–
1900	–	–	–
1901	40	25	–
1902	20	–	–
1903	20	–	–
1904	20	–	–
1905	20	–	–
1906	20	20	–
1907	30	–	4
1908	18	–	2
1909	10	18	2
1910	17	–	3
계	285	95	11

언급한 대로 1899년 초 덕어학교는 두 반이 있었는데 한 반은 성적이 우수한 반으로 학생이 15명이었고 다른 반은 성적이 떨어지는 반으로 학생 수는 17명이었다. 따라서 1899년도 덕어학교 재학생 수는 32명이었다.[18]

덕어학교에는 일종의 비공식적인 학생 선발 과정이 있었다. 볼얀은 한국인 부교관으로 하여금 한문과 한글을 전혀 깨우치지 못한 학생을 가려내어 집으로 돌려보냈다. 다른 외국어학교에서 성과가 없어 덕어학교로 전학 오는 학생도 받아들이지 않았다. 퀼른 신문 기자였던 겐테는 덕어학교 같은 반 학생들의 나이 차가 많은 것이 인상적이

18 볼얀에 따르면 이 학생들은 열심이고 말을 잘 들었으며 1899년 6월 8일부터 20일까지 하인리히 황태자가 한국을 방문하여 덕어학교를 시찰하였을 때 이 학생들에게 아주 만족하였다고 한다.

었다고 전한다. 덕어학교에서는 1901년 11월 매주 토요일 오후에 교육 전반에 관한 토론회를 열었으며 부적절한 발언을 한 신흥우 등 학생이 평리원[19]에 체포된 경우도 있었다(『황성신문』 1901.11.22).

덕어학교 학생 중에서 1900년도에 1반의 일등으로 상을 받은 백우용은 음악에도 재능이 있어서 왕실 군악대 음악 수업의 보조원으로 활동하였다.[20] 이 군악대는 앞서 언급한 대로 1901년 3월 일본에서 한국으로 초빙된 독일인 에커르트가 설립한 것이다. 에커르트는 왕실 군악대를 유럽식으로 양성하려고 음악학교를 세워 학생을 가르쳤다.

1907년 2월 5일 덕어학교 1회 졸업생으로 이인식, 현윤, 한상, 김중화가 있었으며 이인식은(평안북도) 선천군 독일 금광의 통역원으로, 김중화는 군악대 통역원으로 근무하였다. 1908년 3월 덕어부 졸업생으로는 정동일과 낭승익이 있다. 1909년 5월 김성구, 이응재, 1910년 3월에는 이혁, 한경집, 이돈식이 졸업하였다〔이성옥(역) 2006, 273〕. 덕어학교 졸업생 중 가장 재능이 있었던 현홍식은 베를린의 한국 공사관 서기로 활약하였다.

볼얀은 처음부터 학생들에게 실내에서 모자, 즉 갓을 벗도록 하였다(Bolljahn 1900a, 201). 당시 조선 사회는 실내에서도 갓을 벗지 않는 관습이 있었다. 그는 조선인에게 갓을 쓰는 것이 중요하다는 사실을 알고 있었으나 서양 관습을 관철시켰다. 1900년을 전후로 해서 각국 학교의 학생들과 교사의 사진들을 확인할 수 있는데 덕어학교 학생들만이 실외에서도 갓을 벗고 있다. 볼얀의 이러한 태도에서 한국의 관습을 변화시키려는 의지가 엿보이며, 교육이 서양식으로 새롭게 시작

19 1899년 설치된 한국 최초의 상급 법원.

20 2011년 9월 22일 방영된 KBS 역사스페셜('우리나라 최초의 국가는 금지곡이었다')에 백우용의 손자 백성빈의 조부에 대한 회고가 실려 있다. 덕어학교 학생이었던 백우용은 음악에 재능이 있었고 군악대장 에커르트의 통역을 맡았다. 백우용은 후에 지휘, 작곡 등을 배워 많은 음악 활동을 하여 훈장을 받게 되었다.

그림 48. 관립덕어학교 학생들과 요한 볼얀(1900)
덕어학교 학생들은 다른 어학교 학생들과 달리 갓을 쓰지 않고 있다.

그림 49. 에커르트가 쓴 대한제국 애국가(1902)
1902년 독일인 군악대장 에커르트가 쓴 대한제국 애국가이다.

하는 시기에 실내에서 모자를 벗는 관습도 서양식에 맞추려 했던 사실은 획기적이라 할 수 있다.

당시 개혁파와 수구파가 학생들의 정치 참여를 선동하였고 그들의 대립이 덕어학교 수업에 지장을 주었다. 볼얀은 모든 방법을 동원하여 25명을 모아 수업을 계속하였으며 이들에게 공부를 열심히 하는 것이 조국을 위하는 일이라고 설명했다(Bolljahn 1900a, 202).

1905년 11월 13일(『황성신문』) 일진회 선언서가 학교에 송부되자 볼얀이 이를 즉시 화로에 던졌으며 우리 학교 학생들은 이러한 서한을 볼 수 없다고 말하였다. 일진회는 1904년 조직된 친일 단체로 외국어학교 학생들을 선동하려 했으나 볼얀은 학생들의 정치적인 활동에 반대하는 입장이었다.

1899년 10월 6일 『황성신문』에 의하면 볼얀이 학생들에게 공급되는 지필묵을 청구하였다. 이 청구서에 그의 성명 도장이 없어 볼얀에게 돌려보냈는데 그는 학부가 그를 불신하는 것으로 생각하고 그날부터 수업하기를 거부하였다. 이후 볼얀은 학부대신으로부터 교사는 교수에만 전념을 하라는 통지를 받았다.

덕어학교는 최소한 1901년에 세 반이 있었다. 그리고 1902년에도 학기 말 시상식이 있던 것으로 보아 덕어학교는 최소한 1902년까지는 호황을 누렸다. 그러나 그 이후 교사 볼얀의 노력에도 불구하고 국내에서 독일의 정치력이나 취업 가능성과 맞물려 덕어학교는 어려운 상황에 처했다.

정리하면, 덕어부 교과과정에서 정서법과 독일 시라는 과목이 있었다는 점이 특이했다. 볼얀은 언어를 배우는 데 정확한 철자 등이 중요하다고 생각하였다. 독일 시를 교과목으로 정한 것은 교사 볼얀의 기호와 관심에 관련되었다. 그리하여 1901년 6월 여름학기 말 내외빈 수업 참관 시 학생들이 괴테 시를 낭송하여 참관한 여러 독일인들의 호감과 경탄을 받았다. 그림 46에서도 볼얀이 독일시를 가르치는 모습을 볼 수 있다.

당시 교과과정에 해당 언어와 관련된 이른바 필수 과목이라 할 수 있는 독해, 회화, 받아쓰기, 작문, 문법 이외의 과목에서는 교사의 재량이 있었던 듯하다. 영어부에서 번역이 없고, 한어부에서는 사성, 중음 등 발음 연습이 많으며, 불어부에서는 역사적으로 유명한 이들의 선행이나 업적을 다루고, 덕어부에서는 독일 시, 정서법을 다룬 것에서 확인할 수 있다. 1908년도 교과과정에는 한국역사, 한국지리, 산술 중심이었던 것이 1909년도에는 그 외에 외국역사, 외국지리가, 무엇보다도 이과가 들어가는 것이 각 어학부의 공통된 점이다. 그러나 영어부 1908년도 교과과정에 구구법이 있었던 것을 보면 나름대로 교사의 선택권이 있었다.

덕어학교 교사와 학생들은 수업에 대한 열의와 동기가 많았다. 볼얀은 수업 전에 부교관과 영어로 어려운 부분을 일일이 점검하여 수업에서 설명할 부분을 대비하였다. 학생들은 독어 문법을 잘 알았고 초급 때부터 일정한 주제에 대해 독어로 작문할 수 있는 능력이 있었다.

10장

맺는 글

조선은 1876년 강화도조약으로 일본과 수교한 이후 오랫동안의 쇄국 정책에서 벗어나 문호를 개방하기 시작하였다. 그 이전까지 정치와 사회의 각 분야는 중국 일변도로 관계가 집중되어 있었다. 1882년 미국을 위시하여 영국, 프랑스, 독일 등 구미 국가와 공식적인 외교관계가 성립되면서 조선은 국제 관계에서 시야를 넓혀갔으며 동시에 이들 구미 강국의 영향력 아래 사회의 여러 제도가 근대화되었다. 조선 정부는 전통적인 신분제 타파, 과거제 폐지, 서당 철폐, 단발령 선포, 태양력 사용, 전기 공급 등 여러 개혁을 통해 사회 전반에 커다란 변화를 모색하였다. 이들 변화가 단계적이기보다는 짧은 시일에 동시에 시도되는 한편, 정치 상황은 개혁파와 수구파가 첨예하게 대립하여 어느 때보다도 불안하였다. 개혁을 주도하는 세력도 끊임없이 바뀌어 한 정책이 지속적, 효율적으로 진행되지 못하는 실정이었다. 이에 따라 정부와 민중을 포함한 사회 전체가 혼란 속에 빠지게 되고 외세의 영향력은 점점 더 강해지게 되었으며 이 중 일본이 어느 다른 나라보다 인근 국가로서 조선 정부에 막강한 영향력을 미치게 되는 결과를 낳게 되었다. 이로써 조선 정부는 수십 세기에 걸친 중국 일변도의 정책에서 벗어나 일본의 압박을 받게 되었고 종국에는 1910년 한일합병으로 일본에게 국가를 강점당하게 되었다.

일본과의 수교에서 한일합병까지의 시기는 한국의 근대사에서 개방과 근대화의 시점으로 특별한 의미가 있다. 서양 문명의 수용, 봉건질서의 와해, 외세의 압박, 정부의 자주적이지 못한 대응 등 혼란한 와중에서도 정치와 사회 제도의 근대화를 위한 초석이 마련되어 오늘날까지 이어왔기 때문이다. 이러한 실정은 외국어교육을 포함한 교육계에도 해당된다. 따라서 이 책에서는 1883년부터 1911년까지 최초로 시행된 근대식 외국어교육의 실태를 조사하여 당시 외국어교육이 가졌던, 현재까지 지속되는 연관성을 찾아보고자 하였다.

조선의 개화기는 불과 20~30년의 짧은 시기였으나 급진적인 사회 변화와 함께 전통을 지속시키려는 의식이 혼재하는 매우 복합적이고 불안한 시기였으며 동시에 무한한 변혁을 시도할 수 있는 시기이기도 하였다. 그 와중에 외국어정책이 정치 상황과 밀접하게 연관되어 규정과 제도가 수시로 개편된 시기이기도 하였다.

조선은 1894년 갑오개혁을 통해 전통적인 유교교육 방식과 내용을 폐기하고 새로운 학교제도와 교육내용을 도입하였다. 그때까지 특권계층에 제한되었던 교육이 이제는 모든 이에게 균등하게 실시되었다. 교육의 궁극적인 목표는 지식만 강조하는 것에서 벗어나 지, 덕, 체 영역을 균형 있게 함양하는 것이었다. 이러한 교육의 균형은 현존 교육에서도 실제로는 그렇지 못하더라도 이론적으로 지향하는 바이다. 교육의 단계가 정해짐에 따라 초등교육, 중등교육, 고등교육의 연계성이 고려되었다. 이 시기 고등교육의 개혁은 재정부족 등 여러 사정으로 시도되지 못하였다. 학교 종류는 소학교, 보통학교, 중학교, 고등학교 형태로 나뉘었으며 이 형태가 현재의 초등학교, 중학교, 고등학교로 발전하게 되었다. 당대의 기술학교, 상업학교는 오늘날까지도 그 형태가 지속되었고 최근에는 인터넷의 세계화와 대중화에 힘입어

디지털정보학교 등으로 여러 단계 업그레이드 되었다. 당시 사범학교는 1960년대까지 사범학교의 형태로 존재하였다가 그 이후 2년제 교육대학으로, 그러고 나서 4년제 교육대학으로 개편되었다. 그리고 당시 의학교는 의과대학으로 발전하게 되었다. 입학과 퇴학에 관한 규정, 수업일수, 학기제, 시험 평가 등 학교 규정도 이때 마련되어 여러 시기의 변천을 거치면서 오늘날에 이르게 되었다. 현재 초등학교와 중고등학교의 교과목과 교과서도 역시 당시의 교과목(국어, 수학, 한문, 지리, 역사, 이과, 음악, 미술, 체육 등)의 종류, 그리고 교과서의 편찬 종류와 양식(국정, 검인정 등)에 근거를 두고 있다.

이 같은 교육 근대화의 초석은 외국어교육에도 해당된다. 서구 국가와의 외교관계가 성립됨에 따라 그들 언어와의 의사소통이 불가피하게 되자 정부는 1883년 정부부처 동문학에 학교(동문학교)를 설치하여 최초로 근대식 영어교육을 실시하였다. 이 학교가 1886년에 양반자제와 관리들을 위한 공식 학교인 육영공원으로 개편되어 영어교육이 지속되었다. 정부에서는 유능한 미국인 교사 세 사람(헐버트, 벙커, 길모어)을 육영공원에 초빙하는 등 많은 재정적 투자를 하였으나 성과를 거두지 못하였다. 교육이 특권 계층을 대상으로 하였고, 또 이 시기에 과거제가 그대로 실시되어 과거시험을 준비하는 학생들이 영어교육을 진지하게 생각하지 않았기 때문이었다. 그 외에도 정부의 재정난, 학교 관리들의 부패, 외국인 교사들과의 견해 차이로 인한 갈등 등이 육영공원이 기대만큼 성과를 거두지 못한 원인이었다. 1894년에 육영공원은 영어학교로 개편되어 영어교육의 명맥을 유지하였는데 이 시기까지가 외국어교육의 준비기라 할 수 있다.

정부는 1895년에 외국어학교를 설립하여 본격적으로 학생의 계층에 제한을 두지 않고 동양어인 일어, 중국어뿐 아니라 서양어인 영어, 독일어, 프랑스어, 러시아어교육을 실시하였으며 원어민이 직접 외국어를 가르치도록 하여 언어뿐 아니라 문물, 문화 면에서도 근대 지식을 전파하고자 노력하였다. 일어교육과 중국어교육은 이미 1891년부터 새로운 형태와 방식으로 실시되고 있었다. 이들 여섯 외국어학교(관립영어, 일어, 한어, 법어, 덕어, 아어학교)는 초기에 독자적으로 운영되었다. 이 외국어학교들은 1906년 이후 일본의 통제를 많이 받게 되었고 1908년에는 관립한성외국어학교로 통합되어 각 어학부(영어부, 일어부, 한어부, 법어부, 덕어부)로 개편되었으며 또한 1년 과정의 일어속성과도 생겼다. 각 어학부의 교과목에 일어 과목이 수의(선택) 과목으로 추가되고 일어부에는 영어가 수의 과목으로 들어갔다. 통합된 외국어학교는 일본인 교장을 두어 한일합병 후 1911년까지 운영되었다. 이러한 시기에 따른 변화 과정에 맞추어 당대 외국어교육은 일반적으로 세 단계로 나뉜다(초기 1895~1906년, 중기 1906~1908년, 후기 1908년~1911년).

초기에는 서양어 수업연한은 5년이고 동양어 수업연한은 3년이었으나 1906년 이후에는 모든 언어의 교육기간이 3년으로 줄었다. 서양어의 5년이라는 교육기간은 실제로는 이행되지 못하였다. 외국어학교 학생들은 어느 정도의 외국어 지식만 갖추게 되면 졸업 전에 취직이 되어 학교를 떠났기 때문이었다.

외국어학교의 교과과정은 크게 해당 외국어에 관한 언어습득 과목과 수학, 역사, 지리 등 일반(언어 외 습득) 과목에 관한 분야로 나뉘었다. 이 구분은 세부적으로는 각 언어의 특성에 따라 조금씩 차이가 나지만 여섯 외국어학교에 공통으로 적용되었다. 외국어 과목에서는 독해, 문법, 회화, 받아쓰기, 작문 중심으로 듣기, 읽기, 말하기, 쓰기 네 가지 기능을 증진시키려 했으며 영어를 제외한 모든 언어에서 번역이 중요하게 간주되었다. 처음에는 한문에서 외국어(또는 외국어에서 한문으로)로 번역을 했으나 한글이 국어 과목으로 정해지면서 외국어에서 한글로 또 한글에서 외국어로의 번역 수업이 이루어졌다. 일반 과목으로는 역사, 지리, 수학, 이과, 동물, 식물, 광물 등의 과목이 있었으며 학생들이 사회생활에 필요한 견문을 넓히는 데 도움이 되는 새로운 근대 지식이 교육내용에 포함되었다. 이외에 일종의 도덕교육에 해당하는 수신 과목과 체육 과목이 있었다. 교과목의 비율은 여섯 외국어학교가 공통으로, 언어습득에 관한 과목이 대략 60%, 일반 지식에 관한 과목이 약 40% 정도였으며 이 비율은 초기부터 후기까지 커다란 변동이 없었다. 따라서 구체적인 교과목 구성과 수업시수도 변함없이 유지되었다.

또한 각 외국어학교에서는 외국인 교사가 직접 해당 언어로 가르쳤고 기타 일반 과목도 한문 등을 제외한 대부분의 경우 외국어로 수업이 진행되었다. 외국어 과목의 경우 초기에는 해당 국가에서 수입된 책을 교과서로 사용했으나 중기 이후에는 학부가 편찬하거나 검정한 교과서를 사용하였다.

당시 사범학교를 제외하고는 중학교, 고등학교 등 일반 학교에 관한 호응도가 미미하였지만 외국어학교만은 상당한 호황을 누렸다. 정치, 사회, 문화 등 각 분야의 여러 제도가 근대화되어가는 과정에서 외국어를 해독하는 사람이 필요하여 외국어학교 재학생과 졸업생은 취직이 용이하였다. 더욱이 정부의 외국어교육에 관한 높은 관심과 지원이 외국어학교의 위상을 높여주었다. 실례로 외국어학교의 입학식과 졸업식에는 각 부 대신도 참여하고 우등생에게 시계 등 근대 문물을 상품으로 줄 정도였으며, 외국어학교 교사들이 궁중에 초대되어 훈장을 받기도 하였다.

여섯 외국어학교 중에서 가장 인기가 많았던 학교는 영어학교와 일어학교였다. 영어교육과 일어교육은 관립학교뿐 아니라 사립학교에서도 인기를 누렸다. 최초의 영어학교인 동문학교는 성과가 있었으나 그 뒤를 이은 육영공원의 영어교육은 이렇다 할 만한 결과가 없었다. 봉건적인 시대와 사회가 근대화라는 커다란 변화가 있었음에도 정부가 외국어교육을 전통식으로 고위층 자녀에게만 실시한 것은 시대착오적 발상이었고, 이는 근대 교육제도와 전통적 인습 및 과거제도가 공존할 수 없음을 알려주는 계기가 되었다.

영어학교에서는 외국인 교사뿐 아니라 한국인 교사와 학생들도 수업 외 활동에 적극적이었다. 헐버트는 『사민필지』 등 교과서 저술 외에도 사회 참여에 활발하였다. 한국인 교사(이기용)의 문법서 집필 등 저술 활동은 다른 외국어학교에서는 볼 수 없었다. 영어학교 학생들은 운동회를 개최하고 의연금을 모집하고 토론회 등을 실시하여 적극적인 사회 참여를 보여주었다.

일어학교는 1891년 일어학당에서 출발하였고, 서울뿐 아니라 인천(1895)과 평양(1907)에도 설치되었으며, 서울에는 1년 과정의 일어 속성과도 있어 외국어학교 중에서 규모가 가장 큰 학교였다. 일어학교의 교과목에는 부기와 경제 등 다른 외국어학교에는 없는 과목이 추가되어 학생들의 직업 선택을 유리하게 하였다. 각 교과목의 내용도 작문의 경우 기사문, 논설문, 일용문, 공용문 작성 등 어느 어학교보다 구체적으로 지정되었다. 또 교과서도 학부와 일본 문부성 또는 일본인이 직접 편찬한 것 등 다양하게 사용하였는데 이는 정부에서 일어교육에 관심을 많이 기울인 정치적 상황을 반영한다.

한어학교도 일어학교와 마찬가지로 1891년 설립되었으나 1894년 청일전쟁(1894~1895)으로 3년 동안 폐교되었다. 한어학교는 1897년에 다시 개교하여 전통적인 한문교육과 연관되어 꾸준한 진전을 보였으며 야학교 등 사립학교도 꽤나 번성하였다. 법어학교는 1895년 수업을 시작하였고, 1900년을 전후로 프랑스 공사 플랑시의 외교력으로 호황을 누렸으며, 특히 우체 분야 등에서 법어학교 학생들이 많이 활동할 수 있었다. 법어학교의 교관 이능화는 유능하여 학감까지도 맡게 되고 국학에도 조예가 깊어 『조선도교사』 등 다수의 저서를 남겼다. 아어학교의 교육은 1896년 시작되었으나 러일전쟁으로 러시아가 패함에 따라 1904년에 교육이 중단된 이후 다시 개교하지 못하였다. 그러나 아어학교는 아관파천 시기를 중심으로 조선의 정치 상황에 힘입어 1900년대까지는 인기를 누렸다. 덕어학교는 외국어학교 중 제일 늦은 1898년에 수업을 시작하여 1902년대까지는 나름대로 제대로 운영되었으나 이후에는 커다란 발전을 이루지 못하였다.

당시 외국어 능력은 사회적 신분 상승으로 이끄는 출세 수단으로 간주되었다. 외국어학교 학생들은 교사, 통역관 이외에 해관, 재무, 법률, 의학, 회계 등 근대 직종의 관리 또는 사무원으로 종사하였다. 이들은 이러한 분야에서 새로운 지식과 기술을 터득하여 실무에 대응함으로써 급변하는 사회 상황에 대처하여 국가의 근대화에 나름대로 공헌한 세대라고 볼 수 있다.

당대 외국어학교의 교육을 오늘날 언어교육과 비교하면 무엇보다도 교육의 목표, 교과과정과 교수방법 면에서 시사하는 바가 많다.

당시 외국어학교는 언어습득 위주로 실무 경험(통역, 번역, 관리 업무 등)에 적합한 사람을 양성한다는 뚜렷한 교육목표를 가지고 있었다. 오늘날의 고등학교와 대학의 외국어교육은 언어 사용을 목표로 하기보다는 고등학교에서는 대학입시를 위한 선택 과목의 일종으로, 대학에서는 교양과정의 한 학과목으로 간주된다. 대학에서 전공으로 외국어를 선택하는 경우에도 외국어 습득 자체보다 취직이 우선인 점은 그 당시 외국어학교의 취학 동기와 같은 맥락에서 이해할 수 있다.

교과과정 면에서는 외국어교육의 강도와 교과과정의 지속성을 견주어볼 수 있다. 당시에는 한 언어의 수업연한을 3년으로 하여 일주일에 30시간씩(매일 5시간) 언어 수업이 이루어졌다. 요즘에는 일주일에 30시간씩 언어교육을 하는 학교가 거의 없는 편이다. 고등학교에서는 언어 과목뿐 아니라 경제, 공업, 기술 등 기타 다른 과목이 많아지고 세분화되었다. 더군다나 현재 각 대학에서는 복수전공제도가 생겨 한 과목을 배우는 시간이 심히 감소되었다.

당시 교과목의 언어습득 과목(약 60%)과 언어 외 습득 과목의 비율(약 40%)은 각 언어마다 비슷하였다. 이에 따른 교과목의 종류와 수업시수도 십여 년 간의 정치적인 혼란 속에서도 커다란 변동 없이 지속되었다. 현재 고등학교 교과과정은 언어습득이 영어와 국어에 편중되어 있고, 대학 외국어학과의 교과과정은 언어습득과 언어 외 습득 과목의 비율이 일률적이지 못하며, 또한 이 비율도 대학 입시제도와 시류에 따라(복수전공제도, 학점 수 변경, 영어 강좌 도입 등) 쉽게 바뀌고 있다.

한편 개화기의 교과서도 형태, 내용, 서술형식 면에서 근대식으로 바뀌어 주목할 만한 변화를 보여주었다. 당시 교과서 종류는 700~1,000여 종으로 추정되고 현재는 대략 120여 종의 교과서가 남아 있다(김봉희 1999). 최초의 교과서 『국민소학독본』이 1895년 학부에 의해 발행되었다. 교과서의 발행 주체는 크게 둘로, 즉 학부와 기타 사립단체나 사립학교로 나뉘었다. 후자는 개화기의 일반 대중을 선도하려는 목적으로 적극적으로 많은 책을 발행하였으며 광학사, 국민교육회가 대표적이었다. 1906년 이후에 시행된 교재 편찬 방식 역시 오늘날의 국정교과서, 검인정교과서 등의 형태를 낳게 되었다. 교과서 형태도 전통적인 서책에서 근대식 장정으로 바뀌었고 내용도 중국 고전에서 벗어나 실생활에 필요한 내용을 다루었다. 교과서의 서체가 한문 위주에서 국한문 혼용체로 되었고, 띄어쓰기, 강조표시, 그림이 들어가 시각적인 효과도 고려되었다.

당시 교수방법론 면에서 언어 과목뿐 아니라 일반 과목도 외국인 교사가 직접 해당 외국어로 수업을 진행한 것은 획기적이었다. 이러한 직접적인 교수방법이 당대 낯설고 혼란하였을 것이나 외국어학교 학생들의 취직이 수월했던 점으로 미루어 보아 실제 언어사용 면에서는 나름대로 효율적이었다고 추정된다. 그러나 이러한 교수방법이 1911년 이후 중단되어 오늘날까지 지속되지 못한 것은 유감스러운 일이다. 한국 대부분의 고등학교와 대학의 어문 계열에서는 2000년대에 와서야 본격적으로 원어 강의가 시도되고 있는 실정이다. 100여

년 전에 정부에서 실무 행정, 관리, 통역 등을 위해 외국인을 초빙하여 원어로 교육하게 한 과감한 개혁이 그 이후 지속되지 못한 것이다. 현재 고등학교나 대학에서 외국어로 수업을 진행하는 교과목은 주로 언어에 국한되고 있다. 많은 대학에서는 2010년에 와서야 국제 순위를 염두에 두고 언어 외의 타 과목 수업을 외국어(주로 영어)로 진행하려 시도하고 있는 실정이다.

앞서 언급한 대로 이 책에서 개화기의 외국어교육이 교육제도(입학, 퇴학, 졸업제도, 학기제, 수업일수, 수업시간, 시험, 평가 등)와 교과목(언어와 기타 과목 등)의 편성에서 현대 언어교육의 근원을 이룬다는 사실을 확인하였다. 또한 교수방법 면에서는 이제야 한국에서 시도하고 있는 직접방법과 몰입식 교육이 이미 당시에 수업에 적용되었던 사실이 주목된다. 당대 학생들의 실력이나 의사소통능력도 무시할 수 없으니, 남궁억(개화기 선구자), 이희승(국어학자), 신익희(정치가) 등의 업적에서 이를 알아볼 수 있다.

한국은 지리적으로 중국과 일본 사이에 위치하여 문화와 사회 면에서 이들과 다른 독특한 점을 내세우는 것이 간단하지 않다. 정치와 경제적인 면에서도 강대국 사이에서 경쟁하기 쉽지 않다. 면적이 작고 자원이 부족한 나라일수록 외국어 능력이 우수한 인적 자원을 양성하는 것은 국가의 중요한 과업으로 간주된다. 이스라엘과 네덜란드, 스위스 등이 그 예이며 이들 국민이 여러 외국어에 능한 것은 잘 알려진 사실이다.

개화기의 조선, 대한제국과 지금의 한국을 비교하면 정치, 경제, 사회 영역에서 실로 커다란 변천과 발전을 실감할 수 있다. 이러한 변화에 비해 외국어교육은 커다란 발전을 했다고 보기가 힘들다. 양적인 면에서는 외국어를 배울 수 있는 기회가 많아졌고 초보자들은 라디오, TV, 인터넷 등을 통해 쉽게 외국어, 특히 영어를 배울 수 있게 되었다. 그러나 학교 등 제도권에서의 외국어교육 실태는 질적인 면에서의 발전을 수긍하기가 어려우니 영어 연수를 위해 초등학생들도 외국으로 나가는 실정은 개선되어야 할 현실이다. 이에 낭비되는 시간과 자원을 아끼기 위해서는 제도권의 외국어교육이 개선되어야 한다. 국가가 확고하고 장기적인 안목의 외국어교육 정책을 세우고 실행하여 국제적으로 경쟁력 있는 인재를 양성해야 한다. 이들이 국가의 인적 자원이며 저력인 것이다.

그러기 위해서는 현존 외국어교육의 근원이 되는 개화기 외국어교육의 실태와 효율성에 대해 다시 한 번 심도 있게 생각해 보아야 한다. 당대 혼란하고 불안한 정치, 사회적인 상황에서도 여섯 언어에 해당하는 외국어정책의 일관성과 연속성이 확인되었다. 즉, 통역인, 번역인, 그리고 실무 업무를 위한 외국어교육의 확고한 목표, 각 언어의 교과과정이 나름대로 공통된 전문 과목과 일반 과목으로 구성된 점, 교과목에서 언어습득과 언어 외 습득 교과내용이 적정하게 분포된 점, 모든 언어에서 원어민을 중심으로 한 교수 방법 등은 각 어학교에서 처음부터 폐교될 때까지 일관되게 지속되었음을 확인할 수 있었다. 이를 외국어정책의 기저로 하여 당대 정부는 각 언어의 나름대로 특성을 존중하였다. 예를 들면 영어학교에서 번역이 없던 점, 일어학교에서 다른 어학교와는 달리 경제, 부기 등의 과목이 제공된 점, 한어학교에서는 발음 연습을 강조한 점, 법어학교에서는 역대 유명한 인물의 행적을 다룬 점, 그리고 덕어학교에서는 정서법을 제공한 점 등이다.

마지막으로, 현재 우리의 외국어교육 정책에서 시급히 시정되어야 할 문제는 교육이 한 언어에 지나치게 편중된 사실이다. 영어가 실생활의 여러 영역에서 많이 사용되고는 있지만, 다른 언어들과의 형평성도 고려해야 할 것이다. 각 외국어에 공통되는 교과내용을 정리하여 서로 비교할 수 있는 교과목을 개발하고 이들이 차지하는 비율을 지정하는 일도 중요하다. 또한 각 외국어의 특성을 살릴 수 있는 교과목을 제공하여 다양성을 제시할 수 있어야 한다. 그리하여 전체적으로 보면 외국어교육이 각 언어의 개성을 존중하되 일관된 기준을 적용하여 각각의 외국어 교육내용이 상호 조화를 이루어야 하고, 이러한 외국어정책이 일관적으로 운영되고 지속되어야 할 것이다.

참고문헌

1. 사료

관보

- 칙령 88호 1895년 5월 10일 외국어학교관제
- 학부령 4호 1895년 11월 1일 각종학교 퇴학생 학비환입 조규
- 칙령 40호 1897년 11월 13일 개정
- 학부령 11호 1900년 6월 27일 외국어학교규칙(학부령 14호 1902년 3월 4일 개정)
- 칙령 40호 1900년 10월 25일 외국어학교와 의학교와 중학교 졸업인을 해당 학교에 수용하는 관제
- 학부령 14호 1902년 3월 4일 외국어학교규칙개정
- 학부령 19호 1906년 6월 14일 개정
- 칙령 43호 1906년 8월 27일 외국어학교령
- 학부령 22호 1906년 8월 27일 외국어학교령시행규칙
- 칙령 28호 1908년 5월 7일 외국어학교령 중 개정건
- 학부령 12호 1908년 5월 11일 관립한성외국어학교속성과규칙
- 칙령 53호 1909년 4월 19일 외국어학교령(개정)
- 학부령 5호 1909년 7월 5일 외국어학교령시행규칙
- 학부고시 14호 1909년 10월 20일 관립한성외국어학교학칙

신문

『대한매일신보』, 『독립신문』, 『매일신문』, 『신한민보』, 『한성순보』, 『황성신문』

고려대학교 민족문화연구소 1971, 『구한말외교문서』, 1~20권.

관립한성외국어학교(편) 1909, 관립한성외국어학교일람(일람).

국사편찬위원회 1972, 『대한제국 관원 이력서』, 한국사료총서 17, 서울: 탐구당.

박종효(편역) 2002, 『러시아 국립문서보관소 소장 한국 관련 문서 요약집』, 서울: 한국국제교류재단.

한국학문헌연구소(편) 1985, 『한국지』, 일본농상부성(역) 사회편 6, 구한말일제침략사료총서 XV, 서울: 아세아문화사.

Akten des Politischen Archivs des Auswärtigen Amtes Bonn, *Korea*, Bd.1, R 63363, 18932, 18933, 18938, 18842, 1631.

2. 교과서

김민수, 하동호, 고영근(편) 1977, 『역대한국문법대계』, 서울: 탑출판사.

백남규, 이명상(역) 1895, 『士民必知』.

주영환, 노재연(역) 1902, 『중등만국지지』.

학부(편) 1895, 『국민소학독본』.

학부(편) 1895, 『소학독본』.

학부(편) 1896, 『심상소학』.

학부(편) 1907, 『보통학교 학도용 국어독본』.

학부(편) 1907, 『일어독본』 권1~권8.

한국학문헌연구소(편) 1977, 『한국개화기교과서총서』, 서울: 아세아문화사.

한국학문헌연구소(편) 1979, 『한국개화기문학총서』 II, 역사·전기소설 2, 서울: 아세아문화사.

허재영(편) 2011, 『통감시대 교과서 자료』, 서울: 도서출판 경진.

헐버트, B.H., 오성근(공저) 1908, 『대한력사』.

현채(역편) 1901, 『대한지지』.

히로베 세이(廣部精, 편) 1906, 『증정아세아언어집(增訂 亞細亞 言語集)』(支那官話部 全), 東京: 青山堂書房.

홉킨스(Hopkins, L.C., 역) 1889, *The Guide to Kuan Hua: A Translation of the "Kuan*

Hua Chih Nan" with an Essay on Tone and Accent in Pekinese and a Glossary of Phrases, Shanghai: Kelly & Walsh Limited.

3. 연구저서 및 논문

강신항 2000, 『한국의 역학』, 서울: 서울대학교출판부.

강윤호 1973, 『개화기의 교과용도서』, 서울: 교육출판사.

강인구(역) 2003, 「러시아문서보관고 소장 러시아-한국 관계 자료들, 19세기에서 20세기 전반기까지」, 『국학연구』 제2집, 285~297(원문, A.P. 소콜로프).

국사편찬위원회 2006, 「역사의 창, 특집기획: 한불수교 120주년」, 과천: 국사편찬위원회.

국제역사학회의 한국위원회 1982, 『한미수교 100년사』, 서울: 국제역사학회의 한국위원회.

권희영 1999, 『한국과 러시아: 관계와 변화』, 서울: 국학자료원.

김경미 1999, 「육영공원의 운영 방식과 학원의 학습 실태」, 『한국교육사학』 제21집, 571~593.

김경춘 1984a, 「한로관계년표」, 『한로관계 100년사』, 서울: 한국사연구협의회, 365~376.

김경춘 1984b, 「한영관계연표」, 『한영수교 100년사』, 서울: 한국사연구협의회, 277~308.

김동진 2010, 『파란눈의 한국혼 헐버트』, 서울: 참좋은친구.

김명배 2006, 『개화기의 영어이야기』, 서울: 국제영어대학원대학교출판부.

김병찬 1984, 「소련에서의 한국사연구」, 『한로관계 100년사』, 서울: 한국사연구협의회, 313~336.

김봉희 1999, 『한국 개화기 서적문화 연구』, 서울: 이화여자대학교출판부.

김봉희 2006, 「개화기 번역서 연구」, 홍선표 외, 『근대의 첫 경험-개화기 일상문화를 중심으로』, 서울: 이화여자대학교출판부.

김상열(역) 2005, 『스웨덴 기자 아손, 100년 전 한국을 걷다』, 서울: 도서출판 책과함께(원저, W.A. Grebst 1912, *I. Korea*).
김상태 2010, 『제중원, 제중원이야기』, 서울: ㈜웅진씽크빅.
김세일 2003, 「한국에서 러시아어의 교육: 어제-오늘-내일」, 『슬라브학보』 제18권 2호, 427~428.
김수진 1981, 「고려 역과고-여원관계를 중심으로」, 동아대학교 석사학위논문.
김영모 1972, 『한말지배층연구』, 서울: 한국문화연구소.
김영우 1978, 「구한말 외국어교육에 관한 연구」(I), 『공주사대논문집』 16.
김영우 1983a, 「구한말 외국어교육에 관한 연구」(II), 『공주사대논문집』 21.
김영우 1983b, 『한국개화기의 교원양성 연구』, 서울: 도서출판 창학사.
김영우 1997, 『한국 개화기의 교육』, 서울: 교육과학사.
김영자(편저) 1997, 『조선왕국 이야기, 100년 전 유럽인이 유럽에 전한』, 서울: 서문당.
김영철 2011, 『영어 조선을 깨우다』 I, II, 서울: 일리.
김영훈 2010, 「개화기 교과서 속의 세계와 역사: 만국지리(萬國地理)와 만국사(萬國史)를 중심으로」, 『비교문화연구』 제16집 2호, 5~30.
김원모 1982, 「수교 이전의 한미교섭」, 『한미수교 100년사』, 서울: 국제역사학회의 한국위원회, 5~38.
김원모, 정성길(편저) 1989, 『사진으로 본 한국의 백 년, 근대한국(1871~1910)』, 대구: 한국문화홍보센타.
김윤희 1986, 「구한말의 영어 교육」, 한국외국어대학교 석사학위논문.
김정진 1971, 「한국 독어교육의 비평사적 고찰」, 『독일문학』 11집, 서울: 한국독어독문학회, 3~55.
김정화, A. 이르계바예브(역) 2003, 『내가 본 조선, 조선인, 러시아장교 조선 여행기』, 서울: ㈜가야넷(원저, 카르네프 외 4인 1958, *Po Koree Puteshestviia*).
김진영 외(역) 2006, 『코레야 1903년 가을』, 서울: 개마고원(원저, Vatslav Seroshevskii 1909, *Korea*).
김효전 2000, 「구한말의 관립덕어학교」, 『동아대학교 독일학연구』 제16호, 81~108.
노인화 1989, 「대한제국 시기 관립학교 교육의 성격연구」, 이화여자대학교 박사학위논문.

류방란 1992, 「육영공원 소고」, 『교육사학연구』 제4집, 121~136.

류방란 1995, 「한국 근대 교육의 등장과 발달」, 서울대학교 박사학위논문.

문용 1976a, 「우리나라 영어 교육의 사적평가」, *Applied Linguistics* 8(2), Seoul National University, 203~222.

문용 1976b, 「구한말의 영어 교육에 관한 회고」, 『영어교육』 12, 1~12.

문은경 2005, 「역사적 연구방법을 통한 현대 영어 교육 형성기의 영어교과서 분석」, 『외국어교육』 12(3), 245~269.

박경원 1893, 『育英公院日錄(1886~1893)』.

박도(편) 2012, 『개화기와 대한제국』, 서울: 눈빛출판사.

박부강 1975, 「한국의 영어 교육사 연구 1883~1945」, 서울대학교 석사학위논문.

박성래 2002, 「한국 근대의 서양어 통역사~1885년까지」, 『역사문화연구』 16집 (Internet version).

박성봉, 이형(편저) 2008, 『한·중·일년표』, 서울: 서문출판사.

박종효(편역) 2002, 『러시아 국립문서보관소 소장 한국 관련 문서 요약집』, 서울: 한국국제교류재단.

박종효 2008, 「관립 아어학교 설립과 교사 비루코프의 활동(1896~1916)」, 『한국근현대사연구』 제46집.

박찬일 1984, 「개항초기(1882~1886) 한독 국제 경제관계에 대한 연구」, 『한독수교 100년사』, 서울: 한국사연구협의회, 125~162.

박창남 2011, 「개화기 관립외국어학교 출신자 연구」, 성균관대학교 박사학위논문.

서울학연구소(역) 1996, 『꼬레아 꼬레아니』, 서울: 숲과 나무(원저, Carlo Rossetti 1904, *Corea e Coreani*).

석화정(역) 2002, 『러시아의 동아시아정책』, 서울: 지식산업사〔원저, Andrew Malozemoff 1958, *Russian Far Eastern Policy* (1881~1904)〕.

소은희, 이주연 2011, 「개화기에서 1910년대까지의 중국어 교육상황 고찰」, 『중국문화연구』 18집, 249~268.

손인수 1982, 「문물의 교류-교육」, 『한미수교 100년사』, 서울: 국제역사학회의 한국위원회, 200~221.

손인수 1985, 『한국개화교육연구』, 서울: 일지사.

신복룡(역주) 1999, 『서울풍물지』, 서울: 집문당(원저, George W. Gilmore 1892, *Korea from its Capital with a Chapter on Mission*).

신복룡, 김운경(역주) 1999, 『묄렌도르프 자서전』(외), 서울: 집문당(원저, Rosalie von Moellendorff 1930, *P.G. von Moellendorff: Ein Lebensbild*).

신상용 1984, 「영국의 대한수교 모색 배경」, 『한영수교 100년사』, 서울: 한국사연구협의회, 11~45.

안상원 1983, 「우리나라 근대교육의 태동에 관한 일고」, 『건국대학교 교육논총』 제3집, 7~23.

안철구 1984, 『이야기로 엮은 한국천주교 200년』, 서울: 세문사.

오천석 1964, 『한국 신교육사』, 서울: 현대교육총서출판사.

우철구 1986, 「청일전쟁을 전후한 프랑스와 한국」, 『한불수교 100년사』, 서울: 한국사연구협의회, 133~163.

유정화 2012, 「최초 러시아어 통역사들의 등장배경과 역할」, 『통번역학연구』 제16권 3호, 135~156.

윤치호 1911, 『영어문법첩경(A Short-Cut in English Grammar)』, 경성: 동양서원.

이건회 1980, 「개화기의 외국어 교육과정 실태에 관한 연구」, 건국대학교 석사학위논문.

이광린 1963, 「육영공원의 설치와 그 변천에 대하여」, 『동방학지』 6집, 101~129.

이광린 1969, 1999, 『한국 개화사 연구』, 서울: 일조각.

이광숙 2001, 「한국에서 외국어교육의 역사」, 『독어교육』 21집, 한국독어독문학교육학회, 53~88.

이광숙 2009, 「개화기의 독어교육」, 『독어교육』 46집, 한국독어독문학교육학회, 38~58.

이광숙 2011, 「대한제국의 한어학교에 관한 연구」, 『교육연구와 실천』 77권, 서울대학교 교육종합연구원, 67~85.

이광숙 2012, 「대한제국 법어학교에 관한 연구」, 『어학연구』 48권, 1호, 서울대학교 언어교육원, 175~193.

이광숙 2013, 「한국 최초의 독일어학교와 독일인 교사 요한 볼얀(1862~1928)」, 『독어교육』 제56집, 한국독어독문학교육학회, 33~53.

이극로 2008, 『고투 40년』, 파주: 종합출판 범우(주).

이기문 2000, 「19세기 서구학자들의 한글 연구」, 『학술원논문집』(인문·사회과학편) 39집.

이기백 1997, 『한국사 신론』 신수판, 서울: 일조각.

이기용 1911, 『중등영문전(English Grammar for Middle School)』, 경성: 보급서관.

이돈수, 이순우(편저) 2009, 『꼬레아 에 꼬레아니』, 서울: 도서출판 하늘재(원저, C. Rossetti 1904, *Corea e Coreani*의 사진해설판).

이선미 2002, 「1880년대 조선의 영어통역관 양성」, 한국교원대학교 석사학위논문 (Internet version).

이성옥(역) 2006, 「구한말 근대학교의 형성」, 서울: 경인문화사〔원저, 후루가와 아키라(古川昭) 2002, 『旧韓末近代学校の形成』, ふるかわ海事事務所〕.

이원순 1986, 「병인양요 일고」, 『한불수교 100년사』, 서울: 한국사연구협의회, 31~64.

이종배 1978, 「구한말의 영어교육과 교수법」, 『영어교육』 15, 1~29.

이차원 1997, 「관립아어학교를 설립하다」, 『한국논단』 93(1), 247.

이철찬 2007, 「대한제국시대 학부 도서편찬 및 간행에 관한 연구」, 상명대학교 박사학위논문(Internet version).

이태영 1984, 「한독수호통상조약의 성립」, 『한독수교 100년사』, 서울: 한국사연구협의회, 31~80.

이희승 1984, 「구한말의 영어교육에 관한 회고」, 『영어교육』 27, 1~5.

전정해 2006, 「한불관계주요연표」, 『역사의 창, Vol. 2, 특집기획: 한불수교 120주년』, 서울: 한국사연구협의회, 4~7.

전정환 1986, 「노일전쟁과 프랑스의 대한정책」, 『한불수교 100년사』, 서울: 한국사연구협의회, 165~205.

정기수 1987, 「한국에서의 프랑스어 교육의 변천」, 『교회사연구』 5호, 253~175.

정승혜 2002, 「한국에서의 외국어교육에 대한 역사적 고찰」, 『이중언어학』 제21호, 286~312.

정승혜 2004, 「한국에서의 한어교육과 교재의 역사적 개관」, 『국어사연구』 제4호, 123~171.

정재홍 1999, 「한국 개화기 외국어교육에 관한 연구」, 강원대학교 석사학위논문.

조경철(역) 2001, 『내 기억 속의 조선, 조선사람들』, 서울: 예담(원저, Percival Lowell 1886, *Chosön, the Land of the Morning Calm*).

조명철 2010, 「청일, 러일전쟁의 전후처리와 한국문제」, 『한일관계사연구』 36집, 263~287.

조문제 1977, 「한말의 일어학교 교육의 연구」, 『논문집』 10, 서울교육대학교.

조문제 1978, 「한말의 영어학교 교육의 연구」, 『논문집』 11, 서울교육대학교.

조문제 1979, 「한말의 법, 한, 덕, 아어학교 교육의 연구 I」, 『논문집』 12, 서울교육대학교.

조문제 1980, 「한말의 법, 한, 덕, 아어학교 교육의 연구 II」, 『논문집』 12, 서울교육대학교.

조인성 1991, 「태봉의 궁예정권연구」, 서강대학교 박사학위논문.

주한독일연방공화국대사관(주최) 2008, 한독수교 125주년 기념사진전(팜플렛).

최문형 1982a, 「한미수호통상조약 체결」, 『한미수교 100년사』, 서울: 국제역사학회의 한국위원회, 41~81.

최문형 1982b, 「한미관계의 변화」, 『한미수교 100년사』, 서울: 국제역사학회의 한국위원회, 85~127.

최문형 1984a, 「한영수교와 그 역사적 의의」, 『한영수교 100년사』, 서울: 한국사연구협의회, 47~67.

최문형 1984b, 「청일전쟁 이후 영국의 동아시아 정책과 한국」, 『한영수교 100년사』, 서울: 한국사연구협의회, 107~124.

최석우 1986a, 「한불조약 체결 이전의 양국 관계」, 『한불수교 100년사』, 서울: 한국사연구협의회, 1~30.

최석우 1986b, 「한불조약 체결과 그 후의 양국 관계」, 『한불수교 100년사』, 서울: 한국사연구협의회, 65~94.

최석희(역) 1999, 『겐테의 한국기행』, 대구: 효성가톨릭대학교출판부.

최종고 1984a, 「독일제국과 동아시아의 초기접촉」, 『한독수교 100년사』, 서울: 한국사연구협의회, 1~29.

최종고 1984b, 「구한말의 한독관계」, 『한독수교 100년사』, 서울: 한국사연구협의회, 81~123.

편무진 2003,「개화기 한국에서의 일본어교육과 일본에서의 한국어교육」, 단국대학교 동양학연구소 학술세미나자료집(세미나 주제: 개화기 한국과 세계의 상호교류, 제1부-개화기 한국과 일본의 상호교류), 81~96.

표상용 1994,「국내 대학 노어노문학과의 현황과 문제점」,『비교문학연구』 창간호, 277~283.

한국교육과정평가원 2010,「우리나라의 1945년 이전 국가 수준 교육과정」(연구보고).

한국문화홍보센터 2011,『서울의 근대사 사진으로 본 100년 전 역사와 문화』(독일통일 21주년 기념 사진전시 책자).

한국사연구협의회 1984,『한독수교 100년사』.

한국사연구협의회 1984,『한로관계 100년사』.

한국사연구협의회 1984,『한영수교 100년사』.

한국사연구협의회 1986,『한불수교 100년사』.

한영우 1997,『다시 찾는 우리 역사』, 서울: 경세원.

한용수 2000,「한어교학연구」,『동악어문논집』 36집, 동악어문학회, 637~654.

한용수 2002,「한국 근대시기의 한어교육」,『중한인문과학연구』 8집, 중국인문과학연구회, 1~14.

한용진 2005,「개화기 일본 민간단체 설립 학교 고찰-경성학당을 중심으로」,『동양학』 38집, 단국대학교 동양학연구소 185~217.

홍순호 1983,「Emile Martel의 생애와 활동」,『교회와 역사』 93호, 한국교회사연구소, 4.

홍순호 1984,「대한제국시대의 한불관계」,『대한제국연구』(II), 이화여자대학교 한국문화연구원, 105~129.

홍순호 1985,「대한제국시대의 한독관계」,『대한제국연구』(III), 이화여자대학교 한국문화연구원, 71~99.

홍순호 1986,「한불인사교류와 프랑스 고문관의 내한」,『한불수교 100년사』, 한국사연구협의회, 95~132.

홍준기(역) 2006,『구한말교육과 일본인, 청주, 온누리』〔원저, 이나바 쓰기오(稲葉継雄) 1999,『旧韓国の教育と日本人』〕.

사쿠라이 요시유키(桜井義之) 1976,「官立仁川日語学校について」,『朝鮮学報』 81.

오구라 신페이(小倉進平) 1928,『朝鮮語学に對する在鮮西洋人の貢獻, 朝鮮及滿洲』, 朝鮮及滿洲社, 28~31.

이나바 쓰기오(稲葉継雄) 1997,『旧韓末日語学校の研究』, 福岡: 九州大学出版会.

이나바 쓰기오(稲葉継雄) 1999,『旧韓国の教育と日本人』, 福岡: 九州大学出版会.

이나바 쓰기오(稲葉継雄) 연도미상,「仁川日語学校について: 旧韓末 '日語学校'の一事例」.

일본농상무성(日本農商務省, 譯) 1985,『韓國誌, 舊韓末日帝侵略史叢書XV』, 社會篇 6, 한국학문헌연구소(편), 서울: 아세아문화사.

후루가와 아키라(古川昭) 2002,『旧韓末近代学校の形成』, ふるかわ海事事務所.

후커(付克) 1986,『中國外語教育史』, 上海: 上海外語教育出版社.

Ammon, Ulrich/Chong Si-Ho (Hg.) 2003, *Die deutsche Sprache in Korea, Geschichte und Gegenwart*, München: IUDICIUM.

Barnes, Charles J. 1888, *New National Readers*, New York, Cincinnati, Chicago: American Book Company.

Belcher, B. Sir 1848, *Narrative of the Voyage of H.M.S. Samarang, During the Years 1843~1846: Natural History*, Folkestone: Dawson Publishing.

Below, Johannes (Hg.) 1998, "Deutsche Schulen in Korea 1898~1998", *Die deutsch-koreanischen Beziehungen im Überblick*, Waegwan: Benedict Press.

Bolljahn, Johann 1900a, "Das koreanische Schulwesen", *Deutsche Zeitschrift für Ausländisches Unterrichtswesen*, 5. Jg. H.3, Prof. Dr. J. Wychram-R. (Hg.), Leipzig: Voigtländers Verlag, 193~209.

Bolljahn, Johann 1900b, "Das japanische Schulwesen", *Deutsche Zeitschrift für Ausländisches Unterrichtswesen*, 6. Jg. H.1.

Bolljahn, Johann 1900c, "Koreanische Sitten und Bräuche", *Zeitschrift für Missionskunde und Religionswissenschaft*, XV.

Bräsel, Sylvia (Hg.) 2005, *Siegfried Genthe Korea-Reiseschilderungen*, Erfurter Reihe zur Geschichte Asiens Bd. 7, München: IUDICIUM.

Bräsel, Sylvia 2010, "Johann Bolljahn (1862~1928): Begründer des Deutschunterrichts in Korea. Zur interkulturellen Karriere eines pommerischen Lehrers in Ostasien", *Baltische Studien Neue Folge* Bd. 95 (Band 141 der Gesamtreihe), 133~150.

Claussen-Wunsch, Gertrud 1976, *Dr. med. Richard Wunsch Arzt in Ostasien*.

Ermachenko, Igor 2005, "Korea and the Koreans in the Russian Press of 1904~1905", *International Journal of Korean History*, Vol. 8, 223~242.

Gilmore, George W. 1892, *Korea from its Capital with a Chapter on Mission*, Philadelphia: Presbyterian Board of Publication and Sabbath-School Work.

Hulbert, Homer B. 1906, *The Passing of Korea*, London: William Hinemann (reprinted 1969 by Yonsei University Press, Seoul, Korea).

Jang, In Chull 2012, "Munmyong Kaehwa and English Education: Emerging Nationalism and English Ideologies in Late 19th Century Korea", *Foreign Language Education Research*, Vol. 15, 43~61.

Kim, Kun-Hwan 1994, *Deutsch und Koreanisch*, Frankfurt a. M.: Peter Lang.

Kim, Myung Bae 1980, "Early Stages of English Studies in Korea", *Korea Journal* 20(5), 56~61.

Kneider, Hans-Alexander 2009, *Globetrotter Abenteurer Goldgräber: Auf deutschen Spuren im alten Korea*, München: IUDICIUM.

Leifer, Walter 1983, "Paul Georg von Möllendorff-Gelehrter und Staatsmann in einer Übergangszweit", 『묄렌도르프(P.G. von Möllendorff)』, 서울: 정민사, 57~91.

Leifer, Walter 1988, *Paul Georg von Möllendorff. Ein deutscher Staatsmann in Korea*, Bibliotheca 1, Saarbrücken: Homo et Religio.

Lie, Kwang-Sook 1983, "Das Deutschlandbild in Koreas erster Zeitung in der Zeit Möllendorffs", 『묄렌도르프(P.G. von Möllendorff)』, 서울: 정민사, 309~352.

Lie, Kwang-Sook 2003, "Überblick über die Geschichte des Deutschlernens und des Lernens anderer Fremdsprachen", *Die deutsche Sprache in Korea* (Hg. v. U. Ammon u. Si-Ho Chong), München: IUDICIUM, 213~228.

Longmans 1885, *Longmans' New Readers*, London: Longmans, Green & Co.

Lowell, Percival 1886, *Chosön, the Land of the Morning Calm*, Boston: Ticknor and

Company.

Malozemoff, Andrew 1958, *Russian Far Eastern Policy 1881~1904*, Berkeley and Los Angeles: University of California Press.

Meissner, Kurt 1961, *Deutsche in Japan 1639~1960*, Tokyo: Deutsche Gesellschaft für Natur- und Völkerkunde Ostasiens.

Michell, A.R. 1984, "British Commertial Interests in Korea 1883~1914", 『한영수교 100년사』, 한국사연구협의회, 187~202.

Möllendorff, Rosalie von 1930, *P.G. von Möllendorff: Ein Lebensbild*, Leipzig: Otto Harrassowitz.

Möllendorff, Ulrich von 2001, "Mein geliebtes Korea-Mok In-Dok, Preuße und Weltbürger", *Möllendorff und Korea im 21. Jahrhundert*, 7~28.

Nadler, Ingrid 2012.8.8, "Wackerer Pommer macht Usedom alle Ehre", *Ostsee Zeitung Usedom-Peene Zeitung*.

Rossetti, Carlo 1904, *Corea e Coreani: Impressioni e Ricerche Sull'impero Del Gran Han*, Vol. I, Bergamo: Istituto Italiano D'arti Grafiche-Editore.

4. 인터넷 사이트

구한국관보(http://www.dlibrary.go.kr)

국가지식포털사이트(http://www.knowledge.go.kr)

한국사데이터베이스(http://www.db.history.go.kr)

한국역사정보통합시스템(http://www.koreahistory.or.kr)

http://books.google.com/books/about/(Journal of Three Voyages along the Coast of China in 1831, 1832 and 1833, with notices of Siam, Corea, and the Loo-Choo Islands)

http://www.gutenberg.org/files/13853/13853-h/13853-h.htm(Barnes New National Readers eBook)

그림 출처

1. 서울대학교 규장각한국학연구원 소장 자료.

2a, 2b. 한국학문헌연구소(편) 1977, 『한국개화기교과서총서』 1권, 서울: 아세아문화사, 표지와 9쪽.

3a, 3b. 한국학문헌연구소(편) 1977, 『한국개화기교과서총서』 1권, 서울: 아세아문화사, 표지와 215쪽, 229쪽.

4a, 4b. 한국학문헌연구소(편) 1977, 『한국개화기교과서총서』 6권, 서울: 아세아문화사, 1쪽, 6쪽.

5a. 북앤포토 소장 자료.

5b. 헐버트박사기념사업회 소장 자료.

5c. 북앤포토 소장 자료.

6a, 6b. 서울대학교 규장각한국학연구원 소장 자료.

7a, 7b. 서울대학교 규장각한국학연구원 소장 자료.

8. 대한민국역사박물관 소장 자료.

9. 대한민국역사박물관 소장 자료.

10. 고려대학교 박물관 소장 자료.

11. 대한민국역사박물관 소장 자료.

12. Möllendorff, Rosalie von 1930, *P.G. von Möllendorff: Ein Lebensbild*, Leipzig: Otto Harrassowitz. 96~97쪽.

13. 독립기념관 소장 자료.

14a, 14b, 14c. 서울대학교 규장각한국학연구원 소장 자료.

15. 서울대학교 중앙도서관 고문헌자료실 소장 자료.

16. 헐버트박사기념사업회 소장 자료.

17. 헐버트박사기념사업회 소장 자료.

18a, 18b. 헐버트박사기념사업회 소장 자료.

19. 독립기념관 소장 자료.

20a. Barnes, Charles J. 1888, "Part I", *New National Readers*, New York, Cincinnati, Chicago: American Book Company.

20b. http://www.gutenberg.org/files/13853/13853-h/13853-h.htm.

21a, 21b. 김민수, 하동호, 고영근(편) 1977, 『역대한국문법대계』, 서울: 탑출판사, 54쪽, 55쪽.

22. 북앤포토 소장 자료.

23. 북앤포토 소장 자료.

24. 대한민국역사박물관 소장 자료.

25a, 25b. 헐버트박사기념사업회 소장 자료.

26a, 26b. 서울대학교 중앙도서관 고문헌자료실 소장 자료.

27a, 27b. 허재영(편) 2011, 『통감시대 교과서 자료』 2권, 서울: 도서출판 경진, 표지와 9쪽.

28a, 28b, 28c. 한국학문헌연구소(편) 1977, 『한국개화기교과서총서』 18권, 서울: 아세아문화사, 261쪽.

29. 정성길 소장 자료.

30. 정성길 소장 자료.

31a, 31b. 서울대학교 중앙도서관 고문헌자료실 소장 자료.

32a, 32b. 서울대학교 중앙도서관 고문헌자료실 소장 자료.

33. 정성길 소장 자료.

34. 정성길 소장 자료.

35. 대한민국역사박물관 소장 자료.

36a, 36b. 허재영(편) 2011, 『통감시대 교과서 자료』 4권, 서울: 도서출판 경진, 표지와 21쪽.

37. 북앤포토 소장 자료.

38. 한스-알렉산더 크나이더(Hans-Alexander Kneider) 소장 자료.

39. 박도 엮음 2012, 『개화기와 대한제국』, 눈빛출판사, 385쪽.

40. 대한민국역사박물관 소장 자료.

41a, 41b, 41c. 한국학문헌연구소(편) 1979, 『한국개화기문학총서』 II, 역사·전기소설 2, 서울: 아세아문화사, 411쪽, 413쪽, 415쪽.

42. 북앤포토 소장 자료.

43. 북앤포토 소장 자료.

44. 대한민국역사박물관 소장 자료.

45. 뮐렌도르프 일가 소장 자료.

46. 정성길 소장 자료.

47. 한스-알렉산더 크나이더 소장 자료.

48. 안드레아스 피스토리우스(Andreas Pistorius) 소장 자료.

49. 독립기념관 소장 자료.

찾아보기

ㄱ

〈Abstract〉

Education of Foreign Languages in Late Chosun Dynasty (1883-1911)

Lee Kwang-Sook

Chosun opened its ports to the world in 1882 when it signed a treaty with western countries including the United States, United Kingdom and Germany. In need of interpreters and translators to communicate with the western countries, Chosun established its first modern school, Dongmun School, in 1883 which taught English. Dongmun School was replaced by the Royal English School in 1886, as a part of the government's plan to build a modern nation by providing modern education to high officials and aristocratic children. The Royal English School was reorganized into the English Language School in 1894.

The Chosun government started foreign language education in full scale in 1895, when it announced the public foreign language school system. Under this new system, anyone could receive public education of foreign languages including Chinese, Japanese, English, French, German and Russian, regardless of their social class. In 1908, all foreign language schools were merged to form the Hansung Public Foreign Language School, which was later closed in 1911 after the Japanese Annexation of Korea.

In general, foreign language education over the period of 1895 to 1911 is divided into three stages (1895-1906, 1906-1908, 1908-1911). In the first stage, the duration of the curriculum was five years for western languages and three years for asian languages. In 1906, following the Eulsa Restriction Treaty (1905), the duration of study for all foreign languages was reduced to three years. Since the merger in 1908, each foreign language school became a department (i.e. the department of English language) and a newly formed intensive Japanese course (one year) was offered.

Although the public did not show much interest in general education, except at teacher's colleges, foreign language schools were very popular. While the political and social institutions were undergoing a modernization process, the need for people who spoke foreign languages was high. Therefore, the students and graduates of the foreign language schools were able to find employment easily.

이광숙

1966~1970	서울대학교 사범대학 외국어교육과 학사(독어전공, B.A.)
1970	독일정부장학생(DAAD) 선발 및 독일 유학
1971~1973	독일 하이델베르크 대학교 통역번역대학원 언어 디플롬과 외국어로서의 독일어교사 디플롬 취득
1974~1975	독일 하이델베르크 대학교 외국어로서의 독일어학과 석사(M.A.)
1976~1979	독일 하이델베르크 대학교 독어독문학과 박사(Dr. Phil.)
1976~1980	독일지방법원인가 한국어/독일어 통역, 번역, 공증인
1980	서울 선일여자중학교 영어교사
1980~1985	한국 독일문화원 강사
1980~2013	서울대학교 사범대학 독어교육과 교수
1984~1986	KBS 교육FM 독일어강좌 진행
1985, 1990, 1995, 1999	독일 DAAD 초빙 연구 교수
1996~1997	한국텍스트언어학회 회장
1999~2000	한국독어독문학교육학회 회장
2002	한국학술진흥재단 초청 독일 파견 교수
2002~2004, 2007~2009	서울대학교 외국어연구소 소장
2003~2004	전국여교수연합회상담위원장
2003~2005	서울대학교 교수협의회 부회장
2004~2005	서울대학교 대학인사위원회 위원
2005	서울대학교 해외 파견 교수
2011~2012	서울대학교 여교수회 회장
2013~현재	서울대학교 명예교수

주요 논저 및 역서

"Englische Einflüsse auf das moderne Zeitungsdeutsch im Bereich der Politik" (Diplom, Heidelberg, 1972)

"Die Behandlung der Determiniertheit nominaler Gruppen im Deutsch als Problem des Fremdsprachenerwerbs" (M.A., Heidelberg, 1975)

"Schichtenspezifische Faktoren der Vornamengebung" (Dr. Phil., Peter Lang, 1979)

『독어발달사』(역, 탐구당, 1982)

『독어학개론』(역, 탐구당, 1983)

『기초독일어』(KBS 교육FM 독일어강좌 교재, 한국방송사업단, 1984~1986)

『현대독문법』(탐구당, 1986)

『현대 독일어 작문』(공저, 탐구당, 1987)

『고등학교 독일어 교과서 Deutsche Sprache A, B』(공저, 박영사, 1989)

『독어교수법』(공저, 탐구당, 1992)

『독어사』(공역, 탐구당, 1996)

『외국어로서의 독일어 교수방법론』(공역, 한국문화사, 1996)

『독어독문학 입문』(공역, 도서출판 하우, 1997)

『외국어로서의 독일어교육』(공역, 도서출판 하우, 1998)

『타키투스의 게르마니아』(편역, 서울대학교출판부, 1999)

Modernes Deutsch (공저, 세기문화사, 1999)

『고등학교 독일어 교과서 Deutsche Sprache I』(공저, 교학사, 2001)

『독어학입문』(역, 서울대학교출판부, 2002)

Koreanische Erzählungen (공역, dtv, 2005)

『독일 여성운동사』(역, 도서출판 지혜로, 2006)

"Kontrastive Fallstudie: Deutsch-Koreanisch" (2006)

"Jugendsprache in Korea" (2008)

「개화기의 독일어교육」(2009)

『고등학교 독일어 교과서 Deutsch I』(공저, 교학사, 2011)

『고등학교 독일어회화 II』(공저, 서울대학교출판문화원, 2011)

「대한제국의 한어학교에 관한 연구」(2011)

「대한제국 법어학교에 관한 연구」(2012)

「한국 최초의 독일어학교와 독일어 교사 요한 볼얀(1862~1928)」(2013)

외 다수